U0597019

乡村振兴视域下
乡风文明建设路径研究

周秋琴　著

江苏大学出版社
JIANGSU UNIVERSITY PRESS

镇 江

图书在版编目(CIP)数据

乡村振兴视域下乡风文明建设路径研究 / 周秋琴著
. —镇江：江苏大学出版社,2019.10(2024.4 重印)
ISBN 978-7-5684-1215-5

Ⅰ.①乡… Ⅱ.①周… Ⅲ.①农村－精神文明建设－
研究－中国 Ⅳ.①D422.62

中国版本图书馆 CIP 数据核字(2019)第 219588 号

乡村振兴视域下乡风文明建设路径研究
Xiangcun Zhenxing Shiyu Xia Xiangfeng Wenming Jianshe Lujing Yanjiu

著　　者/周秋琴
责任编辑/林　卉
出版发行/江苏大学出版社
地　　址/江苏省镇江市京口区学府路 301 号(邮编：212013)
电　　话/0511-84446464 (传真)
网　　址/http://press.ujs.edu.cn
排　　版/镇江文苑制版印刷有限责任公司
印　　刷/北京一鑫印务有限责任公司
开　　本/890 mm×1 240 mm　1/32
印　　张/8
字　　数/230 千字
版　　次/2019 年 10 月第 1 版
印　　次/2024 年 4 月第 2 次印刷
书　　号/ISBN 978-7-5684-1215-5
定　　价/60.00 元

如有印装质量问题请与本社营销部联系(电话:0511-84440882)

前　言

我国是传统农业国家，农业、农村、农民问题一直都是我国高度重视的社会发展问题。农村人口总量庞大，乡村仍是我国社会发展中的最大短板。随着经济与社会的发展，尤其是十八大以来进入社会主义新时代以后，农村的发展进入快车道和升级区，农业产业发展和农村基础设施建设取得了巨大成就，农民生活水平也显著提升。人民日益增长的美好生活需要和不平衡不充分的发展之间的矛盾成为社会主要矛盾，在物质生活已大幅改善的基础上，统筹农村文化建设和党的建设，提高农民精神生活、推进乡风文明建设成为农村地区发展的必然趋势和重要课题。

乡村振兴，乡风文明是保障。"乡风文明"概念最早是在党的十六届五中全会提出的建设社会主义新农村总要求"生产发展、生活宽裕、乡风文明、村容整洁、管理民主"中出现的，在这新农村建设的二十字方针中，乡风文明承接上下，既是生产发展、生活富裕的要求和结果，又是村容整洁、管理民主的前提和条件，有不可替代的重要作用。党的十九大吹响了全面决胜小康社会的冲锋号角并提出"乡村振兴战略"的升级版目标，即新的二十字方针"产业兴旺、生态宜居、乡风文明、治理有效、生活富裕"，十九大提出的二十字方针与前相比虽然有相应的调整与改动，但是"乡风文明"却保留了下来，说明乡风文明在乡村振兴战略中的重要地位以及加强乡风文明建设的紧迫程度。今天，中国特色社会主义进入了新时代，新时代是以习近平新时代中国特色社会主义思想为指导的时代，新时代赋予了乡风文明建设新的内涵，我们更要高度重视乡风文明建设，不断提高乡村社会文明程度，促进乡村振兴战略的实现。

乡风文明，通俗地讲就是乡村良好社会风气、生活习俗、思维观念和行为方式等的总和。它由自然条件和社会文化共同作用形成，并在一定时期和一定范围内被人们接受、仿效、传播和流行。乡风文明与农业农村的发展密切相关，与产业兴旺、生态宜居、治理有效、生活富裕共同构成乡村振兴的美好愿景，是"物的新农村"和"人的新农村"的有机统一。乡风文明体现了乡村居民对精神和物质生活的追求。新时代的乡风文明有着新的时代内涵，既传承了家庭和睦、邻里守望、诚实守信等优秀传统文化，也融入了"五位一体"和"五大发展理念"等文明乡风建设的新内容。乡风文明是乡村物质文明、精神文明、政治文明、社会文明和生态文明的综合反映。

新时代的乡风文明建设是一个综合的、全方位的系统工程，需要汇聚政府、社会组织、村民自身等多方的力量。其中，政府起主导作用，社会力量起着重要的支持和参与作用，农民处于主体地位，乡风文明建设的成效主要取决于农民。在建设的实践过程中虽不能否认需要有来自外部的指导和帮助，但这些条件和因素只有通过农民这一内因才能起作用。同时，新乡贤作为助力乡风文明建设的新型力量，一方面能密切农民与乡村基层党政组织的关系，另一方面能促进乡村社会组织的良性发展，从而有助于形成乡风文明建设的多方合力。

乡风文明建设除了要解决"谁来建设"的问题，还要解决"怎么建设"的问题。自国家"十一五"规划纲要首次将乡风文明建设纳入国家战略层面以来，乡风文明建设得到了各地政府前所未有的重视，也取得了不俗的成绩。但是，乡风文明建设在快速发展中也不断遇到新的时代问题。当前，乡风文明建设的内容多、要求高、任务重、难度大。我们要针对乡风文明建设中出现的新情况、新问题，从加快农村经济发展方式转型、加强农村思想道德建设、推进农村文化建设和推动农村生态文明建设等方面探索乡风文明建设的路径。

不管是解决"谁来建设"的问题，还是解决"怎么建设"的问题都需要建立制度规范，通过制度规范建设来塑造乡风文明。乡风文明的制度规范建设就是要加快农村基层法治建设，完善村规民约，规范民间信仰。

总之，乡风文明的培育和发展，是一项长期性与复杂性、历史性、时代性相交融的发展过程。抓好乡风文明建设是新时代推动乡村振兴的重要内容和基本保障。必须坚持物质文明和精神文明一起抓，注重协同性、关联性，整体部署，协调推进，提升农民精神风貌，培育文明乡风、良好家风、淳朴民风，不断提高乡村社会文明程度。

目　录

第一章　乡风文明建设概述

乡村文明是中华民族文明史的主体，村庄是乡村文明的载体。加强乡风文明建设，营造和谐美好的乡村生活氛围，让村民物质生活和精神生活"双丰收"，提升村民的获得感和幸福感，这也是新时代农村建设的重要内容。

第一节　乡风文明建设提出的时代背景

建设乡风文明是建设社会主义新农村及构建和谐社会重大战略部署的重要内容之一。它在一定程度上体现了新形势下农村经济、政治、文化和社会发展的要求，对农村的经济社会发展具有重要作用。

一、"乡风文明"的提出

"乡风文明"最早是在建设社会主义新农村的理论中提出的。2005 年 10 月，中国共产党第十六届五中全会上提出："建设社会主义新农村是我国现代化进程中的重大历史任务，要按照生产发展、生活宽裕、乡风文明、村容整洁、管理民主的要求，坚持从各地实际出发，尊重农民意愿，扎实稳步推进新农村建设。"这五点要求，是根据当时社会发展的实际情况，对我国农村社会发展提出的具体要求，指明了我国农村未来发展的方向，这五个方面相互联系、相互促进，将农村经济建设、政治建设、精神文明建设、和谐社会建设相结合，是我们党领导社会主义现代化建设进程中一项重大的历史任务。其中，"乡风文明"是指乡村地区呈现出积极向上、科学健康的社会状态，通过改善农民的思想观念、生活习惯和行为方式，使得人与人之间的关系更加和谐，形成良好的社会风尚并保持稳定的状态。整体上表现为乡村区域社会不断发展进步，趋于文明。

2006年3月，国家"十一五"规划首次将乡风文明建设纳入国家战略层面。从此，乡风文明建设受到相当程度的重视，取得了不少成绩，学界的研究成果也纷纷涌现，为农村发展提供了理论指导。

但是随着经济的快速发展，我国农村发生了很大变化，出现了许多新情况，乡风文明建设又面临着许多新的问题和挑战。2016年3月"十三五"规划纲要提出了要培育良好乡风，营造现代文明风尚，建设美丽乡村的目标，这就赋予了我国新时代乡风文明建设新目标、新要求和新内涵。

2017年，党的十九大报告中，明确了实施乡村振兴战略，提出"产业兴旺、生态宜居、乡风文明、治理有效、生活富裕"的总要求，意在打造"升级版"的社会主义新农村。"产业兴旺、生态宜居、乡风文明、治理有效、生活富裕"的新二十字方针，与党的十六届五中全会提出的社会主义新农村建设"生产发展、生活宽裕、乡风文明、村容整洁、管理民主"的目标要求相比较，立意更深刻，内涵更丰富，站位更高远，其目的就是要加快推进农业农村现代化，推动城乡融合发展、均衡发展，进一步解决重工轻农、重城市轻农村、重市民轻农民的问题，是新时代新农村建设的升华版，是更加全面系统地解决"三农"问题的重大安排，是保证实现农业强、农民富、农村美的顶层设计。从十六届五中全会上提出的"二十字方针"到十九大提出的乡村振兴战略，我们可以得出，乡风文明对推进农村建设工作仍然十分重要，并且中央在逐步提高对乡风文明建设工作的认识。

随后的2018年中央一号文件《中共中央国务院关于实施乡村振兴战略的意见》继续聚焦"三农"问题，并对乡村振兴战略中的乡风文明建设做出了整体规划和指导，使乡风文明成为新时代农村建设的热点问题之一。

二、"乡风文明建设"的学术研究

自从中国共产党在十六届五中全会上提出"生产发展、生活宽裕、乡风文明、村容整洁、管理民主"的二十字发展方针，中国学界关于"乡风文明建设"研究的序幕就被缓缓拉开了。根据不同时期研究的主要内容和特点，可以将"乡风文明建设"分为重理论建设阶段和重实践阶段。

（一）重理论建设阶段（2005—2010 年）

从建设的思想出发，再从实践过程中优化思想，逐步形成一套思想理论体系。国内"乡风文明建设"研究的发展历程是从理论研究开始的。代表作品有贺雪峰的《乡村的前途》。书中提出的建设理论，就是构建与西方发达国家"三高"（高污染，高消费，高耗能）生活方式完全不同的"三低一高"（低消费，低污染，低耗能，高质量）的具有中国特色和历史传统的"低消费，高福利"的生活方式。2008 年国家发展改革委员会宏观经济研究院赴韩国考察小组撰写的文章中提出，农村建设要坚持"三个阶段、五个重点、六项原则"。三个阶段包括试点阶段、推广普及阶段和完善提高阶段。五个重点强调要充分考虑农民的需求问题：一是为农民提供最基本的基础设施；二是为农民提供最基本的公共服务；三是帮助农民培育农村支撑产业，为农民增加收入提供最基本的保障；四是深化农村改革，完善乡村治理结构，健全农村自治机制；五是培训新型农民。六项原则强调建设应该遵循的规范，内容涵盖国家、政府、社会和个人四个方面。

（二）重实践阶段（2011 年至今）

这一阶段既是检验理论的阶段，又是发展理论的阶段。需要说明的是，这里所说的重实践是相对侧重的意思，并不是只注重实践而忽略理论。

实践是检验真理的唯一标准。从实践的内容视角出发，包括参与建设元素、建设主体。代表论文有《新农村乡风文明建设中大学生村官的作用分析》《论农村妇女在社会主义乡风文明建设中的作用》等。从实践的学科视角出发，"乡风文明建设"在哲学、社会学、经济学、管理学、政治学、思想政治教育等学科领域都进行着不同程度的实践。这一方面代表作品有徐勇等主编的《中国农村调查》（2011 年卷）等。

三、乡风文明与总要求的内在联系

"产业兴旺、生态宜居、乡风文明、治理有效、生活富裕"的总要求，是"五位一体"总体布局在乡村振兴战略中的具体实践与应用，涵盖了经济建设、政治建设、文化建设、社会建设、生态建设五大方面。它们虽涉及不同领域，有各自特殊的内容和规律，但它们之间是有机统一、不可分割、相辅相成、相互促进的辩证统一关系。乡风文明，作为乡村振兴战略的灵魂所在，渗透在乡村建设的各个方面，与其有着本质的、必然的联系。乡风文明与"二十字方针"总要求的其他各方面的内在联系，可以从三个方面来理解：一是乡风文明助推产业兴旺，同时为生活富裕打下坚实基础；二是乡风文明韵染生态宜居，为乡村美丽注入文化因子；三是乡风文明内化乡村治理，为乡村和谐提供人文规范。

（一）乡风文明助推产业兴旺

乡风文明助推产业兴旺，是新时代推进乡村产业快速高质量发展的必然趋势。新时代乡村产业的发展，依靠第一、第二、第三产业的融合立体开发，追求综合效益和高质量发展。其中，第三产业是第一、第二产业的催化剂，对提升产业层次和提高发展品质发挥着重要作用。在乡村产业中，第三产业的培植必须建立在当地实际乡情的基础之上，发展展现当地风土人情，体现当地人文风貌的特色产业。文明乡风则为乡村第三产业的培植和发展提供重要资源。文明乡风赋予乡村产业以特有的乡村文化内涵，在农产品及农业产业当中融入乡土文化品牌，为产业发展提供强大的助推力，为生活富裕拓宽致富门路。

（二）乡风文明韵染生态宜居

乡风文明韵染生态宜居，是新时代推进美丽乡村建设的必然方式。生态宜居，重点在生态。要留得住绿水青山，守得住田园风光，像对待生命一样对待生态，打造生态宜居的乡村人居环境，满足人民日益增长的美好生活需要，必须以生态的发展方式和生活方式来保障。绿色生态的发展方式和生活方式的建立，需要有生态理念和信仰的贯彻和践行。渗透在文明乡风中的生态理念和信仰，以润物细无声的方式韵染着生态宜居建设。例如，古之提倡"天人合一""天人相分""尊重自然"等朴素的生态思想，这些已经在传统乡俗乡风中具有深厚积淀的生态理念，对生态宜居乡村的打造影响深远。因此，生态宜居离不开乡风文明的韵染。

（三）乡风文明内化乡村治理

乡风文明内化乡村治理，是新时代促进和谐乡村建设的必然路径。新时代乡村治理需要自治、法治、德治三者的结合，从而达到治理有效的目标。乡风文明建设的深入推进，就是乡村治理有效的具体体现，其两方面是具有同一目标的不同路径。乡风文明作为长效发展机制，自古以来都对乡村治理起着规范和指引的作用，是不断内化的过程。乡风文明中所蕴含的家风家训、村规民约、道德规范等，内化到自治、法治、德治的乡村治理体系当中，为和谐乡村建设提供人文规范，对构建更加民主、科学的乡村治理规范，提高乡村治理的有效性发挥着巨大作用。

第二节　乡风文明的内涵

对于任何一个问题的研究，首先应该准确掌握与其相关概念的基本内涵及外延，由此才能深入地对相关问题展开研究，研究中国农村乡风文明问题亦是如此。

一、"乡风"的基本内涵

"乡风"一词从字面上理解应该是乡村的风气、风俗，《汉

5

典》解释为：乡里的风俗；地方风俗。"风气"，即风尚、习气，指社会上或某个集体中流行的爱好或习惯。"风俗"则是特定社会文化区域内历代人们共同遵守的行为模式或规范。有国内学者从社会学角度出发分析，认为"乡风"是"由自然条件的不同或社会文化的差异而造成的特定乡村社区内人们共同遵守的行为模式或规范，是特定乡村社区内人们的观念、爱好、礼节、风俗、习惯、传统和行为方式等的总和"①。无论是作为集体爱好的风气，还是特定区域的风俗，风俗和风气都包含看得见的行为模式（方式）和以理念形式存在的行为规范两层内涵。"乡风"作为一种习惯、风尚和爱好，既是特定乡村内的人们在经年累月中沉淀下来的一种行为方式，也表现为这些行为方式背后的乡村成员的文化和价值观念。该地区人员群体的文化内涵和价值观念是该地区"乡风"得以形成的根本内在，而"乡风"所表现出来的习惯和风尚则是文化内涵和价值观念的具体体现；而且通常情况下，这种习惯和风尚经过相互作用还会对该地区群众形成无形的社会约束和行为规范。因此，笔者认为，"乡风"应该是一种在特定乡村地理人文环境下长期积累形成的、群体文化内涵和价值理念在行为上的具体体现，它具有规范性特征，包括"风气"和"风俗"两个部分。

具体而言，作为"区域内历代人们共同遵守的行为模式或规范"的"风俗"，主要包括宗法风俗、节日风俗、婚姻风俗、丧葬风俗等几种类型。作为"集体中流行的爱好或习惯"的"风气"，可以从个人对待自然、个人对待他人、个人对待社会、个人对待自我的行为方式和态度这几个方面进行分类：如在对待外物及自然的态度偏好上，是重义轻利还是拜金主义，是尊重自然规律还是漠视规律；在处理人与人关系的偏好上，是忠孝节义还是人情冷漠；在处理人与社会关系的偏好上，是个人主义还是集

---

① 董欢：《乡风文明：建设社会主义新农村的灵魂》，《兰州学刊》，2007年第3期。

体主义，是遵纪守法还是损公肥私；在自我发展上，是安于现状还是勇于超越。而"风俗"与"风气"具有内在的联系性，由一个地区的风俗习惯能够体现出该地区的社会风气。如：节日习俗中对新年的祝福与祝愿，反映出追求美好生活和重视亲情的风气；宗法观念中的长幼尊卑，反映出处理人与人关系的社会风气；婚姻风俗反映出个性自由、责任意识或拜金主义等风气；丧葬风俗反映出尊老敬老或攀比之风；等等。

"乡风"有以下几个特征：

一是群体性。"乡风"虽是指一定的日常思想和行为，但"乡风"不是指个人的思想行为，而是一种在特定群体环境下形成的群体思想意识和群体行为方式，这种意识和行为在聚居人群中往往已经得到广泛传播并被竞相模仿，且这种群体意识和群体行为所表现出来的并不是简单的群体行为，而是群体中每个人对于这种"乡风"认同且以此维护日常生活中的相互关系。

二是时代性。一个地区"乡风"的形成往往受当时的经济环境、政治环境、文化环境的作用和影响，虽然"乡风"在形成后的一段时期内具有一定的稳定性，但随着时代的发展和环境的变化，"乡风"的具体内容往往也会随之发生改变，比如近年来婚丧礼俗内容上的变化等。

三是规范性。"乡风"由于在特定群体中的广泛传播和竞相模仿，往往会形成一种特定地区社会的文化氛围，而这种文化氛围又往往能够影响社会生活的各个方面。因此，当一种"乡风"形成之后，由于大部分群众的认同，就会在该地区形成一种特有的价值评判方式，规范人们的思想行为，并具有一种隐含的强制规范性。

四是能动性。由于"乡风"的群体性和规范性特点，一种"乡风"一经形成，就会对该地区居民的行为规范和行为方式产生巨大的影响，它渗透于社会生活的各个方面，以舆论和价值评判等形式影响群体的观念和行为。因此，"乡风"对一个地区的发展具有强大的能动作用，好的"乡风"能够使人积极向上、艰苦奋斗，促进该地区的发展，但坏的"乡风"也有可能会使人好逸恶劳、贪图享乐，对该地区的发展产生不利影响。

"乡风"作为一种风气与风俗，它的形成往往受到多种因素影响，主要包括经济因素、政治因素和文化因素。

首先是经济因素。经济发展是一切社会活动的前提，生产力决定生产关系，经济基础决定上层建筑，一个地区社会意识的形成，必然受该地区生产力发展水平及生产资料所有制形式的影响，封建时代封建土地所有制下的"三纲五常"伦理观念与封建君主时代的小农经营模式有着直接关系；资本主义发展早期"拜金主义"泛滥的社会现象是资本主义私有制下生产方式的直接体现。因此，"乡风"的形成与该地区的经济环境、生产资料所有制形式及生产方式有直接关系。

其次是政治因素。政治因素的影响主要体现在建立在经济基础之上的上层建筑，一个国家的政治实体往往代表着统治阶级的利益，每个政治实体都会进行社会意识形态变革，塑造符合本阶级意志的社会风气及观念体系，向社会灌输统治阶级的思想观念、价值观念和道德观念。因此，政府政策的制定，往往对整个地区的社会风气产生重要影响，比如邓小平提出"科学技术是第一生产力"后，整个社会形成了尊重知识分子的良好风气，国家重视科技发展。

最后是文化因素。文化因素影响的内容主要包括教育、科技和舆论对"乡风"形成的影响，在"乡风"的形成过程中，教育是提升乡村地区"乡风"的重要手段，教育具有目的性和计划性且总包含着政治理念和道德观念，而在教育的指导影响下，往往能够对符合社会发展需要的"乡风"形成产生促进作用；科技是提升"乡风"的强大动力，科技的发展能够提高乡村地区群众对自然科学的认知程度，改变人们的生产方式，破除封建迷信思想，改造世界观，有利于科学世界观的形成，使"乡风"朝着更加科学的方向发展；舆论是"乡风"发展的重要导向，舆论宣传会给广大群众灌输一种特定的价值取向和思想观念，能够对"乡风"的形成起到重要的引导作用，良好的舆论环境往往能够使"乡风"朝着良好的方向发展，反之则会起反作用。

二、文明的内涵

文明是一个与文化相关联的概念。所谓文化，可以从广义和狭义两方面理解。"广义的文化包括人类物质生产和精神生产的能力、物质的和精神的全部产品。狭义的文化指精神生产能力和精神产品，包括一切社会意识形态，有时又专指教育、科学、文学、艺术、卫生、体育等方面的知识和设施，以与世界观、政治思想、道德等意识形态相区别。"① 所谓文明，是指"人类改造世界的物质和精神成果的总和；社会进步和人类开化状态的标志"②。

关于文化与文明的关系，目前有代表性的观点认为文化包含文明。一些研究者认为，文明是文化发展的高级形式。一种观点认为文明是城市的文化。"文明就是城市的文化，而城市则可定义为一种聚居点，其中许多（更确切地说是多数）居民不从事食物的生产。"③ 另一种观点认为，文明是先进的文化。如果"一个文化一旦达到了文字已在很大程度上得到使用，人文科学和自然科学已有某些进步，政治的、社会的和经济的制度已经发展到至少足以解决一个复杂社会的秩序、安全和效能的某些问题这样一个阶段，那么这个文化就应当可以称为文明"④。笔者认同这种观点，认为文明包含于文化，产生于文化，与"野蛮"相对，是文化发展到一定阶段所达到的一种进步状态。因此，文明是人类社会发展中各种相互关联的高级属性和特征的集合体，

---

① 《中国大百科全书》（哲学Ⅱ），中国大百科全书出版社，1987年，第924页。
② 同①。
③ ［美］菲利普·巴格比：《文化：历史的投影》，上海人民出版社，1987年，第195页。
④ ［美］爱德华·麦克诺尔·伯恩斯，［美］菲利普·李·拉尔夫：《世界文明史》第一卷，商务印书馆，1987年，第26页。

它表示着人类社会物质生产和精神生产所达到的一种进步状态。

狭义的文化发展所取得的积极成果和所达到的进步状态就是精神文明。具体说来，以下观点有一定的代表性："精神文明是指人们改造主观世界的社会精神生活积极成果的总和，与物质文明相对，主要表现为文化方面和思想方面。文化方面主要包括社会的文化、知识专题、科学、教育、文学、艺术、卫生、体育等项事业的发展程度以及与此相对应的物质设施、机构的发展规模和水平。思想方面包括社会的政治思想、道德面貌、社会风尚和人们的世界观、理想、情操、信念以及组织性、纪律性的状况。"①

社会主义精神文明赋予了精神文明的社会主义性质，就其主要内容来说，与中国特色社会主义文化是一致的。社会主义精神文明或中国特色社会主义文化建设包括社会主义思想道德和科学文化两个方面的内容。社会主义思想道德建设要解决的是整个民族的精神支柱和精神动力问题，教育科学文化建设要解决的是整个民族的科学文化素质和现代化建设的智力支持问题。

三、乡风文明的内涵

乡风文明的内涵不是固定不变的，随着社会的发展，社会对乡风文明的要求不断变化和提高，因此乡风文明的内涵也在不断地深化。乡风文明反映出一定时期内社会对于乡风的普遍要求，是农村社会精神风貌的总体体现。

关于乡风文明的含义，学术界有不同的观点，一些学者对于乡风文明含义的认定大多从精神文明方面考虑。他们认为："乡风文明，是指农民群众的思想、文化和道德水平的不断提升，崇尚文明和科学的社会风气在农村形成，农村的教育、文化、卫生、体育等事业的发展逐渐适应了农民生活水平不断提高的要

---

① 朱启臻：《新农村：乡风文明》，中国农业大学出版社，2007年，第4—5页。

求。"① 乡风文明要求不断提高农民群众的思想文化素质、道德文化水平，重建农村精神家园，丰富农村文化生活内容，从而形成崇尚文明和科学的积极向上的社会风气。社会主义新农村建设的灵魂和关键环节是乡风文明。乡风文明的建设，不仅可以从精神上满足农民的需要，而且能提高农民的精神动力，更加有利于营造和谐的社会空间，协调发展新农村建设。乡风文明的本质就是农村精神文明的建设，内容涉及文化、法制、风俗、社会治安等多个方面。②

从农民的角度来看，乡风文明包括以下几点：第一，乡风民风淳朴，邻里关系和谐，这是乡风文明的一个具体外在表现。在农村，邻里关系往往直接影响着一个村子的乡风。和谐的邻里关系减少了农村各种矛盾和冲突，使农民生活得更加称心如意，不会被邻里间的琐事所扰。同时，和谐的邻里关系还可以带动全村形成互帮互助的良好风气，这就是农民心目中所期待的乡风。第二，农村社会风气好，没有偷盗、赌博、打架等不良现象。偷盗是农村存在的最主要的不安定因素，对农民正常的生活造成很大困扰，所以农民心中的乡风文明就是没有偷盗现象。赌博是影响家庭和谐的一颗定时炸弹，给农民带来经济负担，所以文明乡风就是要消除这种现象，选择健康向上的娱乐方式。另外，村民之间和睦友善，没有聚众斗殴等现象。第三，村民素质得到整体提升，相信科学和法律。"'个人的全面发展'是马克思憧憬社会主义应达到的目标之一。"③ 封建迷信思想在农村根深蒂固，没有得到完全剔除，而且在生活水平提高后还有抬头之势。乡风文明就是农民相信科学，逐步减少封建迷信活动直至剔除封建迷信思想。同时农民科学素养提高，并且学习了一定的法律知识，懂

---

① 马兆明：《社会主义新农村思想道德建设的行动指南》，山东人民出版社，2009 年，第 98 页。

② 曾业松：《建设社会主义新农村学习问答》，中共中央党校出版社，2006 年，第 26 页。

③ 《马克思恩格斯全集》第四十六卷（上），人民出版社，1979 年，第 178 页。

法、守法、用法。第四，农村社会环境得到改善。脏乱差不是农村的代名词，新时代的农民对于乡风文明的理解是改变农村环境状况，形成干净美丽的新农村。农民会自觉维护农村环境，做到主动打扫公共区域，不对环境进行人为的污染和破坏。第五，干群关系和谐。干部和群众是平等的关系，干部是为群众服务的群体，群众也要积极配合干部的工作，共同进行乡村治理。在农民心目中，真正的好干部应该不摆官架子，切实解决群众遇到的问题，积极致力于乡村建设。

有的学者则从文化角度理解乡风文明："在社会主义新农村建设中的乡风文明，是指一种区别于城市文化以及传统农村文化的新型的农村文化，它属于农村文化的一种状态。具体表现在农民在思想道德观念、行为素质修养、知识水平以及人与人、自然和社会三方面的关系方面继承和发展了民族文化的优秀传统，对消极落后的传统文化进行摒弃，积极吸取先进的城市文化和其他民族文化中的积极因素，以适应经济社会的不断创新发展，最终形成一种积极向上、健康的文化内涵、精神面貌和社会风气。它的本质是促进人的全面发展，推进农民文明化、现代化和知识化。"① 新时代赋予了乡风文明新的内涵。

综上所述，所谓乡风文明，就是乡里或地方社会长期发展中形成的符合人类精神追求的，较高发展阶段的，能被绝大多数人认可和接受的，先进的风尚、礼节、习惯，以及人们政治上归顺或敬仰的社会状态的综合反映。

四、乡风文明的特征

从历史的传承来看，乡风文明是一个自然的、历史的演进过程。乡风文明反映了人们自身的现代化的要求，是人们物质需要和精神需要得到相对满足的体现，是一种健康向上的精神风貌。

---

① 董忠堂，齐子忠，彭树人：《建设社会主义新农村论纲》，人民日报出版社，2005 年，第 116 页。

同时，乡风文明反映了时代的精神特征，是历史发展的要求。

从文化的结构来看，乡风文明是特定社会经济、政治、文化和道德等状况的综合反映，是特定的物质文明、精神文明和政治文明相互作用的产物。

从社会的管理来看，乡风文明建设也是一个复杂的系统工程，它涉及社会经济、政治、文化和道德建设的各个层面。

总之，乡风文明建设就是通过采取各种措施，改善农村乡风状况，形成文明乡风。它不是简单的全盘否定乡风现状，而是去粗取精，继承农村社会现存的积极乡风，对其中落后的、不文明的现象加以剔除。同时，还要进行创新，吸收别国乡风文明建设的有益经验，结合我国具体实际，有针对性地进行创新。总之，乡风文明建设就是要提高农民的思想素质，转变农民的生活方式，丰富农民的精神世界，拓宽农民的创收渠道，缩短城乡差距，增进农民的幸福感和获得感。

第三节　乡风文明在乡村振兴中的地位与作用

党的十九大报告关于实施乡村振兴战略的目标中再次提出乡风文明的要求，将"乡风文明"的要求从物质层面过渡到精神层面，要求农村必须重视促进文明乡风的建设和传递，在农村倡导文明乡风，对于不文明现象进行纠正和剔除，形成文明乡风，提高农民的文明程度。同时乡风文明要求的不仅仅是对农村精神文化的建设，还包括对乡村经济、生态、治理及百姓生活水平的提高等发挥重要的影响。因此，乡风文明是一个综合的概念，它是乡村发展的坚实基础，是乡村振兴的灵魂所在。

一、有利于推进和谐农村建设

乡风文明对于和谐农村建设具有重要的促进作用，是和谐乡村建设的长期任务。随着人民物质生活水平的不断提高，信息交流更加便利，农村地区受城市文化的影响越来越大，农民的思想观念发生变化。如果不加以引导，就会产生很多思想和行为上的问题，对生活中出现的复杂多变的情况无法做出正确的判断，进而滋生出一些社会问题，如聚众赌博、邪教入侵、抢劫盗窃等。乡风文明建设必须注重农村和谐文化建设，积极弘扬先进文化，移风易俗，提倡科学法制，使广大农民的思想道德素质、文化修养、行为准则更加规范，形成健康向上的社会风气。

一方面，乡风文明有利于维护农村社会的和谐稳定。第一，农民对于子女教育日益重视，农村青少年受教育程度普遍提高。农村学生初中辍学率几乎为零，初中毕业后大都升入中专和高中进一步学习，就读大学人数明显上升，近几年就读研究生人数也明显增加。并且性别差异淡化，男女都能接受同等水平的教育，重男轻女思想在教育领域减弱甚至已经消除。受教育程度的提高促使青年人的思想道德和文化水平得到提升，社会不安定因素减少，形成积极向上的乡风，促进了农村和谐稳定。第二，有助于农民思想素质的提高。长期以来进行的乡风文明建设，对农民的思想素质的提升产生了积极影响，其辨别是非善恶的能力有所提高，逐渐形成了正确的世界观、人生观、价值观，从而在社会生活中自觉遵守法律法规，遵守社会公德，自觉要求自己的言行符合社会主义核心价值观要求。在没有纪律约束和外在监控的情况下，做到自我要求，不突破道德底线，不违背做人的良心。第三，农村居民休闲娱乐方式的改变也有利于农村和谐。过去乡村的休闲娱乐活动单调，打麻将、唠家常滋生出很多问题，不利于社会的和谐安定。休闲娱乐方式改变，娱乐项目增多，农村居民精神文化日趋繁荣。这减少了因为唠家常说闲话滋生的邻里关系紧张，因为打麻将产生的家庭矛盾，赌博等不良风气有所改善。过去娱乐方式单一，造成一些地方赌博成风，由此带来抢劫、盗窃等很多的问题，加剧了当地居民的贫困程度。第四，敬老孝亲、邻里和谐的家风乡风带来了社会和谐安定，人民安居乐业。"老吾老以及人之老，幼吾幼以及人之幼"，这是大同社会的理想，在乡风文明建设取得显著成绩时，这样的社会局面将不再只是理想，而会成为现实。可见，乡风文明建设对于维护农村和谐稳定起到积极的作用，甚至对于整个社会的发展都具有积极意义。

另一方面，乡风文明对于基层政府工作的顺利开展具有积极作用。基层政府是进行基层治理的关键，基层政府工作的开展将直接关系到基层治理状况的好坏。基层政府长期扎根在人民群众中，与农民有着最紧密的联系，对于农村具体实际情况更加了解。因此实现乡村的发展，维护乡村稳定必须充分发挥基层政府的作用，协调农民之间发生的各种矛盾，解决农村突出问题，实现乡村稳定发展。

那么，如何促进基层政府作用的有效发挥？乡风文明建设对基层政府作用的发挥有着怎样的积极作用？这是值得思考的问题。基层政府扎根在人民群众中，基层领导干部必须摆正自己的位置，走到农民中间，切实解决农民遇到的问题，为农民着想。在乡风文明建设过程中，基层政府起着重要的作用，如果制定与实施的政策有效，将提高基层政府在人民心中的地位，基层政府的政策和号召也更容易得到人民群众的拥护和支持，这是乡风文明有助于基层政府建设的一个方面。同时，乡风文明建设提高了农民素质。在思想方面，农民素质提高，凡事考虑周到，顾全大局，不会只顾个人眼前利益，对乡村发展中出现的一些矛盾和问题，更容易沟通和理解，从而为基层政府工作的开展提供更多便利。农民参与政治活动和农村建设的觉悟提高，有改善生活状况的愿望和需求，对于政策的理解能力增强，基层政府在农村建设中遇到一些问题也能更好地和农民沟通，更容易得到农民的理解与支持，有利于国家政策的实行。在和谐有序的乡风下，政府政策宣传可以收到良好效果；反之，将不利于各项工作的开展。在有些地区，乡风文明建设取得良好成绩，干群关系和谐，各项工作开展顺利；而有些地区则干群关系紧张，不管政策好坏，群众的第一反应都是反对，甚至还有所谓的"厉害人"出来主持"公道"，严重影响政策执行。随着乡风文明建设的进一步发展，干群关系和谐，基层政府开展工作的阻力也会更小，更有利于解决农村社会的矛盾和冲突，便于农村振兴发展。

二、有助于提升农民文明素质

中华人民共和国成立后，经过改革开放和社会主义现代化建设，我国农民的整体素质已经有了很大提高，但是与新农村建设和实现乡村振兴对农民提出的要求相比，还存在一定的差距。农村乡风文明是实现农村物质文明、政治文明和社会文明不可缺少的一部分，也是农村经济社会发展的思想保证、精神动力和智力支持。农民有了新思想，对于追求美好生活的干劲更足，可以有效地推动农村经济的发展。公平竞争意识在农民中普及，可带动经济活力。文明的乡风使农民形成健康、积极的生活状态，改变过去信命认命的愚昧思想，努力创造美好的生活。同时文明乡风有利于农村社会的稳定，为经济发展提供良好的环境，从而为农村发展吸引资金和人才。经济发展的同时也进一步推动了农村城镇化进程，这是乡风文明对经济发展的间接促进作用。在市场经济日益发展，农村现代化程度日益提高的今天，必须提升农民的文明素质，实现乡村的振兴。

一方面，需要提高农民思想素质以适应社会的发展。农民思想中还留存着许多小农思想的成分，这些思想不适应现代社会的发展。很多农民的思想观念还停留在七八十年代，土地就是他们全部的收入来源。在农村，对无主土地的"争夺战"时有发生，邻里关系受到很大影响。封建迷信思想依然有很大市场，对农民自身发展及农村的和谐稳定都产生了消极影响。同时，随着交通和信息的发展，农村与城市的交流更加频繁，面对比农村更加复杂多样的城市环境，农民思想观念上受到前所未有的冲击。市场经济给农民带来福利的同时，由于辨别能力欠缺，加剧了农民思想的动荡和混乱。此时加强对农民的教育，提高其辨别是非善恶的能力则显得尤为重要。第一，乡风文明建设提高了农村居民的受教育水平，缩短了城乡教育的差距。乡风文明建设下，村镇居民思想观念改变，对教育更加重视，教育投入增多。尤其是接受高等教育的人数大幅上升，带动了整个社会风气，形成重视教育的良好乡风，与城市教育的差距逐渐缩小。第二，乡风文明提高了农村居民整体素质，使他们的精神面貌积极向上，关心国家大事，对于全面建成小康社会有着很大的信心和十足的干劲，对村镇发展建言献策。

另一方面，实现乡村振兴，农民是主力军，这就需要通过提高农民的思想素质来促进乡村发展。主要是使农民转变传统的生活方式和思想观念，形成文明健康的生活方式、法制意识、契约观念，实现市场经济下消费方式的优化，以提高农民素质和生活水平。乡风文明建设改变了农村居民的生活方式，与现代化的城市生活相得益彰。在长期的乡风文明建设中，农村居民认识逐渐提高，不断摒弃落后的、不健康的生活方式，学习借鉴城市文明中先进的、健康的生活方式，渐渐缩小与城市生活的差距。在市场经济的大背景下，农民已经有了提高收入、努力致富的意识并付诸行动，但是由于经营能力欠缺，创新能力不足，经常会产生自卑心理而安于现状，有时还会产生惧怕发展的消极情绪，担心失去土地无法谋生。这就需要从思想上对农民进行教育，提高农民的思想素质，促进乡村振兴。

三、有助于形成崇尚科学、法制的社会风尚

乡村振兴涉及领域众多，是科学的发展进程。实现乡村振兴伟大战略，必须与时俱进，除旧布新，克服农民固有的落后思想对乡村振兴带来的消极影响。随着农村经济的发展，社会生活的变迁，人与人之间关系的转变，旧的观念已经不适应甚至会阻碍农村社会发展。党的十九大报告中再次强调坚持全面依法治国，要求提高全民族的法治素养和道德素质。农民占我国人口的绝大多数，对农民的法制教育直接影响全民的法制水平的提升。科学的法制观可以使农民形成正确的价值取向，明确其行为的后果，为农村发展提供有力的秩序保证，有利于促进社会稳定。同时，农民科学技术知识的提高、科学素养的形成，有利于加快实现乡

村振兴战略。因此，必须在广大农村地区形成崇尚科学和法制的社会风尚。

　　长期以来在农民中形成的封建迷信思想一时难以消除，算命、占卜等陈规陋习依旧存在，他们常常以此为行为依据，在处理人生规划、婚丧嫁娶、子女升学、治病救急等问题时，都害怕犯忌讳，宁可信其有。还有的人热衷于求神拜佛保佑家庭幸福、学业有成、仕途顺利、财运亨通，以寻求心理安慰。封建思想根深蒂固，使得房屋、祖坟拆迁存在很大难度，严重阻碍了农村发展。另一方面，农民缺乏科学知识，特别是中老年农民对于现代化、信息化的生活方式有诸多不适应。如网络支付方式等现代支付手段给不会操作智能手机的中老年人带来困扰与不便。这就要求中老年人要对社会发展中的新现象、高科技产品有所了解，以便更好地适应现代生活。农村现代化进程还会继续向前推进，必须提高农民的科学素养，去除他们思想中落后的不适应时代发展的部分，使其形成崇尚科学的观念，并以科学的思维指导日常实践。

　　近几年网络电视得到普及，其中传播的很多新闻都具有法制教育的性质，这在一定程度上提高了农民的法制意识，农民懂得用法律武器来维护自己的合法权益，遇到事情首先会想到运用法律的手段去解决。但是相对于快速发展的社会来讲，农民的法律知识还是很欠缺的，表现为他们往往对于违法的界限界定不清，面对纷繁复杂的社会情况很难做出正确的判断，一定程度上缺乏事前自我保护意识，遇到问题后不知道通过什么样的法律途径去解决。法制知识的普及还存在很大的发展空间，尤其是网络传播手段普及以后，农民朋友的微信朋友圈中转发的内容很多是腐朽落后的，甚至是谣传，很容易被不法分子利用。提高农民的网络规范意识，可以从净化其朋友圈开始，在朋友圈中宣传法律知识，在潜移默化中对其进行影响教育，使其提高法制意识，以适应纷繁复杂的世界。

四、有助于促进农村转变落后的生产生活方式

长期以来，农民形成了独具特色的生活方式，其中有些是不文明、不健康的。在农村发展进程中，要求农民摒弃传统生活方式中与现代化不相适应的部分，形成新的生活方式。主要体现在以下几个方面：

第一，农民习惯了日出而作、日落而息的作息规律，时间观念淡泊，在生活中不守时，纪律松弛，不太遵守秩序。但是，现代化的生活方式是高速度、高效率的，这就要求农民提高时间观念，遵守契约，在生活和工作中适应现代生活的快节奏，对待工作要本着认真负责的态度，不能磨洋工。改变生活和作息习惯，适应城镇夜生活。

第二，休闲娱乐活动单调。过去在农闲时间，农民的娱乐活动主要集中在看电视、拉家常、打麻将等消磨时间的活动上，活动单调且没有意义，同时也滋生出很多问题，如传闲话导致人际关系矛盾，打麻将赌博影响家庭和谐，甚至造成贫穷，扰乱社会治安。同时，言语中有些粗俗的字眼会影响社会风气，甚至影响下一代。

第三，缺少体育锻炼。一方面，农村缺乏体育运动的设施和场所，另一方面，农民体育锻炼意识薄弱，再加上农民有繁重的农业劳动，既没有时间，又没有精力，导致其日常生活中几乎没有体育锻炼活动。而现代化的生活方式更加健康文明，客观上要求农民转变传统的生活方式以适应农村现代化发展的要求。从主观上说，农民对美好生活的向往促使他们主动转变生活方式，追求"市民生活"。

第四，消费观念和消费方式落后。例如，农民对蔬菜、水果的需求量极少。造成这种消费方式的原因是多方面的。首先，受消费观念的影响，农民仅购买生活必需品，可以节省的开支尽量节省，恩格尔系数高居不下。其次，农民生活所需的很多食品都依赖自给自足，养成了可以自己做的绝不出去买的习惯。但是在

现代化的发展过程中，很多农民失去土地、脱离土地，对于这些生活必需品的需求只能通过购买来满足，这时他们的内心就会非常矛盾和纠结，这就需要进行思想教育，使其转变传统的消费观念和消费方式。最后，农民世代为农，家庭中很少有所谓的"正式工"，他们担心失去劳动能力以后的生活没有保障，因此，消费观念传统，为了老年生活"攒钱"。这些都是造成农村消费方式传统的原因。

第五，农民的环境保护意识相对淡薄，在农村生活中存在随处自建垃圾堆，垃圾乱扔导致环境污染的现象。要实现美丽乡村建设，就需要农民改变长久以来的生活习惯，将垃圾放到统一的堆放处。这些都是乡风文明建设的重点，只有顺应时代发展的要求，改变农民传统的生活方式，才能实现文明乡风建设。

第二章　乡风文明建设的理论与实践基础

乡风文明建设是我国社会主义新农村建设的重要组成部分。马克思主义理论中的文明观、中国传统文化中的文明观、民国时期乡风文明建设思想与实践、中国共产党早期乡风文明建设思想与实践和新中国成立后乡风文明建设思想与实践构成了当代乡风文明建设的理论与实践基础。

第一节　马克思主义理论中的文明观

一、马克思主义精神文明观

马克思、恩格斯在人类社会理论方面做出了许多杰出贡献，如剩余价值理论、辩证唯物理论等。更为突出的是，他们是物质文明和精神文明两种文明思想的奠基人。马克思从物质与精神两者相互依存、相互制约的关系出发，深刻地阐明了精神与物质两者的含义及相互关系。首先，马克思论述了所有文明的根基是物质文明。他指出："与资本主义生产方式相适应的精神生产，与中世纪生产方式相适应的精神生产不同。如果物质生产本身不从它的特殊的历史的形式来看，那就不可能理解与它相适应的精神生产的特征以及这两种生产的相互作用。"① 这里重点强调了物质的客观发展水平对精神文明发展程度具有制约作用。其次，马克思从物质生产和精神生产的辩证关系出发，揭示了物质生产决定精神生产，精神生产对物质生产有巨大的反作用。马克思指出，在人类认识世界、改造世界的实践活动中，生产者在生产活

---

① 陈建英：《论马克思三大社会形态与三种教育理论》，《传承》，2010 年第 33 期。

动过程中，不仅改造生产资料，同时也在改造着自身，形成适应发展的观念和品质，创造新的语言，形成新的交往方式来满足新的需要。从人的全面发展的角度出发，马克思将人类社会划分为三大历史形态。在第一大形态内，人的生产活动能力仅限于在狭小的范围内和孤立的地点上，因而形成了人的依赖关系（起初完全是自发生的），这是最初的社会形态。第二大形态是以物的依赖性为基础的人的独立性。在这种形态下，形成了普遍的社会物质交换，全面的关系以及多方面的需求和全面的能力的体系。建立在个人全面发展和他们共同的社会能力成为他们的社会财富这一基础上的自由个性，是第三个形态。第二个形态为第三个形态创造条件。[①]

对于马克思的这一观点可以做如下几种理解：第一，第三个阶段就是共产主义社会。马克思说过：共产主义是"以每个人的全面而自由的发展为基本原则的社会形式"[②]。按照马克思的观点，只有共产主义社会才能实现人的全面发展。对于马克思人的全面发展的科学内涵，长期以来学术界做了充分的探讨，主要包括：人的需要的充分发展、人的劳动能力的充分发展、人的社会关系的全面发展、人的个性自由发展、社会发展和人的发展的和谐统一。第二，人的全面发展是持续的发展，而非马上就能实现的目标状态。这需要建立在前人的发展基础之上。不管共产主义之前人的发展存在着多大缺陷，但是，正如马克思所讲，人的发展"第二个形态为第三个形态创造条件"。也就是说共产主义人的全面发展是对前人的发展的扬弃。人的全面发展贯穿于社会发展过程中，是社会发展最活跃的元素，也是人类发展要达到的最终目标之一。第三，共产主义社会的标志之一就是人的全面发展。这也是社会发展的必然趋势和客观要求，但人的全面发展并

---

① 马克思：《资本论》第 23 卷，昆仑书店出版社，1930 年，第 649 页。

② 叶继平，徐金龙：《新农村文化建设中开掘民俗文化资源的思考》，《农村经济》，2011 年第 16 期。

不指人顺其自然地发展其个性，也不指这一状态会随着时间的推移而到来，这需要借助正确的指导思想和科学的方法促进人的全面发展的实现。唯物史观认为，人民群众不仅是历史的创造者，也是推动历史发展的主要力量，人的实践活动既促进了人自身的发展也推动了人类社会的发展进程。同时，人的发展和人类社会发展之间也存在着密切的联系。总之，马克思和恩格斯认为，物质生产和物质生活决定精神生产和精神生活，精神生产和精神生活对物质生产和物质生活又有巨大的反作用。促进人的发展在乡风文明建设中就体现为不断提高农民的素质，培养新型的农民。马克思人的全面发展理论为乡风文明建设提供了重要理论基础。①

列宁在领导苏联社会主义革命和建设的过程中，对马克思主义的精神文明观进行了进一步的丰富和发展。列宁指出，社会主义精神文明建设的指导思想应该是坚持马克思主义，建设社会主义精神文明的前提是，先取得无产阶级政权，改变腐朽的封建政治、经济制度，应在经济变革和政治变革的基础上，大刀阔斧地进行文化变革。同时必须取其精华、去其糟粕地继承人类文明发展的成果，使人们的思想适应社会的发展方向。只有这样，才真正地取得了社会主义革命的彻底胜利。列宁逝世以后，斯大林沿用并创新了列宁关于文明问题的思想。总之，乡风文明建设的主体是农民，新型农民培养归结为人的全面发展，马克思关于人的全面发展理论为乡风文明建设提供了重要理论基础。

二、马克思社会有机体理论

历史唯物主义中的一个重要理论基础是马克思社会有机理论。《哲学的贫困》是 1847 年马克思批判普鲁东时发表的文本，他指出："谁用政治经济学的范畴构筑某种思想体系的大厦，谁就是把社会体系的各个环节割裂开来，就是把社会的各个环节变

---

① 《毛泽东选集》第 2 卷，人民出版社，1991 年，第 663 页。

成同等数量的依次出现的单个社会。"① 他在《资本论》中又提到："社会不是坚实的结晶体，而是一个能够变化并且经常处于变化过程中的有机体。"② 由此推论，马克思的观点是指人类社会是由"各个环节"紧密扣合、相互依存的有机活力的整体，并时时处在变化之中。

我国乡村振兴涵盖了政治、经济、文化、社会等多个环节，对于乡村振兴的理解不能简单地对某一方面割裂开，否则发展就会有失全面，也违背了马克思关于社会有机体的理论。乡风文明建设在乡村振兴中具有一系列的具体要求，社会思想意识领域，主要包括我国在进行社会主义文化建设或社会主义精神文明建设中有关科技文化、道德思想的部分。在乡风文明两方面内容中，中国特色社会主义文化又占据着极为重要的位置。因此，乡风文明建设是乡村振兴的灵魂，为乡村振兴提供思想动力。

三、马克思主义文化建设理论

马克思认为，观念意识等文化现象受物质生活条件所制约，并有一定的独立性和能动性。马克思在创立唯物史观的过程中就逐步认识到，意识形态是与经济基础相适应的，是后者的观念的表现，并为后者服务，认为"法、道德、科学、艺术等"要受到现实的生产关系的支配。在1859年《政治经济学批判》序言中马克思进一步表述："人们在自己生活的社会生产中发生一定的、必然的、不以他们的意志为转移的关系，即同他们的物质生产力的一定发展阶段相适应的生产关系。这些生产关系的总和构成社会的经济结构，即有法律的和政治的上层建筑竖立其上，并有一定的社会意识形态与之相适应的现实基础。物质生活的生产方式制约着整个社会生活、政治生活和精神生活过程。不是人们

① 《马克思恩格斯选集》第1卷，人民出版社，1995年，第143页。
② 《马克思恩格斯选集》第2卷，人民出版社，1995年，第102页。

的意识决定人们的存在，相反，是人们的社会存在决定人们的意识。"① 1863年创作《资本论》时，马克思进一步认识到，作为人类文化载体的观念和思想意识，并不直接随着生产力的发展而变化，它作为一种"知识的形式"，有着自己发展的独立性和惯性。在《路易·波拿巴的雾月十八日》中，马克思对意识形态等传统文化和观念对当代人的影响作用进行了系统的探讨，认为人们创造历史的时候，"并不是随心所欲地创造，并不是在他们自己选定的条件下创造的，而是在直接碰到的、既定的、从过去继承下来的条件下创造的"②，这种继承下来的条件，不仅包括物质生活条件，而且包括思想意识条件。

马克思对社会存在与社会意识、经济政治与文化意识关系的经典的论述，构成社会主义国家文化和乡风建设的坚实理论基础。

第一次将马克思主义理论中的文化建设理论付诸实践的是列宁，在苏维埃政权建立之初，列宁就注意到了当时俄国农村文化落后的现象，当时的俄国农村地区不仅文盲率高，且当地农村居民传统落后观念十分顽固，这些都大大阻碍了苏联生产建设发展的脚步。列宁清醒地认识到，要想实现"全民公社化"和"国家电气化"，就需要进行"文化革命"，必须首先改变农村文化落后的状况，如此才能为下一步国家经济的发展打好基础。根据实际情况，列宁提出了一系列措施，在全国农村范围内开展了如火如荼的农村文化教育运动。

首先，大力推进农村教育建设。列宁在文化建设之初就将工作的重点放在了农村教育上，针对当时农村地区教育落后的实际情况，列宁从制度建设层面入手，采取了一系列措施，大力推进农村教育的发展：一是将所有学校收为国有，提高农村学校比例，推行"义务教育"政策，规定8~17岁儿童必须接受小学

---

① 《马克思恩格斯选集》第2卷，人民出版社，1995年，第31-35页。
② 《马克思恩格斯全集》第8卷，人民出版社，1961年，第121页。

和中学的教育，为青年开设"速成中学"，并为义务教育阶段的农民子女免费提供膳食、服装和文具等必需品；二是提高农村教育经费的比重，将一些闲置部门的经费挪拨至农村教育部门，学校、图书馆等文化教育场所大量修建起来，农村教育所必需的基础设施不断得到完善。

其次，大大提高农村教师的地位。列宁在《日记摘要》中说："我们没有注意到或很少注意到提高人民教师地位的问题，而不提高人民教师的地位，就谈不上任何文化，既谈不上无产阶级文化，甚至也谈不上资产阶级文化。"① 列宁首先提出了"人民教师"的称号，通过改善薪酬、提高社会地位等方式提高了教师的积极性，同时，列宁通过教育引导的方式不断拉拢和感化那些本身拥有一些资产阶级思想的教师，"不仅像现在这样把教师的一部分或全部彻底争取过来，而且要把全体教师彻底争取过来"②，不仅网罗了一大批优秀的教师，也使得教师阶层更加坚定了共产主义信仰，通过列宁的努力，苏维埃政府组建成了一批忠于共产主义事业的优秀教师队伍，为农村文化建设的推进提供了重要的建设力量。

最后，在农村广泛地宣传共产主义思想。列宁认为，学校的教育有人员上的局限性，必须深入农村居民居住地进行宣传。要对农村居民进行广泛的社会主义宣传，首先要对农村地区文化资料进行大量补充，于是报纸、书籍、宣传册等文化资料在农村地区被大量推广，通过这些文化资料使广大农民充分认识并了解共产主义的理论基础以及苏维埃建设的进程，在农村地区广泛地传播了共产主义思想。值得注意的是，列宁十分推崇报纸和电影这两种文化传播形式，前者不光能够教会农民识字，更重要的是，其政治性强的特点使得农民在阅读报纸的同时对共产主义的建设有了初步了解和认识；电影是一种寓教于乐的宣传形式，通过播

---

① 《列宁全集》第43卷，人民出版社，1985年，第357页。
② 《列宁全集》第36卷，人民出版社，1985年，第106页。

放一些具有宣传教育意义的影片，能够揭示资本主义的丑恶，宣传共产主义的优越性。

列宁的农村文化建设政策给我们的经验是：第一，要给农村地区的文化教育提供足够的财政支持；第二，要组建一支优秀的文化建设队伍；第三，要高度重视农村地区的思想政治教育工作，在对农民进行思想教育的时候，一定要注意方式的灵活性，使教育形式趋于平民化、大众化。列宁的农村文化建设思想在当时使农民的文化素养显著提高，也提高了农村地区群众对社会主义建设的认同感和信心，为后来苏联工业的快速发展打下了良好的群众基础。列宁的思想是针对俄国农村实际提出的，是对马克思主义理论的创新与发展，对后来我国的农村建设产生了深远影响，同时也成为中国共产党农村乡风文明建设思想的重要理论来源。

第二节　中国传统文化中的文明观

中国具有悠久的农耕文明历史，中国历史主要是农村社会的绵延。与悠久的农耕文明史相联系，中国思想文化宝库中，乡风文明建设思想源远流长，这些思想与实践的内容为乡风文明建设提供了丰厚的营养。

一、提倡中庸与"和"的思想

中庸是一种和农业社会相通的恒久意识，"中"说的是适应，"庸"是经久不渝，中庸并不是现代意义上的中立、平庸，而是指在农业经济条件下人们希望安定的心理倾向，在"极高明而道中庸""舜执其两端而用其中于民"的中庸思想下，人们温和谦逊，顺从自然规律，发端于农村社会又用之于农村社会，为农村社会带来发展所必需的祥和。另外，中国崇尚以和为贵，在上古时期便有和的说法，《尚书》记载了"协和万邦"，《周易》亦以"和"的思想为主线，希望万邦归顺，天下太平。这都说明"和"的思想由来已久，人们对"和"满怀向往和憧憬。管仲又将"和"思想推至家庭，希望家庭里的个人也能够和睦，以此带动社会和谐。而孔子则认为在人际交往时不是简单的相同，而应"和而不同"。现在，在乡风文明建设中，更需要继承前人的思想，同时发展创新，使农村和谐稳定。

二、推崇患难相恤、邻里互助的思想

《左传》有："亲仁、善邻，国之宝也。"①《论语》有："里仁为美"；"德不孤，必有邻"。阐明了选择住处，做一个有德行的人，就不畏惧孤独，必然有跟他一样志趣的人出现。孟子在谈论百姓之间关系时说："出入相友，守望相助，疾病相扶持，则百姓亲睦。"②表明在同乡间要互相帮助，百姓间和睦相处。先秦时，人们看重农业生产，农忙时节，有的家庭会忙不过来，就需要邻里间相互帮忙。农业有农时，也表明邻里互助是很有必要的。

邻里互助的思想一直流传下来。北宋神宗时，陕西蓝田人吕大（1031—1082）初创《吕氏乡约》，用约定规范将邻里相助思想巩固下来。乡约的办法后经朱熹推行到各个地方，作为中国农村普遍存在的一种社会制度，在乡约规范约束下，经教化，人的善心充分施展，使疲、残、疾、恤、独、鳏、寡者得到一定的救济，使乡村风气好转。至晚清，米鉴三、米迪刚父子仿照《吕氏乡约》制定了有利于农业发展的规约，促使人们形成保护森林、戒赌的好习惯，得到了河北定县县长的赞赏和提倡。当今中国农村的农业生产合作社与集体经济的思想，也是对中国传统文化的继承与创新。

三、重视道德教化的思想

中华文化可以说是一种"德性文化"，特别看重道德教化的

---

① 《左传》，吉林人民出版社，1996年，第18页。
② 《孟子·滕文公上》。

作用。"以身训人是之谓教，以身率人谓之为化。"① 尊者、长者要讲究以表率服人。所谓"父不慈则子不孝，兄不友则弟不恭，夫不义则妇不顺"②，俗语也有"上梁不正下梁歪"的说法，说明榜样的作用之大。在社会教化方面，把含有儒家思想道德规范的《三字经》《女儿经》作为主要教育内容。规定每五十户为一社，每社立一学，选择懂得经书的人做老师，在农闲时教孩子们读书，受到道德熏陶。而在国家治理中，元代时，往往也是人治先于法治，治人者一般不单以法律精神治理国家，而且十分注意强化伦理训条对子民精神的熏陶，并以此作为治国的根本，因此有"礼义廉耻，国之四维，四维不张，国乃灭亡"③ 之说。再者，社会成员更多的不是考虑如何遵从法治，而是如何履行自己的伦理义务。因而有了宗法社会下特殊的富有人伦之情的"和谐"。随着国内外环境的变化和影响，在中国农村治理中，不仅强调道德感化和榜样示范的作用，还注意用法治来保障农民权利，这也充分显示了社会的进步。

四、憧憬美好社会的思想

《礼记·礼运》开篇有："……大道之行也，天下为公。选贤与能，讲信修睦。故人不能独亲其亲，不独子其子。使老有所终，壮有所用，幼有所长，鳏寡孤独废疾者皆有所养。男有分，女有归。货恶其弃于地也，不必藏于己；力恶其不出于身也，不必为己。是故谋闭而不兴，盗窃乱贼而不作。故外户不闭。是谓大同。"这段论说表达了儒家思想对大同社会的憧憬和寻求。《老子》也为人们勾画了一幅人人"甘其食、美其服、安其居、乐其俗"的理想社会画卷。老子提出："天之道，损有余而补不

---

① 《与朱干臣书》，《因寄轩文初集》卷六。
② 《颜氏家训·治家》。
③ 《管子·牧民》。

足。人之道，损不足以奉有余。孰能以有余以奉天下，唯有道者。"① 老子提出的"无欲""无为""无争"及"去甚""去奢""去泰""知止""知足"等主张，无非是要人们效法天道，以期达到相对平衡。前人的思想具有超前性，虽说不太切合实际，但是它激励着一代代抱有远大理想的人们不断为其做出贡献，奋斗不止。习近平总书记非常重视农村的和谐稳定，他强调："农村稳定是广大农民切身利益，要形成农村社会事业发展合力，努力让广大农民学有所教、病有所医、老有所养、住有所居。"② 这无疑包含着习近平总书记深厚的"人民情怀"，也体现着党中央对农村问题的重视，同时充分体现出对中国传统思想文化的继承和发扬。

五、利用乡贤引领农村文化的思想

传统中国乡村并不是贫穷和饥饿的代名词，更多的是充满温情和诗意的祥和，这很大程度上是由于乡绅在农村社会中的作用。所谓"乡绅"，就是居住在乡里的士大夫，主要由回到乡里的"士"或"大夫"与乡里没有做官的读书人组成。由这两部分人组成的"乡绅"团体，在乡间扮演着上通下达、下情上传的中间人。在民众中有一定"名望"，因之有"身为一乡之望，而为百姓所宜矜式，所赖保护者"③。他们在乡间承担着传承文化、教化民众的责任，同时也参与地方管理，引领乡村社会发展。故有："绅士居乡者，必当维持风化，其耆老望重者，亦当感劝闾阎，果能家喻户晓，礼让风行，自然百事吉祥，年丰人寿矣。"④ 而中国的农业型经济下，人们对乡土充满感情，无论官至几级，老了之后都会叶落归根，荣归乡里，成为后代学习的楷

① 《老子》。
② 习近平：《加大推进新形势下农村改革力度》，新华社，2016年4月28日。
③ 《绅衿论》，《申报》，同治壬申五月一日。
④ 张集馨：《道咸宦海见闻录》，中华书局，1981年，第27页。

模，激励着后辈努力上进。如此，一批批官员不断地回归故里，而后又有一批批才俊走出乡村，形成一个循环，滋养着乡村大地。在新时期，由于存在城乡差距，许多读书人不再回归乡里，年轻人也外出打工，国家提出要培育新乡贤，形成乡贤文化，使农村重新焕发生机。这符合农村发展规律，正是农村所需要的。

以上思想都蕴含着乡风文明建设的实质性内容，对中国共产党历届领导人的乡风文明建设思想的形成产生着不小的影响。

第三节　民国时期乡风文明建设思想与实践

民国时期，乡风文明建设虽然面临内忧外患的时局和经济条件有限的困境，国民政府和以晏阳初、梁漱溟等为代表的知识分子都投入到乡村建设运动中，认为中国的出路在农村，只有农村发展好了，中国才有办法，于是分别提出了自己的乡村建设方案并付诸实践，在这些方案和实践中就包含着乡风文明建设的重要思想，如重视传统文化对村民的熏陶和影响，重视对农民的教育，改善医疗卫生条件，等等。它在一定范围内，提高了农民的教育水平和识字能力，思想道德行为有了很大的变化，在医疗、卫生、体育等方面有了新发展，烟赌禁绝，农村风气良好。

但是，民国时期的乡风文明建设最终难以为继，根本原因在于国民政府及知识分子群体没有解决农民最关心的土地问题，对于社会性质的认识不到位，只是在一定范围内的社会改良。这为中国共产党乡风文明建设理论发展提供了重要的借鉴。

一、民国时期代表人物的乡风文明建设思想与实践

在当时的背景下，国民政府为了巩固自己的统治，积极邀请晏阳初、梁漱溟等人商讨乡村建设问题，并且想直接掌控当时的乡村建设。虽是为了巩固国民当局的统治，但也制订了一些有利于农村社会风气好转的政策和措施。

（一）晏阳初的乡风文明建设思想与实践

晏阳初是民国时期乡风文明建设运动的代表性人物，他在外国留学时曾看到做苦力的大军，感叹不已，于是开办了农民夜校，编写农民千字课。回国后，他主要在城市开展识字运动，然而效果并不理想。后来，他认识到中国人口主要在农村，而"大多数不识字的，也都是乡下人"，于是将平民教育的重点落到农村，后把定县翟城村作为试点，开展扫盲识字运动。通过对翟城存档调查指出中国民众"愚、贫、弱、私"的现实，并有针对性地开出了药方："以知识力治愚，以生产力除贫，以健强力改弱，以团结力弃私。"这便是他的"四大教育"。在怎么培养方面他提出了"三大教育方式"，即社会、家庭、学校教育相配合。他认为教育与建设是相互作用的，任何建设的基础都是教育，而建设又能促进教育的发展。联系"四大教育"，他又提出"四大建设"，即文化建设、经济建设、卫生建设和政权建设。总之，实行平民教育是晏阳初乡村建设的核心。

1929 年以后，晏阳初通过自己的努力，争取到美国的资助，把整个定县作为试验区。1932 年开始，他与河北省当局一起，进行普遍实验教育。1933 年，开办了各种类型的平民学校，编写出版了适合农民的千字课本、《平民词典》和《平民字典》，推出有 3240 个字的通用字表。对公民的道德教育主要通过对英雄人物故事的讲述，从内心深处感动民众，唤醒"仁爱"之心，以提高农民的集体合作精神与团结力，从而使定县的实验取得了一定的成功，也对其他地区的乡村建设起到示范作用。这种乡村建设模式即为后人所称道的"定县模式"。

（二）梁漱溟的乡风文明建设思想与实践

梁漱溟被誉为"三十年代农村改革的全国性发言人"[1]。在民国乡村建设运动中，他所开创的邹平模式也是当时的经典模式之一。梁漱溟是从文化出发来改造农村的，他指出，所有问题的

---

[1] 郑大华：《民国乡村建设运动》，社会科学出版社，2000 年，第 161 页。

解决都有赖于文化失调问题的解决。他认为近代中国乡村的破坏主要是由于我们盲目学习西方文化而丢失了本来的文化，由此，"乡村建设之由来，实由于中国文化不得不有一大转变，因为要转变出一个新文化来，所以才有乡村建设运动"①。通过乡学、村学宣传以"人生向上"和"伦理情谊"为内涵的优秀传统道德规范，以乡约的形式进行乡村风俗改良，"乡约就是提振大家的志气——亦通常所谓道德"②。积极倡导好的乡村社会风气，规模最大的实践便是山东邹平实验，所取得的成绩也是显著的，在一定程度上规范了乡村文明，民众素质有了大幅提高。由此，开展多种途径的乡村教育，促进乡民素质和乡风文明程度的提高，就成为乡村建设的重要内容。

（三）卢作孚的乡风文明建设思想与实践

卢作孚出生于四川一个农民家庭，成长环境影响了他以后工作的方向。他也提出了自己的乡村建设思想，认为教育是立国之本，"乡村第一重要的建设事业是教育"③，只有开启民智才有希望，这在一定程度上说明了重视教育之科学性和正确性，也证明了乡风文明建设的根本是文化教育和道德教育。

其一，重视教育。当时，许多适龄儿童在该上学的年龄没有机会接受教育，这是他最关心的问题。他提出，无论采取何种教育形式，最重要的就是教育普及。他很早就提出了要广泛进行小学教育，而且要分地域实行义务教育，这与现在的九年义务教育异曲同工。由此可以看出卢作孚教育思想的前卫性。对于学校教育，他主张按照适龄儿童的人数设立与之相对应的学校规模和数量，并对教师的质量和薪资提出了要求，他还主张应对教师提前培训，其薪资要够养家糊口；为方便孩子上学，学校选址应合

---

① 梁漱溟：《乡村建设大意》，《梁漱溟全集》（一），山东人民出版社，1992年，第618页。
② 梁漱溟：《乡村建设理论》，上海人民出版社，2011年，第188页。
③ 罗中福：《卢作孚文选》，西南大学出版社，1989年，第65页。

理，交通需便利。希望通过启发式教学，培养孩子自觉学习的能力，训练并使他们在实践和艺术欣赏方面有所进步。而对于社会教育，卢作孚更偏向于多元化、创新性、适用性和经济型，他认为可以采取任何方法，只要能够使人们受到正确的科学文化的熏陶就可以。

其二，重视公共事业。卢作孚深感当时农民思想文化程度的落后，因此他进行的文化和公共事业建设也是有针对性的，如拆除封建迷信之庙、建科学文明之博物馆、建仁爱责任之医院、建博大精深之图书馆等；他修建公共运动场，修建嘉陵江报社，让农民接种牛痘、供给干净的饮水；他还建成体育场，举行各种各样的群众体育竞赛，让群众亲自体会文化之魅力，以达到从思想和行为上都文明充足的目的。

其三，关注民众教育。为使公众科学文化素质有所改变，卢作孚想尽办法，用尽全力。如：把各种宣传内容张贴在人多显眼的地方；在农民家中和茶楼、船上进行扫盲教育；趁集市人多时放影视作品、戏剧；等等。为此他还发动更多人对公众进行教育，偶尔也亲自上阵为大家讲解所展示内容。

（四）陶行知的乡风文明建设思想与实践

陶行知也积极关心农村乃至全国的发展问题。他认为中国贫穷落后的原因在于乡村教育的落后。他曾批评当时的封建传统教育观念，并主张进行教育改革。他的"生活即教育""社会即学校""教学做合一"思想被一一确立，并应用于晓庄学校。值得肯定的是，在当时，陶行知就提出中国革命要依靠农民的先见，倡导普及教育，主要内容有以下几个方面：（1）为农工劳苦阶级办学。他心系广大劳苦大众，为他们办学校，希望可以提供劳苦大众所需要的教育。（2）希望科学能够惠及农民。希望能使勤劳耕种的人、孩子及老人也能了解自然科学的知识。（3）"小先生制"的创造与推行。"小先生制"的核心即让孩子当小老师。这也是解决师资问题的一个办法，对女子教育、成人教育、学校与社会的结合等都有不同程度的作用和意义。陶行知有关乡村教育的实践，也恰是乡风建设的内容。他进一步指出，教育的作用是整个社会进步和发展的必要条件。

（五）黄炎培的乡风文明建设思想与实践

黄炎培同样看重教育在乡村建设中发挥的作用。他认为教育不能脱离实际，要实用。黄炎培认为职业教育是解决问题的关键。他与各界人士一起，发起成立中华职业教育社，并阐明了该社教育趋于实用的宗旨。职业教育社更多关注农村，进行农业教育研究。他认为，农村居住着半数以上的人，因此普遍开展教育和职业教育当与农村教育、农业教育相联合。该社 1925 年后大力开展农村改进实验，"大职业教育主义"是其理论基础。黄炎培的"大职业教育主体"思想是好的，指明了教育不只是学校教育，而应与社会以及其他机构联合。

"富教合一"是黄炎培在乡村教育上的另一创见。他认为，必须考虑到农民的实际情况，先要解决温饱和疾病问题，然后才能谈教育。所以，他提出教育第一要解决经济问题，正如黄炎培自己所说"以富以教以治，使村民稍知有生之可乐，而从事教育亦不至于以空谈迂阔为社会罪人，此实吾创议试办农村改进最初之动机"①。

至 20 世纪 30 年代，中华职业教育社已先后进行了 30 多处乡村建设，尤其是昆山徐公桥的乡村建设成绩显著，影响也最大。昆山徐公桥实验区特别进行了新风俗方面的工作，包括：设垃圾箱，改良茶馆，增加娱乐活动项目，举办各种音乐会、民众运动会、游艺会等，抽大烟和赌博现象基本绝迹，街市干净整洁，道路畅通，桥梁也基本完工，可谓一派和谐。

二、民国时期乡风文明建设的影响

民国乡村建设思想从翟城村治发端，后来形成了系统的理

---

① 中华职业教育社：《农村教育文辑（1）》，上海教育出版社，1985 年，第 4 页。

论，在当时产生了不小的反响。虽然学界对乡村建设运动的评价各执一端，但对民国乡村建设运动性质的认识，已基本达成共识，那就是："尽管参加者很复杂，模式也具有多样性，但就其基本性质而言，它是一场社会改良运动，即在维护现存社会制度和秩序的前提下，采用和平的方法，通过兴办教育、改良农业、流通金融、提倡合作、办理地方自治与自卫、建立公共卫生制度以及移风易俗等措施，复兴日趋衰弱的农村经济，实现所谓的民族再造或民族自救。"①

民国时期文化、教育和风俗改良等方面的思想和实践，实质上相当于今天的精神文明建设，可以说民国期间进行的教育、文化和风俗方面的改良为乡风文明建设提供了可供借鉴的思想内容和方法。

从政策字面意义上来看，国民政府的乡风文明思想与实践是有利于农民思想道德文化的提高和生活的改善的，但其实质是禁锢农民思想，使其安于国民党统治和外国势力剥削，最终是不符合社会发展规律的。当时的知识分子也都想通过和平的方法进行乡风文明建设，从一个农村到全国农村，从而实现整个民族的复兴。在当时内忧外患的社会背景下，这些思想与实践没有改变中国社会性质，没有解决农民根本问题，是行不通的。

国民政府和以梁漱溟、晏阳初为代表的知识分子所倡导的乡风文明建设活动的正反两方面经验为中国共产党的乡风文明建设思想和实践提供了借鉴。

第四节　中国共产党早期乡风文明建设思想与实践

受战争和经济水平低下的限制，中国共产党早期的乡风文明建设，主要是探索性地开展以乡村文化教育为核心的建设，赢得广大群众的信任，满足革命战争的需要，对农村文化及农村风气的改造都是为战争服务，都是为了让广大农民与共产党军民一

① 郑大华：《民国乡村建设运动》，社会科学文献出版社，2000年，第473页。

心，一起抵抗敌人。在当时的农村，进行乡风文明建设内容丰富，形式多样，适应农村和农民的实际，人们精神生活丰富，社会风气良好，为中华人民共和国成立后的乡风文明建设提供了不少经验。

一、中国共产党早期乡风文明建设思想与实践的内容

中国共产党早期乡风文明思想与实践，主要是以战争为中心展开的一系列对农村、农民有益的实践活动。

（一）中国共产党成立初期至土地革命时期乡风文明建设思想与实践

中国共产党成立初期至土地革命时期（1919—1927），中国共产党乡风文明建设思想开始萌芽。党的领导人和党内积极分子都关注农民问题，注意农村文化教育。李大钊很早就注意到在把农民组织起来的时候应该注意农村的文化工作的开展，注意到文化在革命运动中的作用。关于这个问题，李大钊认为，随着乡间工作的开展，应关注乡间文化，在乡村工作的同志，要在农闲时开展教育宣传和普及常识。"为使此项工作多生效果，图画及其他浅近歌辞读物，均须预备；并要联合乡村中的蒙学教师，利用乡间学校，开办农民补习班。"[①]

毛泽东认为，要发展中国的文化，就得彻底改造旧文化；要想彻底改掉和去除旧文化带来的影响，就必须"改良教育制度，实行教育普及"[②]。

在这一阶段，只是关注农民与农村，在乡风文明建设上只是提出了进行农民教育普及以及对他们进行改造的思想，并没有与之相适应的实践。

---

① 《李大钊全集》（第5卷），人民出版社，2006年，第85页。
② 中央档案馆：《中共中央文件选集》（第一册），中共中央党校出版社，1989年，第116页。

（二）土地革命时期的乡风文明建设思想与实践

经过大革命的洗礼后，中国共产党及时纠正了党内错误思想，确定了"农村包围城市"的指导思想，在农村大力开展文化教育和文艺活动，在移风易俗方面变革旧有的封建婚姻制度，破除迷信、烟赌等封建恶习，在公共卫生、体育方面，普及卫生知识和举行各种体育活动以及进行体育宣传。

1. 在开展文化教育和文艺活动方面

1931 年，中央苏维埃政府明确规定劳苦大众有受教育的权利，提出"实行平民教育，发展识字运动"的教育方针以及"提高文化，普及教育，劳动儿童免费入学，推翻旧礼教，创造好风俗"[1] 的教育主张。在战争环境和经费紧张的情况下，苏区教育办得有声有色，推进义务教育的列宁小学成为开展学校教育的主要形式，列宁小学在教学内容、课程选择方面也形成特色。在苏区内，列宁小学遍布各村、各乡，并且对于工农子弟的孩子免收学费。在社会教育方面，把重心放在扫盲和识字运动，通过夜校、识字班（组）和俱乐部三种形式，针对不同的对象，编写有针对性的教材，采取形式各异的上课方式、活动方式和考核方式，得到了广大苏区群众的热情支持和积极参与，取得了不错的成效。

与此同时，宣传起到了非常大的作用。苏区党和政府特别强调宣传工作，把它当作教育群众、打击敌人的利器，在有工作和战斗任务时，以文艺活动为主的宣传便火热进行。在"苏区"传唱的歌谣简单明了，在同国民党文化"围剿"和文化"封锁"的斗争中，发挥着不可忽视的作用。

2. 在移风易俗方面

根除赌博、封建迷信、吸毒，使积极健康的生活方式蔚然成

---

① 《左右江革命根据地的建立和发展》，参见中共党史资料征集委员会征集研究室编《中共党史资料专题研究集——第二次国内革命战争时期》（二），中共党史资料出版社，1988 年，第 133 页。

风。抵制封建包办婚姻，倡导新式婚姻。在当时歌谣里就有很多赞颂新式婚姻带来的好处和批判封建婚姻的内容。

3. 在公共卫生和体育方面

注意教会民众卫生常识，上卫生知识课或通过歌曲、报纸等形式宣传卫生知识。订立卫生公约，还划定卫生区域，实行村民负责制，具体到家家户户，院前院后，屋里屋外。开展体育运动，举行包括球类运动在内的各类运动会。

在此阶段，虽受战争和经济条件限制，但乡风文明建设成就不小。许多封建痼疾得以清除，新的生活习惯得以养成，生活秩序良好。赣西南特委刘士奇在给中央的综合报告中说："苏维埃的胜地，斗争较久的地方，没有人敬神，菩萨都烧了，庙宇祠堂变成了农民工人士兵的办公室，或者是游戏场……以前买卖婚姻，现在完全废除了，婚姻自由，不需金钱。""苏维埃区域，没有一个窃盗乞丐，晚上睡觉不需关门，由赣西南到闽西，许多农民家门上贴着'夜不闭户，道不拾遗，园无荒土，野无游民'的对联，这亦确实是一种事实。"[①]

（三）抗日战争时期和解放战争时期乡风文明建设思想与实践

在抗日战争和解放战争时期，虽然战争的对象不同，但是乡风文明建设是适应战争的需要以全民抗战教育为主线的，教育政策也稍有调整，实行"国防教育"。各抗日根据地兴起生气勃勃的为抗战服务的新民主主义教育，以提高民众思想水平和政治意识。

毛泽东在党的六届六中全会所做的政治报告《论新阶段》中指出：抗战与教育要结合，文化教育应适应战争的需要。在进行革命教育的时候，还要注意文艺在其中的作用，文艺要为革命服务，文艺最终也要为群众服务并且要依靠群众。1942 年 5 月，

---

① 《中央苏维埃区域报告》（1931 年 9 月 3 日），江西省档案馆等编《中央革命根据地史料选编》（上），江西人民出版社，1983 年，第 356 页。

毛泽东发表了著名的《在延安文艺座谈会上的讲话》，他指出：为了革命，文艺的中心问题"是一个为群众的问题和一个如何为群众的问题"①。此后，根据地的文艺活动发达昌盛，民众成为文艺活动之主体力量。1943 年春节，大家对秧歌情有独钟，由民间歌手创作的作品也广为传唱，于是春节也成了展示农民才艺的艺术节。

在实践方面进行的主要工作包括：广泛开展乡村文化教育，如建立乡村初级小学，使儿童有学上，推行识字运动，发展以扫盲为主的成人教育，开展干部教育等，并取得了不错的成绩；开展多种方式的文化活动，如唱歌、演讲、办墙报、演戏等，许多农民都参与其中，他们的精神生活丰富了；举行形式多样的体育运动；发展科技、卫生防疫和卫生运动，通过别开生面的唱歌、话剧等形式普及卫生常识；开展禁烟运动，提倡良好的生活方式。

在社会风气方面，改造游民，整肃风气，重建社会秩序。同时整治封建宗教迷信，解放妇女，使她们做自己的主人。过去"男主外，女主内"的家庭观念也发生了明显的转变。

抗战胜利后，文化教育事业也得到了进一步的发展。在新解放区，公私学校正常运行和教师不受侵犯，使得教育顺利进行。还"废除了国民党的反动训导制度和反动党团组织，改国民党党义课为思想教育课，对除了部分反动分子的广大教职工都进行了团结、帮助和改造"②。

以上为中国共产党早期乡风文明建设思想与实践的主要内容，同时也为中华人民共和国成立后乡风文明建设提供了可供参考的蓝本和经验。

---

① 《毛泽东选集》（第 3 卷），人民出版社，1991 年，第 857 页。
② 史全生：《中华民国文化》，南京出版社，2005 年，第 162 页。

二、中国共产党早期乡风文明建设思想与实践的影响

中国共产党早期乡风文明建设卓有成效，把工作重心放在农村，从农村实际和农民需要着手，解决农民迫切想要解决的问题，把乡村文化教育与农业生产实际和革命实际结合起来，形成了系统工程。虽受历史、战争和生产力水平的种种制约，但总体来说，社会是进步的，人民思想觉悟是在进步的，人民文化水平是有提高的。封建陋习逐渐被革除，改造后的乡村风气良好，风俗习惯在继承优良传统的基础上发生了很大的变化。尤其在苏区，夜不闭户、路不拾遗成为一种现实。抗日战争时期，在社会教育中，形式多样的教育活动有效开展，尤以冬学运动发挥的作用最为显著。通过冬学运动许多政策和知识能够直接传达，它从农民实际出发，适应农民，得到了农民的支持。有学者指出："冬学运动的成功实践也告诉那些认为在战争中，不可能有任何文化活动，战争来了，文化只有退位，只有逃亡的错误性。"[1] 当然这也告诉我们，在新农村乡风文明建设的今天，那些认为要在满足物质利益后再发展精神文明的思想是错误的。

中国共产党早期乡风文明建设是在战争条件下进行的，它是为了团结群众，而实质也帮助农民提高了思想道德水平和识字能力，普及了卫生常识，体育运动的开展也增强了民众的体质，总体上看，丰富了农民的精神生活。

中国共产党早期以扫盲、文化、教育和风俗改良为主要内容的乡风文明建设的思想与实践，以及开展乡风文明建设活动的多样化形式，为中华人民共和国成立后乡风文明建设思想与实践提供了很多值得借鉴的经验。

---

[1] 朱莉：《抗战时期陕甘宁边区的民众教育运动》，《兰台世界》，2013 年第 22 期。

第五节　中华人民共和国成立后
乡风文明建设思想与实践

在 90 余年的风雨历程中，中国共产党始终关注农村建设。1949 年 10 月 1 日中华人民共和国成立，人民当家做主，农民分得土地，生产积极性提高，中国共产党人开始了探索国家建设的新征程。中华人民共和国成立后至改革开放前，是中国共产党乡风文明建设的有益探索时期，取得了成绩，也经历了挫折。改革开放后，是乡风文明建设的全面推进期，中国共产党带领中国人民弘扬马克思主义精神文明思想，汲取中国传统文化中的有益成分，借鉴民主革命时期乡风文明建设的思想与实践，在党的十六届五中全会创造性地提出建设"生产发展、生活宽裕、乡风文明、村容整洁、管理民主"的社会主义新农村发展任务，乡风文明建设已成为社会主义新农村建设的重要内容之一，在整个农村社会发展中的地位也越来越明显，并在实践中进行了不懈的探索。

一、中华人民共和国成立后至改革开放前乡风文明建设思想与实践

中华人民共和国成立后至改革开放前（1949—1978），经历了革命和战争之后，中国社会百废待兴，中国共产党人开始了探索国家建设的新征程，农村发展以及乡风文明建设还处于尝试和探索阶段。

（一）此期乡风文明建设的时代背景

1949 年 10 月 1 日中华人民共和国成立，人民从此当家做主，农民分得土地，生产积极性提高。这时，广大劳动人民的心理发生了变化，对精神生活有了新要求、新追求。在经济上，从 1950 年开始，中国人民步入大建设时期，进行社会主义改造，确立第一个五年计划，修建武汉长江大桥，兴建十三陵水库，至 1956 年社会主义改造完成，中国迈入了社会主义社会。此后先

后经历了"三年经济困难"期、"人民公社化运动"、农业学大寨、"文化大革命"十年，这一阶段社会建设遭遇挫折，乡风文明发展举步维艰。

（二）此期乡风文明建设思想与实践的内容

中华人民共和国成立之初，随着社会主义制度的普遍被认可和新思想的介入与发展，之前的文教事业已满足不了新社会的需要。在广大的农村地区，那种初等教育形式的私塾和带有封建性的教学内容已不适应时代需求。实现了对经济的社会主义改造，那些残存的封建习俗及半殖民地社会的萎靡风气，也得到纠正和整顿。旧婚姻制度改革是典型代表之一，1950年5月1日，《中华人民共和国婚姻法》施行，各级政府和有关部门广泛征求群众意见后，全国各地相继开展"宣传《婚姻法》运动月"活动，在城乡尤其是农村地区做了许多工作，利用报纸、杂志等大众传播媒介，采取短文、图画、戏曲、广播、电影等多种形式，向广大人民群众传播新思想，使《婚姻法》家喻户晓，深入人心。特别是在婚姻自由方面，父母包办、女方要听从男方安排等传统婚姻观念开始转变，新的道德观念和思想很快在人民群众心中树立起来，社会风气的转变，使得民众素质的提高有了希望。在清理旧有痼疾、和封建恶霸势力作斗争的同时，为了守住农村文化阵地，更好地使人们了解和运用马克思列宁主义思想，面对多年来文化教育停滞形成的文盲效应，党和人民的压力都很大，广大农村地区知识分子甚少，绝大多数农民是不识字的。毛泽东在1949年6月提出"严重的问题就是教育农民"[①]。乡风文明建设得有一个开展平台和基础，因此，主抓、重抓全民基本文化教育势在必行。由各级人民政府领导下的全国性学文化热潮此起彼伏、效果显著，不但激起了广大人民对于知识的渴望，也增强了人民和党的亲密度。因为只有人民具有一定的文化水平，才能更好地、更加正确地理解并执行党和政府的各种政策，所以文化教

---

① 《毛泽东选集》（第4卷），人民出版社，1991年，第1482页。

育是一切建设和改革的前提。列宁就说过："共产主义就是苏维埃政权加全国电气化"，但是也应当知道和记住，"当我们有文盲的时候是不可能实现电气化的"①。也就是说，在有文盲的时候是不能实现共产主义的。我党在全国农村开展的社会主义教育运动，其成效也是显著的，前期运动的成功就充分说明了人民对知识的渴望以及对党和国家的热爱。这使得爱国主义和集体主义观念在农民心中统一起来，为推动历史车轮的前进打下了坚实的基础。在党和政府的支持和提倡下，社会主义新风尚在全国树立，极大地改变了中国农村的落后面貌，但这种改变也是有局限性的，有了这些成绩并不是就已经完成了社会主义改造，也并不意味着社会主义教育运动圆满成功。在进步和发展的同时，矛盾和问题也是存在的，农村社会主义教育运动的出发点是为了加强群众与干部之间的联系，打倒官僚主义，纠正腐化现象，在总方略上是取得了一定的成绩。经历了短暂的良好开端后，由于我党主要领导人错误估计当时的形势，发动了"大跃进"和"人民公社化运动"，一时间，农业学大寨运动兴起，接着进行了以阶级斗争为纲的"文化大革命"，中国进入了十年动荡的特殊时期。"文革"阻碍了社会主义建设模式的探索，中国社会主义建设遭到了空前的打击和破坏，国家和人民遭受重创，乡风文明建设也就此陷入低谷。

（三）此期乡风文明建设的特点

1. 在乡风文明建设的过程中既有成绩又有挫折

中华人民共和国成立初期，社会还处于过渡阶段，残留的封建余毒还没有完全肃清，对民众还存在不小的消极影响。建国后，党和人民政府迅速清除社会流弊，主要针对毒贩和赌博头目，这些人大都属于封建恶霸势力，清除这些势力在社会上的影响，对社会风气的改善起着不可忽视的作用。同时，我党也注意用社会主义的内容来占领农村文化阵地，扫除旧有的封建道德观

---

① 《列宁选集》（第4卷），人民出版社，2012年，第366页。

念和萎靡不振的风气，取得了不错的成绩。另一方面，由于"人民公社化"和"文革"的影响，农村文化贫瘠，农村演艺团体被迫解散，许多好的作品也被扣上了"反革命"的帽子，压制了人们创作的积极性。"广大农民接受着革命的洗礼，学习毛主席著作，提高农民的思想觉悟，形成一种带有强制性的泛政治化的文化气氛。"[①]

2. 教育的内容凸显社会主义、集体主义和爱国主义

中华人民共和国刚成立的几年中，顺利完成了社会主义改造，农民的积极性有了很大的提高。但是由于长期的封建压迫，在广大的农村地区，农民的文化和道德素质还不高，文盲很多。1957年中央下达命令，进行广泛的社会主义教育运动，以期使农民树立爱国主义和集体主义的理想信念。1958年农村人民公社建立，实行集体化的生产、生活管理，学习毛主席著作成为这一时期农民的主要文化生活。农民除了学习领袖著作外，还要读报、讲革命故事等，突出政治色彩，不允许有个体意识出现，代之以集体思维。

3. 以政治运动为主，带有"超前性"和不稳定性

中华人民共和国成立初期，由政府推动的乡风文明建设多采用群众运动方式及人为因素下的政治力量推动，仅仅通过变革生产关系来推动整个社会发展，全然不顾生产力是居于何种地位，处于什么阶段，想要一下子过渡到共产主义社会。从表面上看，人民公社是集体管理、平均分配，实质上当时的生产力水平和物质条件都不能满足需要，只是形式上的共产主义社会。正是因为此种"超前性"的存在，一旦推动建设的政府力量消失，农民旧有的生活方式就会恢复，因而具有不稳定性。只是形式的变化，并没有从根本上改变中国农村实际落后的生产力水平；以政治力量进行人为推动，只能是暂时的，并不能长久，带来的也只

---

① 张乐天：《告别理想——人民公社制度研究》，东方出版中心，1998年，第147页。

能是对个人的盲目崇拜、政治热情的高涨，忽视自己的发展，看不到问题的所在，一味地强调阶级性，损坏了人与人之间正常的交往关系，影响了农村社会的发展。

二、改革开放至今乡风文明建设思想与实践

改革开放至今，乡风文明建设进入全面推进的新时期。党的十六届五中全会明确提出乡风文明，乡风文明建设被放在了新农村建设这个大框架内，其内涵越来越明确，成效显著，但同时又出现了新情况、新问题。

（一）此期开展乡风文明建设的时代背景

从外部情况来看，世界经济政治发生了很大变化，科技革命的发展，进入信息化时代，全球经济联系更加紧密，时代主题的转换为我国发展提供了和平的外部环境。同时以科技和信息为核心的国家间竞争也愈演愈烈，我国与其他国家的发展存在差距。从国内看，"文化大革命"给党和人民带来了深重灾难，经济发展处于停滞落后状态，需要改革开放，解放思想，释放经济发展活力，提升人民思想和生活水平。政治上，积极纠正不正确思想，制定了一系列有利于社会发展的方针政策。经济上，社会主义市场经济体制的确立，释放了经济发展活力和动力。文化上，坚持马克思列宁主义、毛泽东思想，进行文化体制改革，把市场引入文化领域，繁荣社会主义文化，增加文化活力。

随着改革开放的深入发展，在思想文化领域也出现了一些新情况，西方思想在中国的传播和流行，导致一些辨别能力差的人陷入迷茫，拜金主义、功利主义思想盛行，传统的价值观念遭到怀疑，人际关系冷漠，人们普遍陷入浮躁。农村经济和人民生活水平的进步，使得农民有了更多物质之外的追求，因为在此方面没有及时得到满足，一些不利于精神健康的活动便成为农民闲暇时的主要娱乐活动。以上问题深刻影响着全面建成小康社会的进程，加快乡风文明建设被摆在了更加重要的位置。

（二）改革开放至今乡风文明建设思想与实践的内容

改革开放至今的乡风文明建设是历任领导人在继承前人思想基础上的创新发展。

以邓小平为核心的第二代中央领导集体重视农村改革，不仅注意经济改革和建设，同时注意思想建设。在邓小平看来："不加强精神文明建设，物质文明的建设也要受损坏，走弯路。"①创建"文明村镇"活动成为此期农村进行精神文明建设的主要形式。与此同时，根据中共中央1981年第三十一号文件"逐步把农村集镇建设为当地的政治、经济、文化的中心"的指示，各地乡镇依靠农民的力量和积极性，办起了进行思想教育、传播科技文化和从事健康娱乐活动的文化中心，这些文化中心开展了思想教育、文化知识教育、农业技术教育、计划生育等。1983年后，各地举办创建文明村镇活动，开展了革命思想、道德、纪律的宣传教育，着重加强对青少年的教育，发动村民制定《乡规民约》，开展"五好家庭"活动，建立和发扬团结和睦、敬老爱幼、互助友爱、礼貌待人的新型社会关系，破除迷信，打击社会丑恶现象，开创农村新风尚。在建立文明村活动中，各地还注意整顿村容村貌，改善卫生条件，栽花植树，美化环境。②

在公共事业方面，文化部出台《文化部关于进一步加强农村文化建设的意见》，标志着党和国家开始重视公共文化事业发展。要求全国各地县县有图书馆、乡乡有文化站，农民能有定期的精神文化生活，有条件的村还建立了图书室，农民的文化生活质量明显提高。

以江泽民为核心的党的第三代中央领导集体同样高度重视农村工作，农村变化日新月异，但农村相对封闭的现状并没有根本改变，此期党中央提出发展社会主义新农村，进行农村民主法制和精神文明建设。

---

①《邓小平文选》（第3卷），人民出版社，1993年，第144页。
②顾兆贵：《共和国往事》，中共党史出版社，2001年，第354页。

党的十五届三中全会对农村思想文化工作的各个方面都做了具体部署，通过了《中共中央关于农业和农村工作若干重大问题的决定》，要求"在文化上，坚持全面推进农村社会主义精神文明建设，培养有理想、有道德、有文化、有纪律的新型农民；加强思想道德教育，倡导健康文明的社会风尚；发展教育事业，普及九年制义务教育，扫除文盲，普及科技知识；发展农村卫生、体育事业，使农民享有初级卫生保健；建设农村文化设施，丰富农民的精神文化生活。"① 与此同时，在文化建设领域引入市场机制，推动文化事业的繁荣发展；重视基层文化建设和农村地区文化建设，农村地区公共文化服务事业也有所发展。

在营造农村稳定和谐的良好社会氛围方面，在进行农村精神文明建设的过程中强调要搞好农村社会治安管理，严厉打击各种经济犯罪活动，扫清各种消极腐化思想的余毒，保障农民生产生活的顺利进行。

党的十六大以来，以胡锦涛为总书记的党中央领导集体不断进行理论创新，十六届五中全会上提出建设社会主义新农村的具体要求，指出："要按照生产发展、生活宽裕、乡风文明、村容整洁、管理民主的要求，坚持从各地实际出发，尊重农民意愿，扎实稳步推进新农村建设。"② 此次提出的"社会主义新农村"内涵更丰富，并对其进行了多角度的科学界定，为以后的农村工作指明了方向。"乡风文明"作为社会主义新农村建设的一个具体要求，也被提上了更加重要的位置，一时掀起了"乡风文明"研究的热潮，其内涵和重要意义成为研究的热点，很多研究成果也在这个时期形成，为新形势下农村乡风文明建设实践提供了思路。

---

① 《中共中央关于农业和农村工作若干重大问题的决定》，《人民日报》，1998年10月14日。
② 《中共中央关于制定国民经济和社会发展第十一个五年规划的建议》，《人民日报》，2005年10月19日。

乡风文明实践开始出现两种倾向。一方面表现为：在党和国家的高度重视下，各种支农惠农政策的颁布和施行，从不同侧面出发，"倡导健康文明风尚"，加快了农村发展和新型农民的培育。胡锦涛关于社会主义荣辱观的论述，为农民思想道德建设提供了指导。农村风貌逐步改善，农民的科学文化素质有了提高，勤劳致富成为农民的生活主旋律，农民在交往方面互助团结、和谐相处，遵纪守法、文明礼貌成为农民的行为准则，进取与开放成为当代农民的新形象。而另一方面，由于社会主义市场经济的深入发展，农村也出现了许多新现象，封建迷信思想死灰复燃、功利主义盛行。

以习近平为核心的党中央领导集体，同样重视农村问题。党的十八大以来，制定和出台了许多有利于农村发展的政策、文件。2014 年元旦、春节之际，中宣部、文化部、国家新闻出版广电总局、中国文联联合发出通知，在全国范围内开展"我们的中国梦"文化进万家活动。为响应号召，各地积极开展活动，把精神食粮送到基层、送给群众。以培育和践行社会主义核心价值观为主线，在全社会弘扬真善美、传播正能量，在亿万人民群众中凝聚起强大的精神力量，传统文化广为弘扬，有的地方以家风建设带动民风建设，基层文化建设颇有成效。2017 年中央一号文件指出："培育与社会主义核心价值观相契合、与社会主义新农村建设相适应的优良家风、文明乡风和新乡贤文化。提升农民思想道德和科学文化素质，加强农村移风易俗工作，引导群众抵制婚丧嫁娶大操大办、人情债等陈规陋习。"① 各地围绕文明乡风，结合地区实际，展开了各种实践活动，大大改善了农村人居环境，改变了原来贫穷落后的面貌。2016 年获得"中国最美村镇"生态奖的河南省西姜寨乡就是其中的典型代表。当然，乡风文明建设还是存在各种各样的问题：城乡贫富差距大的事实使农

---

① 《中共中央国务院关于深入推进农业供给侧结构性改革加快培育农业农村发展新动能的若干意见》，《人民日报》，2017 年 2 月 6 日。

村乡风文明建设缺乏主体；有些农村依然还处于贫困的状态，文化也相对落后，与社会发展不相适应，与全面建成小康社会不相适应；依然存在基层党员干部认识不足，乡风文明建设载体缺乏，经费投入不足等方面的问题。

（三）改革开放至今乡风文明建设的特点

1. 以经济驱动为主，呈现多元化的趋势

改革开放后，农村作为改革的突破口，政府的工作方式也发生了很大改变，不再是强制性行政命令的方式，而是采取自愿原则，尊重农民的意愿，邓小平同志就曾强调，"思想政治工作的基本原则是对人们进行教育工作，说服工作而不是采取强制的、压服的方法和行政命令的办法"，要"坚持疏导的方针，反对堵塞的方针"①。此期，乡风文明建设满足农民利益，家庭联产承包责任制的实行，让农民生产生活的积极性提高了，少了以前"阶级斗争"的味道，政治色彩逐渐淡化。正是此种工作方法的有效运用，使得农村重新焕发活力，精神风貌也有了很大改观，乡风文明建设走上了以经济驱动的正常轨道，从而形成了各具特色的文明村镇，呈现多元的色彩。但是应该认识到，此期的乡风文明建设存在着工作不到位倾向。

2. 传承性和变异性并存

费孝通先生说："我们的社会将从一个封闭的、乡土的、传统的社会转变成一个开放的、现代化的、和平共处的社会。"②改革开放后的农村呈现出来的变化正如费孝通先生所说：许多新潮的思想和观念开始流入农村，城市与农村之间的流通也开始加大，许多农民不再只是待在田头，而是开始走出农村，走入城市，寻找新的生机。正是这些走出去的人为沉寂的农村带来了外面的新鲜事、新思想。

---

① 邢贲思：《邓小平理论宝库》，中国言实出版社，1998 年，第 1686 页。

② 费孝通：《师承·治学·补课》，生活·读书·新知三联书店，2001 年，第 365 页。

　　乡风文明的传承性指的是那些发展变化中留存下来的传统的风气和习俗。改革开放后许多旧有的传统依然存在：在农村，农民淳朴、热情的形象依然保留下来，勤劳踏实、邻里和睦等优秀传统世代相传。

　　乡风文明的变异性是指传统习俗经历社会改革和发展的一面。乡风文明说到底就是一种精神文化形态，而文化在发展的过程中，由于受到外部环境的影响，不可能完全保留原来的形态。如农村的婚礼习俗，虽然古今婚礼的流程大致相似，但是现在的婚礼已大大减化，省去了很多不必要的繁文缛节。另一方面，在婚丧方面大肆操办、铺张浪费现象也是很严重的。在衣食住行等其他方面也都有类似现象，攀比之风盛行，很多人不顾自己的实际情况，盲目与别人比较，跟随潮流。

　　乡风文明的传承和变异都有其积极和消极两个方面。如何规避其消极因素，是今天的农民必须面对的问题。解决的办法便是农民要不断完善自身，提高辨别能力，不被消极思想所影响与侵蚀，说到底这也是乡风文明建设的使命。

第三章 国内外乡风文明建设的实践与启示

国外乡风文明建设是一个自然的潜移默化的过程，他们比较重视农民的文化水平、思想素质、教育培训及社会组织的发展等，在进行乡风文明建设的过程中积累了一些经验。研究和学习国外乡风文明建设的经验，可以对我国新农村建设中的乡风文明建设提供有益的借鉴。

第一节 国外乡风文明建设的实践

国外乡风文明建设实施得较早，在国际上比较有影响的有韩国、日本、欧盟各国、澳大利亚、美国等国家和地区，韩国、日本跟我国毗邻，同样受东方文化的影响，而欧盟各国乡风文明建设起步比较早，较有代表性，所以本节重点分析日韩和欧盟各国的乡风文明建设。

一、日本、韩国乡风文明建设

日本、韩国与中国同属亚洲国家，有许多相似之处，如人多地少，人均资源少，农村建设均面临着城乡发展不协调的问题。为解决这一矛盾，推动农业和农村经济的平稳、快速发展，20世纪70年代，日、韩两国开始开展农村运动，积极整改农村环境，着力提高农民综合素质，提升经济，推动基础设施完善等方面建设，取得了很好的成效。参考和借鉴日韩经验对我国乡风文明建设有着重要的意义。

（一）日本乡风文明建设

日本是一个岛国，国土狭小，人口密度大，自然资源贫乏，人均耕地少，其耕地面积仅占世界耕地面积总数的 0.4%，人口却占世界人口的 2.2%，农地分散。20 世纪 70 年代末期，日本开始实行"造村运动"，先后经历了三次农村建设运动，第三次运动效果最显著。最典型的是大分县的"一村一品"运动：按区域化布局要求，因地制宜，以当地优秀品质的农产品为主导产业，形成产业群，振兴农村产业，带动日本经济。日本提出了"村镇综合建设示范工程"这一创新概念，大力发展基础设施建设，缩小城乡差距。通过开展农村建设运动，使乡村道路、水电、环境等各项基础设施得到完善，村前村后环境干净、整洁，流经村庄的小溪特别清澈，空气也非常清新。日本农村从初期存在较大的城乡差距，发展到中期的城乡一体化，再到如今的追求农村生活魅力、谋求可持续发展，充分展示了日本农村经济社会发展的和谐进程。日本的发展道路并不是孤立地发展大城市，置农村于不顾，而是十分注意城乡的协调发展。日本各个城市的城市建设规划均包括城乡两大主体的统筹统建，通过比较优势，实现城乡一体化，农业不再是农村的支配产业，农村已融入城市之中。

　　日本现代化的乡村不只是在物质生活方面向城市看齐，社会组织结构也很现代化。在日本农村，各种各样的农民协作组织几乎无处不在。这些农民协作组织的好处很多，既有利于发展农村经济，增加农民收入；又可表达和维护农民利益，避免贫富两极分化。由于社会矛盾不被激化，政府也就不需要用暴力维稳。

　　日本和中国同样具有农村空巢现象和老龄化严重的国情，所不同的是，日本农村大部分地区是宜居的，追求的是一种宁静小镇的概念。日本农村的房屋多是具有本土传统特色的房屋设计，具有现代化的生活条件，铁路网已经遍布农村的每个角落。日本的森林覆盖率达到 90%，但木材厂却很少见。农村有干净整洁的街道和清澈的河流，日本全国的垃圾分类回收处理系统都十分完备，农村也不例外。

　　日本十分注重农村文化的保护，颁布了《文化财产保护法》，农村民众年节庆典祭祀活动中的各种表演是日本的一大特色。各类传统文化协会在传承艺术和文化方面发挥着重要的作用。日本对农村舞艺和曲艺的保护意识十分坚定，这一理念受到日本民众的广泛认可。日本对农村文化的重视还体现在将唯美的乡村风景植入到日本漫画的背景速写中，映射出日本国民对自己国家的本土乡村自然风景的认可与自豪感，让全世界更多的人去发现与欣赏日本乡村文化之美，从而产生对日本乡村生活的向往，以此带动旅游业的发展，这便是日本人留给子孙的财富，这方面的价值和意义是无可估量的。

（二）韩国乡风文明建设

韩国人多地少，而且山较多，资源短缺，耕地只占全国国土面积的22%，人均耕地较少，韩国却在资源贫乏的基础上实现了经济振兴，为世人所称道。

20世纪70年代的韩国在与我国50年代国情极为相似的背景下，短期之内迅速崛起，开展了韩国新村运动。第一阶段，政府主导大力发展农村经济，改善农民生活，却发现存在无法调动农民积极性的问题。第二阶段，政府引导培育文明、村民跟进的发展理念，政府和民间共同主导，也就是官民一体，因地制宜地发展特色农业，强调农民的自我发展、自我致富。第三个阶段，逐步过渡到国民自发主导的发展理念，就是民为主导，政府只通过制定规划、协调服务，运用财政、服务等手段，为国民的自我发展创造更好的环境。农民自发形成了一系列非政府组织机构，负责组织、协调、宣传和评价日常的文明生活。他们认识到思想道德修养的重要性，认识到农民自信来源于农民高素质和高质量的生活品质，这同时也是农村发展的重要精神财富。韩国更重视传统与新潮流、新思想的有机结合，他们在保留特色的基础上引进更先进的思想，韩国人活跃的思维使他们擅长创新和树立良性竞争的意识。

1. 激发国民的进取精神，调动农民的积极性

为转变韩国农民缺乏个性和开创精神、农村充斥着强烈的宿命论色彩的状况，韩国政府通过决议：以民众喜闻乐见、易于接

受的形式开展具有感召力的活动，以农民和渔民为主体掀起自律运动，以人为主体的相生运动，通过人与人的网络，将邻里和村庄之间、农（渔）村与城市联系在一起，农民依靠自己来实现摆脱贫困、走向富裕的目标，使国民长期受抑制而潜在的良好社会伦理道德迸发出来，释放出巨大的效能。

同时，他们十分重视媒体的导向作用，媒体的相关报道也将焦点转移到反映农村实际情况，舆论导向不断聚焦关注农村发展建设，使社会各界人士更加关心农民，以及农村转变所带来的经济效益及其现实的良性影响力。

2. 以精神启蒙为先导，建立农民教育培训新机制

韩国新村运动的主线是新村教育，在各大学相关专业的密切配合下设立了新村研究院所，由韩国中央协会组建的新村运动研修会的成立与开展，有助于农民在培训中及时向专家、学者深入请教。通过科学指导、理论授课、演讲讨论等形式，使人们感受文化的力量及其带来的变化，结合亲身经历与牧师、僧侣进行深层次的心灵沟通，净化身心，体会各方面的文明进步。

由政府出资，在全国范围内成立新农村知识培训院，培训的主要对象是新农村建设的主要负责人，培训的内容是强调精神文明建设，培训的方式是请新农村建设中的成功者介绍经验，或者请政府专门负责新农村建设的专家进行政策解读。同时，地方政府把参与新农村建设的部门公职人员也派遣到新农村知识培训学院，与"新农村的负责人"同吃、同住、同劳动、同学习，增长见识，感受新农村建设的浓厚氛围。

同时，为满足农村发展的实际需求，特别是为了造就一批有利于农村生产生活发展的技术型专门人才，韩国着力加强农村的科学文化教育，促进农民综合素质的提升。韩国逐步完善教育培养发展层次，针对农业发展实际，开设了专门培训农业科技知识的学校。第一年重点普及农业的基础知识，第二年进行实践教育，第三年继续学校学习，但教育的内容侧重于创业设计。学生在一年实践的基础上，对农场的整体状况和发展进行一定的规

划，学校会进行适当的考核评比，表现优异者，国家会提供资金支持，鼓励学生进行新农场的建设和开发。这些方法有效地提高了农民的科学文化素质和生产技能，大大缩短了城市与乡村文化素质和经济水平之间的距离。他们也注重农民思想道德的培养，鼓励农民艰苦奋斗，自立自强，坚决抛弃愚昧和无知。在新村运动的过程中，"勤劳、自主、合作"的精神已经深入农民的心中，并转化为良好的信念，为韩国经济的发展提供了内在的精神动力。

3. 发挥政府的主导作用

对于后现代化国家而言，靠分散的决策方式来发展经济与社会不仅周期长、成本高，而且极有可能丧失发展时机，因而必须依靠政府主导的纲领性决策模式。韩国政府在确定政策目标、组织政策推进、筹集与安排各项建设资金、研发农村适用技术等方面发挥着积极的主导作用。

4. 采取有效措施增加农民收入

韩国新村运动过程中，采取在全国范围内推广优质水稻新品种、制定新品种推广财政补贴政策和水稻新品种价格保护政策、鼓励部分农户因地制宜种植地方经济作物、大力扶持农村经济可持续发展等措施，提高农民收入，取得明显效果，农民收入中的农业种植收入所占比重逐年增加。

5. 积极发展农业新型经济合作组织

韩国通过完善组织管理体系建设，建立健全财政投入体制，完善各项管理规章制度，培养和激励农民的创新精神，与时俱进地推进体制改革。通过新型农业合作经济组织，带动千家万户的农民进入市场，将贸工农、种养加、农科教融为一体，形成一个融农产品生产、加工、销售为一体的农业产业化体系，不断提高农业的组织化程度，促进农业生产方式的根本性转变，增强城乡产业的关联度，促进城乡产业优势互补和一体化发展。

韩国新村教育效果显著：从文明意识上看，韩国农民环境保护意识很强，街道整洁干净；从民风民俗上看，韩国农村的特点是淳朴友善、安宁祥和。韩国民俗村传统特色建筑、美丽的梯田、充满艺术气息的壁画和涂鸦墙等成为韩国农村环境的一大特色，吸引了大量的游客，促进了韩国农村旅游经济产业的发展。

二、欧盟国家乡风文明建设

欧盟国家在实践中发现，无约束的发展是有问题的发展、有后遗症的发展、盲目的发展。因此，欧盟国家早在1999年就制定了农村发展措施，主要内容为：（1）环境政策。提高土壤质量，优化生活环境。（2）针对社区发展的政策。主要是针对农村基础设施的规划与建设。（3）推动农村社会发展的政策。对于农村极具发展潜力的旅游业和手工业，积极提供平台和途径，促进其发展，同时注重对农村物质、非物质文化遗产的保护。（4）人的发展政策。一切发展都要以人的全面发展为目的，要积极挖掘人才，利用人才，加强民众的思想道德素质和科学文化知识水平教育，提高人的总体素养。通过这些措施，他们依法对发展加以限制，使乡村发展成为科学的、健康的、可持续的发展。现在，欧盟国家在新农村建设时，特别考虑村庄扩张时可供选择的地理方向，考虑村民的选择是否可以保护高质量的农田和其他自然资源，哪一个村庄有发展潜力，如水源、学校、公共交通等因素。将乡村建设约束在自然环境可以承受的范围内，约束在基础设施允许的条件下，约束在传统建筑环境可以容纳的基础上，约束在社区居民可以认同的前提下。

同时，欧盟国家乡风文明建设离不开全体民众的配合、机制的调节、制度的支撑和科技的指导，具体表现如下：

一是生态文明靠民众建设。欧洲各国的乡风文明建设离不开政府和民众的大力支持，不仅有政府的高度重视，而且有民众的自觉遵守，这两者的高度结合，确保了乡风文明建设的有效性。

二是和谐家庭靠机制调节。家庭和睦是社会和谐的基础，在德国，通过奖励机制、惩戒机制和约束机制的共同作用，家庭变得更加和睦，社会也变得更加和谐。

三是社会保障靠制度支撑。在欧盟国家，只要有医疗保险，不管民众看了什么病，做了多少手术，这些看病的费用都由保险公司和医院负担，而且家庭中只要有一个人参加了医疗保险，全家人都可以跟着受益。

四是经济发展靠科技领先。作为欧洲最大的果蔬庄园，英国考文垂市奥格尼农庄采用最先进的科学技术，水果和农作物的生长运用的都是生物技术，而且用计算机随时监控生长情况，遇到下雨，就把雨水收集起来，和氮磷钾等养料搅拌在一起，制成营养液来灌溉庄稼，这样既保护了土壤，又确保了植物的生长，最终成为一所示范庄园。①

欧盟国家乡风文明建设具有典型性的国家主要有法国和德国。

法国在开展农村建设运动时也十分注重基础设施建设和政府投入，法国新农村建设始于20世纪60年代末，1975年法国政府用于农业的财政支出达339.79亿法郎，用于农业投资的新增贷款150亿法郎，农业财政投资占当年农业投资总额662.79亿法郎的51.3%，如果算上新增贷款，则国家投资占73.9%。1980年、1985年、1986年、1987年法国政府农业财政投资分别为134亿、150亿、260亿和269亿法郎。② 以大量的政府投资为基础，法国在广大农村地区大力发展"一体化农业"，即在"生产专业化和协调基础上，由工商业资本家与农场主通过控股或缔结合同等形式，利用现代科学技术和现代企业方式，把农业与同农业相关的工业、商业、运输、信贷等部门结合起来，组成利益共同体"③。建立起农业与工业等其他部门的有机联系、促进了传统农业和工业之间的融合与互促，同时开阔了农民的眼界，提高

---

① 王建诚：《文明的启迪》，《安阳日报》，2009年10月19日。
② 周建华、贺正楚：《法国农村改革对我国新农村建设的启示》，《求索》，2007年第3期。
③ 同②。

了农民的专业素养和文化水平。

德国在农村经济发展前提下，重视丰富农民的业余生活。由政府帮助组织开展形式多样的文化活动，在农村举办乡村音乐会、文艺作品展览、诗词表演会等，实现城乡文化一体化。他们在乡风文明建设中开展积极向上的文化娱乐活动，规划农村业余文化生活，推动农民的政治、道德社会化，促进农村经济社会的协调发展。德国政府在开展农村文化生活方面投入资金支持，通过邀请专家访问、举办展览会等方式丰富村民的文化生活。

同时，德国非常注重农民的教育，吸引学习农业的大学生返乡，支持当地农业发展，并专门设立了职业农民教育培训机构。德国有农业职业学校、职业专科和专科高中等6种教育机构为农民提供专职教育，学校可为农民提供多种技能培训，使每位农民都有一技之长，农民均可参与进修并获得文凭。德国90%的农业大学毕业生在毕业后"扎根"农村，他们中一部分人还取得了显著的成就。这反映了德国乡风文明建设重视村民主体的培养。除此之外，农村医疗卫生等社会保障机制健全，解决了农民的后顾之忧。

第二节　我国乡风文明建设的实践

党的十九大报告提出了"产业兴旺、生态宜居、乡风文明、治理有效、生活富裕"的总要求，各地紧密结合实际，因地制宜地开展乡风文明建设。浙江省湖州市安吉县天荒坪镇余村和江苏省徐州市贾汪区马庄村就是我国乡风文明建设的典范。

一、湖州市安吉县天荒坪镇余村乡风文明建设

湖州市安吉县天荒坪镇余村，位于安吉县南部，地处天目山北麓，三面环山，余村溪自西向东绕村而过。余村面积4.86平方公里，下辖7个自然村，8个村民小组，农户280户，人口1050人，党员53人。2017年，全村实现国民生产总值2.776亿元，农民人均收入41378元，村集体经济收入达到410万元。先

后被评为国家级民主法治村和省级美丽宜居示范村，是安吉县首批美丽乡村精品示范村，浙江省首批全面小康建设示范村，国家级美丽宜居创建村。

2005 年 8 月 15 日，时任浙江省委书记的习近平同志到余村视察后，充分肯定了余村走绿色发展之路的做法，并在余村首次提出了"绿水青山就是金山银山"的理念。十余年来，余村致力于把绿水青山转化为金山银山，带领村民集中精力开展生态文明建设、发展休闲旅游经济，走出了一条从自然界的绿水青山到财富的金山银山，再到乡风文明的"绿水青山"的特色之路。

（一）牢固树立"绿水青山就是金山银山"的理念

2005 年，余村在"绿水青山就是金山银山"理念指引下，重新编制规划，把村庄划分为生态旅游区、美丽宜居区、农业观光区和精品外环线，率先对村民的生产、生活、生态空间进行科学合理布局，率先划定生态保护红线、资源开发底线和环境承载上限。2018 年，余村组建休闲旅游股份公司，盘活整合村集体和村民资源、资产，建立以股权为纽带的经营综合体和利益共同体，推动村民就近赚薪金、拿租金、分股金，增加财产性、经营性收入，扩大村集体经常性、稳定性收益，以乡村经营反哺支撑人居环境建设。环境美了，旅游火了，百姓富了。

（二）全力整治村容村貌

良好的生态是乡风文明的支撑点和切入点，也是当前乡村治理的难点和痛点。对农村生活污水进行处置，采用就近接入城市管网、几个村庄联合建设污水处理终端和单户处理三种方式。对农村生活垃圾处理采取"二分法"，分为可腐烂垃圾和不可腐烂垃圾，对前者实施堆肥化处理，对后者采取压缩处理，最大限度地变废为宝，改善生态居住环境。街道、院落、村边都十分洁净，见不到一点儿垃圾。

（三）坚持价值引领，培育文明乡风

余村坚持物质文明和精神文明一起抓，提升乡村村民的精神风貌，不断提高乡风社会文明程度。筑牢乡村意识形态思想高地，发挥好基层干部和老党员在乡村文明建设中的核心带头作用，吸引选拔一批热爱乡村文化的文化能人、大学生、退伍军人等乡贤人才加入到乡风文明建设队伍中来。坚持落细落小落实社会主义核心价值观，从小处着手，形成家风带民风、民风带村风、村风促发展的良好效果。弘扬美好家风，持续深入地开展"传家训、立家规、扬家风"活动，积极开展"生态家规"创建活动，党员干部带头，群众积极参与，2016 年评选表彰星级文明户 75 户。打造良善民风，每年开展"最美"系列评选活动，每年表彰身边好人与新乡贤 20 余名。树立文明村风，常年开展以践行社会主义核心价值观、讲文明树新风为主题的乡风文明实践活动，设置社会主义核心价值观宣传牌 60 余处、墙体绘画 800 余米，设立"爱游"党员和"两山"会址讲解员志愿者服务站，建立 120 余人的志愿者队伍，常年开展志愿服务活动。

（四）充分挖掘村庄文化功能

保护古村落，弘扬传统文化，深入推进美丽乡村建设，持续改善农村居住生活环境，加大公共基础设施投入。探索多种传播形式，让乡村文化接地气、聚人气，采用诸如文化墙、宣传栏、农村大喇叭、广播车、印发文化手册、送戏下乡等群众喜闻乐见且通俗易懂的传播形式，丰富农村文化的内涵。挖掘和保护乡土文化资源，建设新乡贤文化，培育和扶持乡村文化骨干，提升乡土文化内涵，形成良性的乡村文化生态，让子孙后代记得住乡愁。

二、徐州市贾汪区马庄村乡风文明建设

马庄村隶属于江苏省徐州市贾汪区潘安湖街道，地处徐州市东北郊 25 公里处，西邻 104 国道 7 公里、京福高速公路 3 公里，东靠 206 国道 5 公里，南濒京杭大运河 4 公里、京沪高速铁路徐州站 18 公里、观音机场 50 公里，地理位置优越。现有人口 2343 人，耕地 4100 亩，6 个村民小组，103 名党员，16 家核心企业。

改革开放以来，马庄村一直致力于发展经济，富裕百姓，优

化人居环境，开展丰富多彩的文体活动，打造实力、魅力、和谐的社会主义新农村。全村现已形成"夜不闭户、路不拾遗、富裕文明、安乐祥和"的局面，被誉为"华夏文明一枝花"，成为中国新农村建设的一颗璀璨明珠。

2017 年 12 月 12 日，习近平总书记来到马庄村考察并指出：农村精神文明建设很重要，物质变精神、精神变物质是辩证法的观点，实施乡村振兴战略要物质文明和精神文明一起抓，特别要注重提升农民精神风貌。

（一）农村乡风文明必须先"富足"起来

没有一定量的积累，乡风文明就无法开出繁盛之花。马庄村以"文化立村、文化兴村"，建立自己的村史馆、图书室、文化广场，组建民俗表演队。和马庄村一样，徐州市深挖各个村镇的文化资源，开展群众喜闻乐见的精神文化活动，基本实现了文化阵地"村村建"，农家书屋"村村办"，特色活动"村村演"，从体量上保障了乡风文明建设的繁盛基础。

（二）乡风文明建设要"量"更要"质"，必须走优质化道路

马庄村每周举办一场舞会，村里男女老少都参加；每月 1 日组织全体党员干部、村民职工参加升旗仪式，在国旗下发表讲话，全体村民齐声高唱国歌和"马庄之歌"；马庄村还把每月 20 日作为党员带头的全村社会主义教育日，每年 11 月被定为法制教育精神文明宣传月。这些高质量、有内涵的活动，造就了乡风文明的村强、民富、风正、人和，形成了马庄村民引以为豪的和谐景象。

（三）乡风文明建设要发展自己的特色，在个性发展中找准自身的优势和定位

1988 年，马庄村创建了"苏北第一支农民铜管乐团"，该乐团已先后为中央、省、市等各级领导来宾、机关部队、厂矿院校等演出 6000 余场次，1997 年参加了中央电视台的春节联欢晚会，

2007 年 4 月应邀赴欧洲演出并获意大利第八届国际音乐节团体第二名的好成绩，向世界彰显了当代中国农民的形象。2000 年，该乐团被江苏省政府表彰为"特色文化团队""服务农民服务基层文化工作先进集体"。农民乐团与市场接轨，促进了全村文化产业化的大发展。

马庄村发展农民铜管乐团，以特色活动带动乡风文明整体建设，又用乡风文明整体建设来涵养和支撑特色发展。马庄村的"全国文明村""中国十佳小康村"和"中国民俗文化村"等荣誉称号，正是共性和个性相统一，发展基础和突出特色相统一结出的硕果。

第三节　国内外乡风文明建设的启示

开展新农村乡风文明建设是带有普遍意义的世界性问题。韩国实施了"新村运动"；日本实施了"造村运动"；德国、法国等西方国家也采取了不同的措施，进行乡风文明建设；我国浙江省湖州市安吉县天荒坪镇余村、江苏省徐州市贾汪区马庄村等地依据自身特点，开展了各具特色的乡风文明建设。国内外乡风文明建设带给我们以下主要启示。

一、选择适合本国的农村发展道路，开创中国特色乡风文明建设模式

以乡风文明建设促进农村社会管理，重点是激活资源要素，发挥城乡统筹的带动作用。通过乡风文明建设，使城乡面貌发生了翻天覆地的变化，提高城镇化率，为城乡统筹提供了良好的发展基础。根据本国的实际情况，制定适合本国国情的农村发展方向，形成有我国特点的农村文化发展模式。每个国家由于经济发展水平、自然地理环境、人文历史、资源贫富等多种因素的影响，农村建设的方法各有不同。欧盟模式发挥了政府的主导作用，是自上而下的改革。日韩模式则采用自下而上的方法，充分发挥政府的协助作用，体现农民的主体性。两种模式虽然方式方

法不同，但都取得了农村建设的胜利，推进了农村的发展。我国的乡风文明建设，不能盲目发展，更不能照抄照搬国外农村建设的成功模式，必须因地制宜，结合我国农村各地具体情况、社会制度、经济水平等，从实际着手，统筹规划，区别对待，综合考虑，形成具有本国特点的发展道路和模式。按照"坚持城乡统筹，发展现代农业，深化农村改革，推进镇村同治，建设宜居村庄"的发展思路，突出利用城市优势资源，带动农村全面发展，优化镇村环境，改善村居面貌，发展农村经济，推动农民致富，为乡风文明建设提供了良好的环境条件。

二、准确定位乡风文明建设各主体角色，建立合理的分工协作机制，创新乡风文明建设队伍

从日韩模式和欧盟模式的农村建设实践来看，政府既不能越位，也不能缺位。要明确规划政府的职能界限，充分发挥政府在乡风文明建设中的引领作用，明确各部门职责，配合协作，使管理上没有漏洞。

韩国乡风文明建设是政府针对工农业发展严重失调、城乡差距日益扩大的情况，通过开展新农村建设来带动和促进农村经济的发展而倡导起来的，在中央政府成立了由内务、农林、工商、建设、文教、邮电及经济企划院等部门行政官员组成的特别委员会，道、直辖市、市、郡、面、邑、村各级也成立了相应的机构，建立了从中央到地方的领导体系与相互协作机制。日本以振兴产业为手段来促进地方经济的发展，使农村重新焕发出生机与活力。为了扶持山区、人口稀疏地区的经济发展，日本政府制定了《过疏地区活跃法特别措施法》《山区振兴法》等，为促进农村工商业的发展，制定了《向农村地区引入工业促进法》，以法律的刚性约束促进农村发展。德国因地制宜制定乡村规划，根据农业发展、乡村更新和公共建设的需要，依轻重缓急选择建设范围，制定初步规划，在广泛征求公众意见的基础上，再次修订规划。从20世纪50年代起，对落后的农村采取投资补贴、拨款、农产品价格支持、低息贷款等措施，加速推进农业和农村的发展。

我们要充分发挥政府的协调作用，政府按照一定的意图来控制资源，使特定的生产要素进入特定的生产部门，从而得到所需的各种产品，以此来矫正经济结构，平衡部门关系，提高资源的利用效率。建立统一的社会主义新农村建设指导机构、研究机构和培训机构，把中央的相关方针、政策落到实处，不片面夸大行政力量的作用，不盲目地搞一刀切，不搞强迫命令，而是针对农村的实际情况，考虑到农民的思想认识水平，积极搞好政策引导和思想发动，使行政手段和市场机制有机配合。杜绝搞形式主义，根据各地的具体情况，多为农村办实事，办好事，把支持农村发展的资金用在刀刃上。完善农村基础设施，道路、水电、通讯、电信等配套设施要齐全，还要确保生态环境良好、生活环境优美。

建设新农村，关键是人才，发达国家和地区在新农村建设中十分重视人才教育与培训，始终坚持以农民为主体。法国于1960年颁布了《农业教育指导法案》，法国农业部在全国建立了一批农业研究机构和农业学校，专门从事农业人才的培养。同时确立公立、私立共同办农业的教育机制，国家对获得毕业证书的人员，在就业安置、生产经营方面给予优惠待遇，法国有近25%的农场主接受过中等以上的专业培训，实现了农业教育的系统化和规范化。韩国在1972年成立研修院，负责培训新农村建设的技术骨干，培训的内容涉及地区开发、意识更新、经营革新、居民素养等内容。

党中央提出建设社会主义新农村的重大历史任务，得到全国人民的衷心拥护，在激发农民的积极性、主动性和创造性方面，应确定示范村，政府相关部门重点扶持示范村，以示范村带动面上的新农村建设。但是，建设推进的进度可以有快有慢，不搞齐步走，不搞大包大揽，上什么项目，由农民自己选择，政府对各村的集资、提供劳动力情况、相互配合的能力、提高生产率和开发工业产品等方面进行综合评价。同时要注意运用激励措施，让农民自己办事、自己管事，尽最大限度地发挥农民本人、村里带头人、集体组织的积极性，不能将领导者个人的意见强加在农民身上。要促使农民积极参加集体活动，增强农民的民主意识和管理意识，把农民培养成建设社会主义新农村的新生力量，使农村社会保持长期、稳定、持续的发展。

同时，要积极发挥社会民间组织的作用。以乡风文明建设促进农村社会管理，关键是扩大基层民主，发挥农民群众的主体作用。加强农村社会管理最终要落脚到发挥农民群众在社会管理中的自治作用。对乡风文明建设各主体角色进行有效定位，构建有序得当的合作体制，为乡风文明建设的进一步发展培养队伍。始终坚持尊重农民的首创精神，激发农民的主体作用，通过组织村民制定村规民约，建立群众自治组织，并引导其充分发挥作用，达到组织农民、管理农民、服务农民、发展农民的目的，使农民完成由他律向自律的转变。

建立合理的各主体分工协作机制，从而创新乡风文明建设队伍。在各级党政部门、各类社会基层组织和农民群众相互协调努力下，形成推进乡风文明建设的工作合力，共同实现农村繁荣的目标。

三、加大农民科学文化、思想道德的教育力度

提高农民的科学文化水平和思想道德素质，培养新型农民，是农村建设的基础。韩国和欧盟国家的农村建设运动中都强调了农村的教育和培训的关键作用。通过对日本农村建设模式的探究我们可以看到，在农村建设中，日本政府提供了一系列的免费培训，而且培训有很大的针对性，各类农业社团协会等也都有针对农村建设相关科学知识的宣讲和学习，这些培训有利于农民科技素养的提升，从本源上推动农村经济的进步。韩国政府组织技术人员深入农村开办免费技术培训班，举办农业实用技术讲座，引导农民发展高附加值农业，将最新科技成果尽快转化为农村的现

实生产力。从 20 世纪 50 年代中期开始，法国用了 15 年时间基本实现了农业的高度机械化，在农田灌溉、农作物防病虫害、农产品加工等方面基本上实现了电气化，大力发展化肥工业和农业生物技术研究，把生物学、遗传学的新技术运用到农业领域，新技术的广泛应用，极大地提高了农业生产效率。

我国应该加大这方面培训的力度，改变依靠别人、等待外力帮助的被动状态，充分发挥农民自身的特长和优势。例如国家可以筹集并设立专项的农业发展资金，用于对农民进行免费的农业技术培训，帮助其熟练掌握一定的发展技能。农业科技人员应积极走到田间地头，走近农民，切实为农民提供科技帮助与技术服务等。

农民思想道德建设要从农村和农民的实际出发，引导农民革除各种陋习，形成文明健康的生活方式和社会风尚。加强传统美德建设，通过农村思想道德建设的不断深化和拓展，逐步形成与农村社会发展相适应、与中华民族传统美德相承接的思想道德体系，切实提高农民的思想道德素质。

第四章　我国乡风文明建设的成效与困境

　　近年来，国家越来越重视乡风文明建设，各地乡风文明建设形式多样、内容丰富，得到农民的支持，收效良好。各地纷纷涌现出乡风文明建设的模范乡村。然而，良好乡风文明的形成并不是一蹴而就的，在建设的过程中仍存在诸多困难和问题。

第一节　乡风文明建设取得的成效

　　随着农村社会经济不断发展，农民收入持续增加，农民的生活状况也得到显著改善，为乡风文明建设提供了物质基础，与此同时，乡风文明建设也取得一定的成效，农村的社会风气得到改善。

一、农村教育取得了明显进步

（一）农村义务教育得到进一步保障

　　农村学生享受到义务教育带来的政策好处。2005 年至 2009 年间，国家对农村义务教育经费保障机制不断完善，先后实行了保障经费的机构体制改革，对农村义务教育阶段学生的住宿费、学杂费、教材费等给予减免，面向低保户家庭的学生实施"四免一补"等措施，保障农村学生的教育权。2015 年国务院印发了整顿城市和农村义务教育的《关于进一步完善城乡义务教育经费保障机制的通知》，由此在中央、省、市、县搭建起义务教育之间按照项目、任务、比例统一的经费保障的体制机制，改变了先前单独针对城市、农村设计的运转模式。

　　政府在校园新建改造方面的投入力度加大，成效初显。近年来，国家持续推进九年制义务教育，重点实行了农村中小学危房改造、中小学宿舍安居、住宿制学校宿舍维修等多项工程，取得了重要成果。

乡村教师队伍建设受到各级相关部门的重视。对学校发展起到重要作用的是教师，教师是教学和办学过程的主要参与者，是创办优秀学校的关键所在。近年来，义务教育阶段的农村学生逐步减少，教师编制不足的问题基本消除。各级教育主管部门和学校在构筑教师培训学习等长效机制方面取得进展，充分运用现代远程信息技术的优势，分层次、分类别、分步骤地提高教师的专业能力，在保证规模化的同时，确保低成本、高质量的效果。2014年颁发的《乡村教师支持计划（2015—2020年）》，更是将提高农村教师待遇、维护农村教师的更多权益作为总体规划和保障，在农村基础教育中形成良好吸引力并在农村中形成"下得去、留得住、教得好"的氛围。

（二）农村职业教育成效显著

农村职业教育从最初的没有起点、没有基础，逐步形成了较为完善的农村职业教育体系。经过改革开放40多年发展，国家经济、社会、文化各方面取得了进展，我国的农村也初步形成了以农业高等院校为方向，乡（镇）村成人技校、农业技术推广学校为骨干，中级、初级农村职业技术学校为主体，面向农村转移劳动力、农村干部的培训体系。这一农业职业教育体系实行农业、教育、科学统筹结合的形式，在农村成人教育、农村职业教育、农业高等教育三个领域实现了科学规划布局、协调互进、相互补充。

农村中成人学校取得了很大进步。农业电视广播学校自从1981年开始创建，从以重点培养种植养护人才为主要任务逐渐拓展为养护、农村管理、养殖、服务等4门类49个专业，几乎覆盖了农业和农村经济的各个领域，2005年10月出台的《国务院关于大力发展职业教育的决定》，落实了"县级职教中心建设计划"。《国家中长期教育改革和发展规划纲要（2010—2020）》强调要"重点抓好县级职教中心建设，使之更好地承担起为农村劳动力转移培训服务"，对农村职业教育的进一步创新发展起到了保障作用。[①]

二、农民综合素质得到提高

（一）农民思想道德观念进步

随着国家普及义务教育和终身学习教育活动的开展，农民的思想观念和道德行为进一步解放。围绕"四德工程"，即社会公德、职业道德、家庭美德、个人品德四方面，国家推行了科学、教育文化素质培养。通过在乡镇基层推行"公民实践道德年"活动、利用寒暑假进行"教师进村落授课"实践、在乡村推行"反封建迷信、树文明风尚"主题教育活动、文明镇和农村星级文明家庭创建活动、农民素质培训工程等一系列活动，有针对性地解决了农民思想道德建设方面存在的突出问题，提高了农民的整体素质。加之媒体加大对典型人物、事件的宣传，使农民思想道德水平上了一个新台阶。

（二）农民受教育程度普遍提高

近年来，国家在加大农村教育资金投入，推行普及义务教育，对农村的成人教育体系和职业教育不断进行完善的同时，农民中接受义务教育的人数占比不断提高，2017年我国进城务工农民总数达2.87亿人，其中50%以上的人口是新生代农民。截至2014年，我国高中及以上学历进城务工农民占23.8%，大专及以上学历的仅占7.3%，接受过技能培训的占34.8%。教育部和中华全国总工会决定从2016年开始在全国范围内联合实施进城务工农民学历与能力提升行动计划，主要目标是建立学历与非学历教育并重，产教融合、校企合作、工学结合的进城务工农民继续教育新模式，提升进城务工农民学历层次和职业技能水平。此次进城务工农民学历与能力提升行动计划将每年在全国范围资

---

① 曲铁华，李楠：《改革开放以来我国农村职业教育政策影响因素及特征研究》，《河北师范大学学报（教育科学版）》，2014年第1期。

助 30 万进城务工农民接受高等学历继续教育，其中包括本科、专科两个层次。此外，该行动计划还将重点面向签订固定劳动合同的进城务工农民开展岗位技能培训，为其提供创新创业培训，提升其综合素质，同时开放优质网络资源，助推终身学习。

（三）农民科学技术水平增强

我国农村科技工作取得了许多新突破和新进展，农业综合生产能力实现了质的飞跃，农村基础设施和公共服务明显改善，新一轮科技革命和产业变革为农业转型升级注入强劲动力，农民一定程度上掌握了移动互联网营销的模式，特别是在淘宝、京东、选村品等网站上进行销售，在农村也形成了类似淘宝村的现象。农民利用科学技术，结合本地优势引进农作物种植、现代化养殖、沼气池太阳能等相关技术，极大地促进了农村地区经济的增长。农村信息化建设发展迅速，逐渐形成全覆盖趋势。各地先后涌现出一批典型试点，信息资源的整合已渗透到农民生产、生活的方方面面。农民对信息的需求更加倾向于实用性。随着互联网的快速发展，农民获取信息的方式和渠道也越来越多元化，信息化在"三农"中发挥的积极作用也日益凸显。

（四）农民法律意识强化

在从事农业生产过程中，农民的法律素养是农业进行立法的基础，较高的法律意识，客观上可以适应农民在社会发展过程中对健全的法律制度的需要，这对农业农村法律体系的形成和完善起着重要作用。党的十五大将依法治国提升为治国基本方略，随着时代的发展，党的十八届四中全会又将依法治国定为主题，各地开展了"法制宣传到农村，守法用法助农民"系列活动，基层乡镇司法所定期举行法律援助咨询活动，农民受教育程度不断增强。诸因素合力作用的背景下，农民的法律知识水平、维权意识不断提高，运用法律解决矛盾的能力得到提升。

（五）农民政治参与水平提升

随着经济社会的发展，中国农民开始出现各种基于共同需要和利益而自发形成的社区组织，如经济合作社、社区民间组织等。村民委员会组织村民开展多种自治活动，完善了管理、教育、服务、监督的平台，其中的运转机理是村民在选举、决策、管理等方面实现民主。农民在群众自治组织中开拓了眼界，提高了政治参与能力。近年来，随着农村宽带互联网、手机移动终端普及率的提升，农民通过微博、微信、QQ等网络媒体表达意愿、维权的行为不断增多。

三、农村法治环境不断改善

（一）农村法治体系初步形成

随着依法治国方略的贯彻执行，法治精神逐渐深入人心，农村的法治建设取得长足的发展，基本上形成了以《农业法》为中心的农村法律框架体系。在国家建设社会主义新农村以来，先后对与农业相关的农业税、《农业法》、《农产品质量安全法》、《农业保险法》、农民合作社等法律法规进行了修订或废除，从立法的角度维护农民的合法权益，确保了农村改革的正常推进，同时也充分保障了农村的民主政治建设，并从法律规章制度上予以维护。

（二）农村依法行政能力初见成效

农村的行政执法能力在农村法制体系初步形成的过程中充分显现，主要体现在以下两个方面：一是明确的执法主体性质。基层中同农村紧密联系的行政团体组织，存在执法主体众多、界限分工模糊等问题，导致了因矛盾纠纷引起的冲突不能切实解决，基层政府在农民群众中的公信力有所降低。新农村乡风文明建设需要合理确定多个部门的职权、各具体事项的分管负责人，行政执法在经过行政委托或行政授权后加以明确，防止在工作中出现行政部门执法权责不清的情况。二是行政执法的程序合流程、合规范。种植业、畜牧业、渔业、农机、农业经济管理等方面的行政管理基本上都有行政许可、行政处罚的相关程序要求，与此相应，执法人员的公务素质有一定提升。①

四、农村特色文化得到传承

（一）优秀的民俗文化得到保护

随着新农村建设上升为国家重大发展战略，各地强化了建设规划意识，农村民俗文化也走上了科学地、有针对性地保护的轨道。农民业余生活多样化，部分优秀的民俗文化得到传承。农村具有鲜明特色的文化成果、民间民俗文化资源得到合理开发及综合利用。政府对民俗技艺传承人和名师授予表彰性的称号，对有优秀民俗文化技艺传承的地方给予诸如某艺术之乡的冠名，并由乡镇一级政府牵头，开展与之相关的主题活动，对具有特殊保存、遗存价值的民俗村落进行整体性、科学性的规划保护。

（二）优秀的民俗文化得到开发利用

中国是具有悠久历史文化传统的多民族国家，文化在历史发展长河中所展现的魅力举世瞩目。在新农村建设过程中，经济建设、传统文化与生态系统的可持续已被作为一个整体加以关注，优秀的民俗文化在农村得到了合理开发和利用，由此带动了经济结构的转型，农民收入和生活水平得到提高；反过来，农村的特色经济发展也进一步带动了农村地区的主力——农民对优秀的民俗文化进行更好地保护。习近平在安徽小岗村考察看到当地取得的成就时指出，要将农村建设成天蓝、水清、地绿，让农民留得住对土地的记忆，建设环境整洁、民俗内涵丰富的美丽乡村。互联网的运用，带来农民思想认识的开拓，一些农村地区挖掘当地剪纸、雕刻、绘画等民间手工技艺，结合本地区的山、林、水等优质的自然资源，打造出具有民俗风情的旅游、民宿等项目，培育美丽乡村、发展一村一品、一村一韵的特色旅游经济。

---

① 马艳：《新农村法制建设的现状、问题及对策》，《贵州省委党校学报》，2014年第1期。

第二节 乡风文明建设面临的困境

改革开放 40 多年以来，党和国家长期把工作重心放在经济建设和城市发展上，乡风文明建设在很长一段时间内没有受到足够的重视，缺乏相应的投入，存在很多历史欠账。虽然目前乡风文明建设取得了一定成效，但还存在一系列的问题需要着重加以解决。

一、政治文明信仰意识形态淡薄

（一）政治宣传力度不足，农民缺乏政治信仰

目前，我国农村在政治宣传教育活动方面存在局限性。农村地区由于经济实力较弱，信息相对封闭，缺少政治宣传活动，优秀领导干部的模范先锋作用发挥不足。有的地方甚至不进行任何思想政治方面的宣传教育，社会主义核心价值观在农村落实不彻底，农民的政治参与度低。主要表现在以下几方面：一是政治宣传工作管理机制不够细化，缺少专门的思想政治宣传和管理部门；二是用于思想政治宣传活动的资金不足，缺乏正规的、专用的政治宣传活动室或宣传平台；三是缺少长期专职从事思想政治宣传工作的人才队伍；四是农村领导干部自身政治素质需要加强，部分农村干部的政治素养和政治信仰不够坚定，难以发挥带头作用。一个国家和民族要发展壮大，不能没有信仰，健康的信仰可以激发民众的民族责任感和爱国主义信念，指引他们选择正确的方向。因此，提高农民的政治认同度势在必行。农村地区是封建礼教、邪教势力容易滋生的地区，由于缺乏公共政治文化生活，一些农民受到邪教势力和封建迷信思想的左右，导致信仰出现偏差，造成信仰的缺失和混乱，对此，农村相关政府部门要给予高度重视并拿出相应的改善措施。农民在政治上缺乏坚定的信仰和学习热情，对国家发展方向就会不了解，出现思想意志不坚定、集体意识淡薄等问题，进而导致社会主义理想信念的动摇。一些农民只看到关乎个人的经济利益得失，他们看待和评价政府

的标准就是自身利益得失。只有当政府给予他们利益和好处时，才会拥护和支持；反之，就会对政府产生怀疑和抵触情绪。因此，加强农民的政治理论和政策学习，帮助农民形成正确的价值观，提高农民的政治素养，坚定其政治信仰，在当前显得尤为重要。

（二）农村相关法律制度不完善，农民法律意识淡薄

没有法治的农村建设，就没有法治的国家。农村的法制健全，可以维护农村社会的和谐稳定。然而，目前我国农村社会仍然存在较严重的法律缺失现象，具体表现在农村的相关法律制度不完善、农民的法律知识匮乏、农民的法律意识和权利意识淡薄、农民心中法律权威感丧失等方面。近年来，虽然农业相关的法律问题得到逐步完善和解决，但是仍然还有许多新的法律问题和缺陷。首先，农民缺乏应对集体土地征收制度缺陷问题的法律常识。"当自身权利被侵害时，要么浑然不知，以'法盲'的姿态展现于社会；要么屈从于权威，忍气吞声；要么置法律规定而不顾，'以暴制暴'。"① 在农村，无论是青少年还是成人，都经常无意识地触犯法律，容易失去理智，感情用事，冲动地用过激的方式处理问题，也认识不到犯罪的严重后果。受冤屈的时候，有的人甚至意识不到，而有的人明知受到不公对待，却不知如何应对。其次，农民缺少交通安全相关法律法规教育，对《交通法》的细则了解不够，由于农村道路建设发展较快，交通安全问题也就随之而来。一些农民自行改装三轮摩托车并随意上路，既没有合格证，也没有驾驶证，导致交通事故频繁发生。再次，农村部分落后地区男女关系混乱，缺少《婚姻法》和两性关系方面的法律常识，存在严重的生育超标问题。农民法律知识十分匮乏，甚至是令人难以置信的程度，这种状况影响了农民守法、用法以及正确监督法律的实施，阻碍了培育农民的法律信仰和农村

---

① 李长健：《我国农村法治的困境与解决方略研究》，《武汉大学学报（哲学社会科学版）》，2005 年第 5 期。

社会法治建设的顺利实施。

二、物质文明建设方面欠缺

（一）农业现代化发展缓慢，文化基础设施建设落后

物质文明建设是精神文明建设尤其是政治文明建设得以顺利开展的物质保障，也是实现全面建设小康社会宏伟目标和实现农业现代化的物质基础。当前，我国农村存在大批剩余劳动力有待分流、农业生产效率低、农业资源利用率低、现代科学技术在农业的利用率低等问题。此外，农村贫困人口数量仍然较多，农村贫困现状集中表现为"多、广、深"。截至 2016 年年底，全国农村贫困人口数量有 7017 万人，存在 14 个连片特困地区。全国还有将近 4000 个自然村未通电，20 多万人生活在无电的环境中。此外，数千万农村家庭还没喝上干净的饮用水，连片特困地区有3862 万户农村居民没有解决饮水安全的问题。唯物主义认为，物质基础决定上层建筑。习近平总书记指出："重农固本，是安民之基。"① 因此，解决农村经济问题仍是目前农村工作的首要任务。没有良好的民生基础作保障，集中财力、物力大搞乡风文明建设只能是奢谈。根据我国目前的国情，许多农村地区依旧贫困，居住环境恶劣，保障制度不完善，教育经费不足，医疗卫生条件差，农村社会服务体系不健全，通信网络设施不健全，农村物流体系不健全，制约着农业商品化的发展；村镇基础设施严重缺乏，道路建设、给排水、环卫、公共服务等各项基础设施已远远不能适应村镇经济快速发展的需要。因此我国要尽快使农村地区摆脱贫困的生活现状，只有保障了基本民生问题，乡风文明建设的成效才会日趋明显。

目前所拥有的农村文化基础设施远不能满足农村人口的需要，不能满足广大农民的精神文化需求，更不能适应培育文明乡

① 习近平：《农村工作会议：重农固本是安民之基》，中国青年网，（2015 - 12.26），https://news.youth.cn/sz201512/t20151226 - 7464035.htm。

风的需要。我们在文化基础设施管理方面也是十分落后的，现代化水平低，而且利用率低，缺少管理机制。文化站、图书馆、博物馆、少年宫、老年人活动室、艺术馆、小电影院这样的设施，在有的地方也是形同虚设，没有实际利用价值。农村文化设施建设的初衷是希望结束农活后的农民，可以有地方充实自己的业余生活，汲取知识的养分，但是实际效用发挥却并不理想。而有的地方破旧简陋、设备陈旧，甚至压根儿就没有。这样的农村公共文化设施现状，大多是由于国家和村级政府的财政紧张和不够重视，对其投入较少，文化活动缺少活力。

（二）新兴产业规模化不足，缺少资源供给和创新

新农村建设缺少本土的新兴产业发展建设，发展新兴产业不应该只局限在城市，农村也同样需要新兴产业的带动来壮大发展经济实力。新兴产业的开发和经营都存在很大的困境，没有资金和人才的支持，没有市场和科技的支撑，资源利用不合理，投资和融资体系不健全，农村新兴产业的发展条件严重不足，难以在传统产业的基础上转型升级。由于缺少资源的供给和创新，缺少政策扶持和竞争机制，农村新兴产业发展缓慢，难以壮大。

文化产业是"按照工业标准生产、再生产、储存以及分配文化产品和服务的一系列活动"[1]。然而，农村文化产业发展不平衡，存在规模化发展不足、市场运作不充分、低水平重复、缺乏统一规划、缺少营利点等一系列问题。在市场运作方面，服务质量差，缺少文化特色，缺乏有序竞争意识和创新意识。类似文化产业这样的新兴产业的发展需要依靠现代化的科技元素和创新思维与能力的带动。多数农民没有充分认识到农村特色文化产业也同样具有强大的经济价值；没有充分认识到，因地制宜地深入挖掘农村文化特色旅游活动，可以带动旅游文化特色产业的发展；没有认识到保护农村文化遗产的长远价值；没有认识到当地开展形式多样的文化产业节有利于促进经济的发展。这一系列因素都

---

[1]　范建华：《文化与文化产业发展》，人民出版社，2011年，第54页。

不同程度地影响了新农村乡风文明建设的进程。

三、新农村精神文明建设方面水平不高

（一）民间工艺品流失严重，传统文化保护力度不够

"在中国，占主导地位的传统文化，无论是物质的还是精神的，都是建立在农业生产的基础上的，它们形成于农业区，也随着农业区的扩大而传播。"[①] 乡土的传统文化体现在农村形态各异的建筑样式、民间民俗工艺品、传统民族服饰和民间习俗等方面。民俗文化是一种追求和信仰，也是不同农村民俗艺术魅力的个性化展现，是乡风文明的文化符号。然而，随着城乡一体化发展的冲击，这种传统的民间文化形态在逐渐弱化和消失。许多民俗文化正处于变异甚至濒临消亡的状态。逐渐失传的民间艺术文化、民俗乡土艺术文物没有得到完整的记录和珍藏，这些珍贵的资源一旦失传，将无法再生。与此同时，有的地方仍旧过度地开发民俗文化资源，使传统民俗文化失去了原有的乡土特色，数千年保留下来的民间文化艺术处于断层的边缘。

世界上许多国家都十分重视历史悠久的民风民俗和田园文化，并出台相应的保护政策，政府会拨重金加大对乡村文物和田园环境的保护力度。而我国长期以来存在着对农村传统文化的保护不够重视，甚至有破坏性行为的问题，政府对农村传统文化的发掘和保护力度不够，致使传统文化失去了原有的光泽，甚至消失殆尽。目前，在我国的许多农村地区，缺少文物历史博物馆和对传统文化保护的奖励政策，许多农民并没有意识到优秀的传统文化和优秀的古风民俗也是一种可以开发利用的资源，具有极高的民俗学研究价值和旅游开发价值。

（二）精神文明知行背离，科学文化水平落后

乡风文明建设最关键的环节是精神文明建设。由于我国农村精神文明建设相对较弱，一些农民公德意识和精神文明荣辱观尚

---

① 张岱年，方克立：《中国文化概论》，北京师范大学出版社，2004年，第1页。

较欠缺，部分农民由于自身知识水平不高、小农意识根深蒂固，不能准确地理解社会意识形态方面的变革，缺乏正确、积极的理想信念指引。此外，农村社会经济发展与道德发展不同步，市场经济的竞争性和趋利性易使农民的价值观扭曲，从而滋生拜金主义、享乐主义和利己主义倾向；由于集体观念的淡化，产生了重利轻义的错误价值观。有些农民明知一些行为是错误的，仍心存侥幸，使部分农村地区缺少精神文明建设的和谐氛围，造成精神文明建设出现后退的迹象。农村精神文明建设缺失体现在以下几方面：在人与人的关系上，主要表现为个别家庭不和睦，不能尊老爱幼，家庭美德缺失；在人与社会的关系上，表现为不爱护公物，损害公共利益，维护公共秩序意识淡漠；在人与自然的关系上，表现为过分追求经济利益，过度开发自然资源，环保意识薄弱，农村自然环境存在脏乱差现象；等等。部分农民缺乏正确的理想信念，缺少正确人生观、价值观和世界观的指引，部分地区甚至还存在从事封建迷信活动、追求陋习的不良风气等现象，缺乏明确的道德评价标准和自我约束力。此外，农村思想道德建设中尚缺少精神文明奖励制度和道德模范的引领，部分农村没有充分发挥新闻媒体的宣传与监督作用，这也是影响乡村精神文明建设效果的关键因素。

提高我国农村整体的科学文化素质和思想道德修养是促进农村乡风文明建设的首要条件。我国目前的现状是，由于经济、文化发展的长期不均衡，农民文化水平直接影响着他们的文化生活。部分农民生活在经济比较落后的农村地区，受教育水平的限制，科学文化素质偏低，仍存在文盲、半文盲和法盲。由于国家教育的普及程度仍然不够，致使部分农民难以适应市场经济和社会发展的要求。他们缺乏科学技术文化知识，思想道德水平不高，法律意识不强，思想观念比较保守，认为依靠体力和传统经验足以生存。一些农民精神空虚，没有精神支柱，自我学习、自我挖掘、自我娱乐的能力普遍欠缺。

（三）文化氛围缺失，文化资源利用不合理

在城乡一体化的推进过程中，逐步衍生出一个无奈的现实问题：传统意义上的原始村落数量在逐步减少，城镇化对原始农村文化造成较大冲击，取而代之的是社会主义新农村概念的出现。然而，目前我国大部分农村仍缺少文化氛围，农村原始的文化底蕴在弱化，又没有新的文化艺术形态繁衍生发。农民缺乏对传统文化和艺术品的传承、保护意识，缺乏对文化的开发和创新意识，缺乏对文化艺术的鉴赏能力，更没有研究农村文化发展的动力和热情。因此，需要国家和政府积极引导并鼓励农民开发具有本土特色的文化产业，发现农村文化中潜在的经济效益和开发价值。

新时代农民的精神追求与时俱进，然而农村的文化资源分配不合理，导致很多农民觉得生活乏味。电影放映室和表演艺术团应该及时更新有益的内容，让农民产生兴趣，形成新的时代风尚和文化氛围。然而，目前农村的很多文化活动场所闲置，无人看管，文化资源被浪费。这些文化设施建设的初衷是希望结束农活后的农民，可以有地方充实自己的业余生活，汲取知识的养分。然而，农民有限的娱乐和吸取艺术文化养分的场所并没有充分发挥其功能，甚至出现被挤占、被挪作他用的现象，导致部分农民的娱乐生活匮乏，出现从事迷信活动，甚至聚众赌博的现象，农村生活缺乏活力与生机。许多农村广播站和农业类电视节目，缺少农民急需的农经信息与技术指导等方面的内容。

四、新农村生态文明建设方面严重不足

"生态文明早已是现在社会特定的社会文明形态，是人类在认识和改造主客观世界的过程中，在物质、精神以及制度层面所凝聚和获得的社会进步的有益成果。"① 然而，随着工业化发展

---

① 李一：《从打造美丽农村到实现和谐发展》，浙江教育出版社，2012年，第99页。

速度的加快，工厂排放物对农村环境造成破坏，导致耕地面积逐年减少，土壤和水源受到严重污染。农民缺乏生态环境保护意识，农村生产生活污染问题严重，有的农村地区环境不堪入目，柴草乱堆，禽畜乱跑，垃圾成片，塑料袋满天飞。养殖户不注意饲养动物排泄物的处理，无法自然分解的东西和粪便一道流入水源地，造成清澈的河流被污染。有的地方进行粗放式的农业生产，未进行广泛的土壤改良。由于当地政府环境治理力度不够、整治不到位，有的地方整治环境的行动只停留在"面子工程"，还有的地方政府觉得费力、费财，干脆视而不见，任其发展，当愈演愈烈的时候治理就会相当困难，由此产生恶性循环。恶劣的环境直接影响人的心情，甚至影响整个乡风的状态。比如，由于迷信，一些农民百姓为了所谓的"修行"，将500只"生态杀手"——巴西龟全部投入湖泊。殊不知巴西龟是官方认定的极具入侵力的危害生态的物种之一，为避免造成生态系统的紊乱，我国《野生动物保护法》明确规定禁止随意放生，违者须承担相应的法律责任。

生态文明建设是乡风文明建设最重要的一环，乡土气息是一种只有在优美和谐的大自然中才会产生的乡风特色。污染问题严重影响着农村的整体发展和农民的健康。连最基本的生活环境都保证不了，更不用说提升人文情怀了。一些与商业利益捆绑在一起的社会行为，以及以破坏农村自然环境为代价谋取利益的现象仍十分猖獗，而本来就生活在这片土地上的农民又对这种肆意破坏生态平衡的行为不管不顾，全然意识不到自己的生存环境遭到了无法复原的损坏，实则可悲可叹。

第三节 乡风文明建设困境的成因

从我国乡风文明建设面临的困境可以看出，我国当前乡风文明建设情况不容乐观，而造成这种现状的原因是多方面的。

一、造成乡风文明建设困境的政治方面原因

（一）农村官风守旧，民主氛围不浓

几千年的中央集权统治使农民缺少民主意识，然而"培育农民的民主意识是农村政治民主化的关键，也是农村乡风文明建设的应有之义"①。如今，有的村干部依旧不能做到替民说话和为民办实事，在其位不谋其职，擅自运用手中的权力徇私，无视农民的切身利益。有的村干部平时只关注"面子工程"，一些村民委员会形同虚设，农民的行政权与自治权存在冲突。对于村镇民主会议，有的村民参与意愿不强，有的只对与自己利益密切相关的事项有参与热情，有的主观认为协商只是走形式。由于村民的民主素质不高，主人翁意识不强，缺乏协商技能，村民发言无序、非理性和情绪化现象比较突出。

我国农村民主氛围不浓，村民自治程序混乱且效果不显著。造成这一现象的原因有三：一是村级治理和民主自治仍被行政化强制手段代替。二是村民自治的主体不明确，实践中产生错位现象。由于目前我国大部分农民的民主素质较低、自治能力普遍较差、民主意识淡薄，无法真正的实现"当家做主"，不能合理而充分地行使自己的民主权利。三是村民自治缺少法律保障和对行政权力的监督，村级治理偏向行政化和官僚化，名义上是村民自治，实际上大部分是权力集中的村干部自治，对于真正的民主管理、民主决策和民主监督没有真正意义上的贯彻实行，形式上的"民主"使农民无法真正维护自己的合法权益，村民对民主自治制度认可度较低，村民自治制度也无法良性运行。

（二）村干部权责不清，管理水平亟待提高

目前我国乡风文明建设的投入机制、管理机制、运行机制都不够完善。乡风文明的建设管理不到位，农民不配合，缺少能够

---

① 邱小玲：《农村文化建设与构建农村和谐社会》，《南方农村》，2005年第4期。

带动农村发展的引领者，缺少服务意识、宣传引导、队伍建设、硬件建设和常态化工作。首先，农村干部需要对农村的乡风文明建设有长远的规划，要充分认识乡风文明建设的长期性及重要性。然而，依然有很多村干部认为农村只有经济建设才是"实"，殊不知作为农村软实力的乡风文明建设也同样可以带动经济的发展，提高农村的整体实力不能缺少乡风文明的建设。[①]有的村干部甚至错误地认为，只要经济发展了，乡风自然就会文明。一些农村干部对于农民的精神文明建设和文化建设问题置若罔闻，存在不想管理、不敢管理、不会管理的失职现象，对工作敷衍了事。一部分工作人员缺少专业的培训，工作能力和综合素质不高，缺乏工作热情、责任感和奉献精神，认为搞乡风文明建设是吃力不讨好的工作。农村基层干部是群众的组织者、领导者，又是群众思想行为的典范，也是我们党在农村开展工作的基础。广大人民群众总是把农村基层干部看成是党和政府的代表。然而，村干部的权责和职能分工不明确，一定程度上存在推三阻四的态度，影响了农村乡风文明建设的质量和速度。

在农村工作中，基层工作干部如果事事处处为人民群众打算，尊重群众的意愿，按照客观规律办事，为人民群众谋利益，造福于民，就会受到人民群众的赞扬；反之，干部总是为自己打算，对群众的意愿漠不关心，没有真正为群众办实事，就会失信于民。与此同时也就影响了党和政府在农民群众中的形象，影响了中国特色社会主义建设的发展步伐。

（三）国家法律普及度不够，缺少法律咨询平台

目前，一方面，由于农村地广人多，农村居民分布较为分散，展开集中普法教育尚有困难；另一方面，由于农民整体文化素质不高，加之法律条文都是专业术语且内容较繁多，宣传法律教育的方式又枯燥难懂，这样短期抽象的法律教育使农民接受困难，普法效果不佳。一些地区甚至缺少普法教育的相关专业人才

---

① 刘本锋：《试析乡风文明建设的"瓶颈"》，《求实》，2012年第5期。

和资金投入，因此，形式上的法律教育无法让农民了解与自己利益密切相关的法律内容，造成学习兴趣不高，缺乏积极性和主动性。同时，由于缺少创新的普法教育模式，导致部分农村无法实现国家法律的适当普及。

此外，造成目前我国农民法律意识淡薄的原因，很大程度上是由于偏僻的农村缺少专业法律咨询的平台，缺少专项资金的保障，缺少专业的法律顾问深入农村开展法律常识的问答活动，普法人才队伍薄弱且普法工作不到位。当农民有咨询法律的需求时，却没有专业的法律咨询平台提供服务。法律咨询平台的良好运营可以减少农民群众因法盲带来的冲动行为，增加农民学习法律的积极性和主动性；反之，如果缺少相应的法律平台，当农民遇到法律问题时，就会感到不知所措，处于无助状态，导致农民的自身权益无法得到保障，这种情况不利于农村的法制文明建设。

二、造成乡风文明建设困境的经济方面原因

（一）基础建设资金投入不足，农业经济发展不均衡

文明与经济互动互促，成为现代经济增长和社会发展的重要动因。① 我国农业现代化发展缓慢，受历史国情、政策制度、小农思想、技术资金、产业结构等方方面面因素的制约。我国农村经济建设长期处于较为落后的状态，经济落后导致生活水平受到影响，很多农村地区根本无力顾及乡风文明建设。农村地区基础设施建设严重不足，突出表现在行路难、饮水难、环境差等方面，使农村经济发展缓慢，社会事业滞后，城乡差距较大。当代农民思想道德变化所显露出来的多元性、不稳定性和矛盾复杂性，应该说都是在改革开放和市场经济的宏观背景下生成的。

由于财政紧张对乡风文明建设的投入较少，农村的文明建设和文化活动缺少活力。此外，任何产业的发展壮大，都离不开对

---

① 刘诗白：《现代财富论》，生活·读书·新知三联书店，2005年，第36页。

该项产业的专项资金投入、人力和物力投入，以及制度保障和政策完善。扶持我国农村文化产业发展同样依靠国家财政拨发专项资金。为推动文化体制改革和文化产业的发展，专项资金的下拨有利于健全公共文化服务体系。然而，目前党和政府对农村文化建设的专项资金投入仍然不能满足乡风文明建设的实际需求，文化基础设施建设和管理都不到位。导致农村文化产业推动乏力、发展停滞的主要原因，是由于社会投资者看不到一个有前景、有效益的投资平台。首先，不能只依靠以盈利为重的社会资本，政府需要给予政策倾斜，加大投资力度，完善法律保障机制。政府兼收并蓄地调控，社会资本才会有意愿去尝试投资的可能性，否则就算是有社会良知的企业家也会因投资风险大而止步不前。其次，最重要的是要有对文化投资效益的正确评估，有可以投资的正确渠道和合理方式，目前我国农村在这方面的建设十分欠缺。在农村乡风文明发展建设的路上，无论是生态文明建设、农村基层文化队伍建设，还是农村文化基础设施建设，都需要资金的支持。

政府在合理分配和发放农村文化专项资金之前，要合理规划，确定需要建设发展的目标，有实际效用的要积极资助，并定期进行监督考察，不能盲目地资助。要真正做到以惠民利民为原则，要做就要做完整，专项资金不能只投入一半，比如，不能只有农村文化活动室，却没有配套设施，那样是不可能正常开展文化活动的。此外，缺少对农村文化建设人才队伍的专项资金投入，就吸引不来人才，没有建设者、带动者，也就没有发展的可能性。

（二）农民自主创业能力较弱，创业平台搭建尚不成熟

农村青年创业困难问题的根源在于：首先，缺乏有效的信息来源，对创业项目的评估、考察和运营能力不足，自身思想观念存在偏差、素质不高，对创业发展认识不充分。其次，创业资金和经济基础相对薄弱，产业发展缺少融资渠道。最后，创业资源保障不足，政策支持不够，缺少合理性机制，法制不健全。创业

最大的困难是缺少资金和创业就业指导与发展平台。很多农村青年认为创业的优惠补贴政策太少，缺少创业的指导平台，没有投身创业事业的激情和动力。很多农民都不敢做、不想做、不会做。目前，农村的创业平台呈现出不稳定、不成熟的状态，缺少良性循环的商业圈，缺少互动性和开放性，缺少现代科技力量和互联网等手段的支撑，缺少人才队伍的管理和开发建设。

三、造成乡风文明建设困境的文化方面原因

（一）民俗风情传承后继无人，民俗文化创新理念缺失

随着城市化、现代化进程的加快，农村民俗文化受到城乡一体化和西方文化的冲击，许多优秀的农村民俗文化资源闲置或者后继无人，导致农村民俗文化的传承出现断裂，农村民俗文化的民间组织逐渐解体，传统民俗的文化氛围日渐衰落。

文化的产生和形成与意识形态、思想观念有关。目前，我国处在社会转型期，新旧思想观念的矛盾与冲突，导致农民的文化意识形态不稳定，加上多元文化的影响，一些农民受到困扰，认为传统的民俗文化都是落后的、迷信的，看不到传承优秀传统文化的意义。传统民俗文化单一的传承方式存在局限性，基本上是以口授和书写的方式世代相传，当前青壮年农民多常年外出务工，愿意继续接受传统民俗文化学习的年轻人越来越少，心口相传的特色技艺和绝活无法得到有效的继承，农村民俗文化的传承出现了断裂现象，一些民间艺术或技艺已经断代或失传。与此同时，民俗文化也需要不断完善与创新，无论是传播途径还是民俗文化本身都需要与时俱进，才能生存与发展，民俗文化在向世界传播中，让更多的人了解和喜爱优秀的传统民俗文化，既有利于民俗文化的长盛不衰，又有利于民俗文化创新带来的社会价值。

（二）文化建设缺乏科学管理，文化建设队伍薄弱

目前，乡村文化建设缺乏行之有效的科学管理制度与全面系统的管理体系。乡村文化建设需要良好的乡风氛围，然而，由于一直以来国家对农村文化建设投入的力度不大，成效不显著，没

有从根本上解决问题，导致农民对搞文化建设持消极态度，仅满足于温饱问题的农民缺少长远发展的意识，对文化建设缺乏认同感。文化建设中的一个重要组成部分是精神文明建设，然而农村的精神文明建设容易被忽视，社会基本道德是所有人都应具备的，又叫社会公德，这是维持人与人关系最基本的道德准则。①农民群众同样需要具备社会基本道德。这就需要科学文化知识作支撑，然而现实情况是，农村文化建设缺乏科学、有效的管理机制，基层公共文化事业的发展受到基层文化队伍薄弱和基层文艺工作者人才缺失的双重限制，思想道德建设和文化建设常流于形式，汇报的材料大多敷衍了事，思想道德教育工作和文化宣传工作没有真正落实到农民身上。农村文化建设中文化执法部门的队伍建设缺乏以人为本和为人民服务的工作理念，综合素质和执法能力有待提高。因此，解决农民精神层面的问题，需要政府和农村干部以及农村文化工作者一同践行社会主义核心价值观，提升农民的思想和文化水平，加强乡村社会主义精神文明的建设。

（三）文化市场管理不到位，文化传播载体不灵活

"文化市场管理是指国家文化、经济、社会等行政管理部门以及司法机关通过行政、经济、法律手段，对进入文化市场的主体及其交易行为、经营活动实行规划、组织、引导、协调、监督和控制，并提供相关服务，以期维护正常有序的文化市场经营活动的秩序。"②目前，农村文化市场呈现出文化内容不断丰富的趋势，以娱乐业、网络服务业、出版业、音像业、演出业等为主体的大众文化产业基本形成，文化市场管理正逐步步入规范化、法制化轨道。但是，农村文化市场仍存在一些问题：一方面，违规经营、违法售卖、恶性竞争等现象普遍存在，这些不良现象污染了农村文化环境，影响了农村青少年的身心健康，给农村文化市场发展带来负面影响。农村文化市场的经营者往往文化素质不

①　Onora O' Neil. Towards Justice And Virtue[M]. Cambridge University Press,2010.
②　赵玉忠：《文化市场学》，中国时代经济出版社，2010年，第323页。

高且法制观念相对淡薄，而农村文化经营单位多是以个体独资经营为主的小规模经营，有的网络文化经营场所甚至是未经批准设立的，这些经营单位分散且远离城市，日常监管难度大，导致农村文化市场混乱，且难以满足农民的文化消费需求。另一方面，由于一些农村处在交通不便、信息闭塞的区域，文化市场流动性较差，过于封闭的文化市场必定造成农村文化传播滞后并缺乏活力。这就需要对农村文化市场加强治理，做到堵疏结合、监管有序、管而不死、活而不乱，确保农村文化市场的监管合规、稳健，可持续地推进和运作，并在乡风文明建设中发挥积极作用。

目前，农村文化建设的科学管理规划缺少新媒体和新科技力量的强强联合，部分农村地区现代化传媒设施滞后。为适应时代发展的需要，促进农村文化建设快速发展，运用新型科学技术手段的媒体宣传必不可少。说到农村文化的传播载体，很多人会想到书籍，然而并不是只有图书、报刊才是农村文化传播的载体。首先，能够展现文化现象并且有传播文化作用的物质都可以叫文化传播载体。村落房屋等建筑物本身就是农村物质文化的载体，如我国的乌镇就是非常有代表性的江南水乡特色文化的载体，可以通过发展旅游业带动文化的传播。但是，过分的商业化使原本属于古镇的那份宁静韵味被破坏了，导致文化不但没有更好地得到传播、发展，反而被破坏了。在农村文化建设中，不仅需要向外传播本民族的文化，同时也需要外界优秀文化的流入，这是双向的文化交流与传播。文化载体的灵活性和农民的适应性也尤为重要。农民若无法接受，那么再先进的文化载体也是无法发展的，因此需要学习并熟练运用各类文化载体传播方式。由于长久以来对文化载体的利用重视不够、创新意识薄弱，缺少能够带动发展的政策支持、资金投入和人力供应。因此，文化载体在传播交流中障碍重重、停滞不前，甚至文化无法得以传播交流而导致消失殆尽，失去了许多研究和开发价值，实属可惜可悲。

四、造成乡风文明建设困境的生态环境方面原因

（一）社会环境导致生态恶劣，环境监管力度不够

近现代以来，我国经历了长期战乱，中华人民共和国成立后又一度大力发展重工业，生态环境保护政策推行和环保宣传起步较晚，环境监管的力度不足，导致生态环境被严重破坏。现在很多地区的环保建设重心仍在城市，甚至为了保证城市有良好的环境，将大批污染较重的重工业迁移到人烟稀少的农村地区。虽然改善了城市的环境，但是却没有更多的人力、物力和资金投入到农村环境的改善和治理中去。工业污染导致大气污染、水源污染、土地污染等，不断加剧农村环境的恶化，摧毁了生物的生存和多样性发展环境，破坏了生态平衡。农民在农业生产中也缺乏明确的生态原则和底线。目前，我国农村生产、生活污染造成生态环境恶劣的形势非常严峻，虽然现在全国城市基本上都建有垃圾回收处理站、污水处理厂等一整套环保系统，但是农村环境治理的基础设施和环保系统相对落后，缺少统一、有效的分类和垃圾处理系统，对日常垃圾放置和污水排放都没有严格的规定，农民更是缺少垃圾分类处理方面的知识。耕地、空气、水源等农作物的生长环境遭到了严重的污染和破坏，也影响了粮食蔬菜等农产品的质量，甚至最终上升为粮食和食品健康问题。由于有的农民过度使用化肥和农药，土壤有机质含量不断下降，至使适宜耕作的土壤面积逐渐减小。此外，近年来，我国雾霾天数日渐增多，严重威胁人们的生命健康。农村低效率能源的使用，使农村雾霾的威胁高于城市，在农村因雾霾引起的肺部疾病患病率是城市的三倍。

农村生态环境破坏严重，很大程度上是由于监管力度不够。管理人员较少且专业素质缺乏，管理机制不健全。农村地区缺少专业的环保建设人员，几乎没有农村道路和村庄小路的保洁人员，农村的农田与河道缺少清理人员以及专业的护林员、水利修整和治理人员。除此之外，缺少能够走到农民群众中去宣传环保

的专业人士。以上这些问题中，政府的治理监管力度是起决定性作用的。政府的治理力度不够，用于农村环境改善的专项资金不足，农村环境管理人员组织涣散、素质低、工作效率低，并且缺少明确的奖惩制度，这是农民不愿意参与其中的一个因素，此外因长期以来看不到工作成效，导致农民环保意识薄弱，缺少自信心。

（二）生态环保科技工程缺乏，生态环境保护意识薄弱

"生态文明是人类文明的新领域，科学技术的创新和进步是推动生态文明健康发展的驱动力。生态文明给科技创新提出了新的需求，即科技创新价值判断的生态化和科技创新体系的绿色化。绿色科技创新引领和支撑着人类的生态文明建设。"[1] 目前，农村缺少生态环保的科技修复工程。自然资源日渐枯竭，生态资源利用不合理，许多林业没有防护修护系统，容易发生火灾，严重威胁着农民的生命财产安全。森林覆盖率低，有的地方依旧砍伐森林以换取眼前的经济利益。湿地消失，水源污染，生存环境破坏，导致许多物种濒临灭绝，生物多样性受到破坏。更为可怕的是，农民适应了恶劣的环境，对此常常不以为然，改善过的环境常常再次被破坏，这就上升为环境保护意识欠缺的问题。目前在我国，能够有意识地使用环保节能新型能源的农民尚不多，就算知道不应该继续焚烧破坏大气的低效率能源，却因为经济方面的考虑而没有付诸行动。我国农村在生态环境方面存在的这些矛盾，不但阻碍了农村社会更快更好地发展，而且这些破坏行为导致农村地区原始自然环境不断遭到破坏并且无法复原。

五、造成乡风文明建设困境的社会生活方面原因

（一）村民生活习惯不健康，社会行为模式不和谐

目前我国农村仍以经济建设为首要任务，虽然农民的物质生活水平逐渐提高，但是对生活品位的追求没能跟上时代发展的步

---

① 赵建军：《如何实现美丽中国梦》，知识产权出版社，2013年，第109页。

伐。农村中仍存在日常生活习惯和文娱生活习惯不健康、消费行为不合理、人际交往行为不和谐等现象，这些都阻碍了农村社会良好风尚的形成，需要改变农民的生活模式和思想观念，以促进社会主义新农村的和谐发展。

在封闭的大山里生活的农民，一辈子都居住在那里，死后也会葬在故土，很多农民一生的回忆都是在一个地方干农活儿的经历，没有能力和动力去改变一些不健康的生活方式，对生活质量的要求不高，对个人文化品位没有更高的定位。如果没有电视和网络，贫困山区的农民可能一辈子都与外界隔绝，他们大部分时间都生活在农村，无法看到外界的发展变化，对于新文化、新事物的接受能力较弱，往往只关注与切身利益相关的事情。有些农村地区封建风气固化，崇神拜佛的封建迷信活动仍然存在，抵制邪教的信念不够坚定，存在男尊女卑、重男轻女、享乐主义等落后思想，婚丧嫁娶大操大办，过于注重喜宴寿宴等场合收发的礼金，随意占用土地当作墓地，破坏文物、盗墓、占卜算命、祭祀等现象时有发生。有的农民生活方式单一枯燥，存在活一天算一天的消极想法，生活习惯不够健康科学，活动范围又有局限性，社交活动少，仅仅满足于基本温饱，文化消费不高，理财意识缺失。农民除了干农活儿，几乎没什么娱乐活动。文化生活贫乏，精神生活贫瘠，大部分农村缺少休闲娱乐场所，农民也基本没有休闲娱乐意识。农家操办红白喜事时请演出团体助兴已成为一种风气，有些演出活动的节目品位低俗、表演不堪入目。农闲季节，大多只靠打牌、打麻将和家长里短地唠闲磕度日，有些人无所事事常用流言蜚语挑拨邻里关系，有些人酗酒闹事，赌博欠下高利贷后离家出走。农民思想行为习惯不端正就容易破坏农村的和谐氛围，这就需要政府进行全方位的管理和整治。农民参与健康的文化活动有益于身心健康发展，丰富精神世界，提升文明素养，有利于农村社会人与人之间的和谐。

（二）空巢和老龄化现象严重，乡风建设缺少生力军

农民进城务工潮的兴起使农村出现空巢现象，农村人口结构

出现了不平衡，进城务工农民认为干体力活就可以带领全家脱贫，对种地这项祖辈一直从事的农活儿不感兴趣，这也是一种信仰的缺失。我国农业发展的劳动者群体出现了断层，以进城务工农民为主体的大规模人口流动已经成为显著的社会现象。截至2015年，我国流动人口数量已达到2.4亿人，占全国人口数量的18%。由于青壮年外出打工，很多儿童和老人留在农村无人照看，独守空巢。孩子缺少父母的关爱，只受到隔代的、相对落后的教育，而且上学晚，错过了孩子接受教育的黄金时期，导致农村青少年受教育程度普遍偏低。

现在绝大多数农村青壮年不满足于乡村生活，想去外面挣更多的钱，看更大的世界，因此农村青年多涌向城市打工，回流现象却几乎不存在。山村的孩子来到大城市，不适应城市的生活节奏，往往会迷茫迷失，容易产生自卑或拜金心理。而他们的父母又常因受教育程度低，不能很好地引领孩子朝着健康向上的方向发展。这些外来务工人员不能很好地融入城市，却又不愿返乡。有些进城的农民由于自身文化素质不高，法律意识淡薄，工作上短时期内很难与城里人竞争，有的人甚至由于被包工头拖欠工资，冲动之下做出了违法犯罪的事。

城镇化的发展趋势，一定程度上导致了农村的发展建设后继无人，乡村文化逐步衰落。农村居民精神空虚，农村文化固化，无法更新和发展，农村高素质人才"空心化"现象令人担忧，而且很难在短时间内解决。新农村建设虽然有利于提高农民的物质生活水平，却对农民的精神需求重视不够，留守在农村的老年人容易出现各种心理问题。由于农村社会价值观的偏离，农村年轻人一定程度上存在"向钱看"的倾向，导致农村养老意识缺失，出现了很多传统道德缺位和弱化的现象。无论是城里的老人还是农村的老人，对物质的需求已经不是很强烈了，他们更需要子女的精神赡养，需要的是健康长寿、自得其乐、老有所乐、家庭和睦。目前，我国乡村社会一定程度上存在"孝"道文化渐弱的危机。虽然建造城市需要大量的外来劳动力，但是农村文化建设的发展、乡风文明的推动同样需要年轻的农民朋友去学习、去发现、去创造、去传承。一直以来，单纯质朴的品质和踏实肯干的精神是我国农民的优秀品质。要引导他们在擅长和适合的领域探索发展自己的生活环境，多学习，多领悟，而不是盲目地追求单纯物质生活水平的提高。

第五章　乡风文明与新型职业农民培育

在实施乡村振兴战略过程中，首先要明确乡风文明建设的主体，即解决"谁来建设"的问题，这是有效推动乡风文明建设，进而实现乡村振兴的逻辑前提和首要条件。乡风文明建设是一个综合的、全方位的系统工程，需要汇聚政府、社会力量和农民群体等多方的力量。其中，政府起主导作用，社会力量起着重要的支持和参与作用，农民处于主体地位，乡风文明建设的成效主要取决于农民。在建设的实践过程中虽不能否认需要来自外部的指导和帮助，但这些条件和因素只有通过农民这一内因才能起作用。

由此可见，乡风文明建设的承载主体和实践主体都是农民。乡风文明建设的内在动力来自于农民的主动性和创造性，不仅要依靠农民，同时更是为了农民。农民是乡风文明建设的直接受益者，只有农民自身愿意，乡风文明建设才得以顺利开展；只有农民参加，乡风文明建设才有充足的动力；只有农民真正从中得到实惠和感受到实在利益，乡风文明建设才能深入持久。

第一节　新型职业农民的内涵

农民是农村生命力的承载者和建设者，是乡风文明建设的动力和实践主体。乡风文明主要是农民的文明，新型职业农民将是未来农民的主体，他们的文明素质高低将在很大程度上决定着乡风文明建设的成败。

因此，乡风文明建设工作的开展需要从培育新型职业农民入手。乡风文明的本质就是要培育新型职业农民。新型职业农民具有凝聚效应、教化效应，发挥新型职业农民的榜样作用和示范效应，带动传统农民不断向新型农民转型，是乡风文明建设的动力和支撑。

一、政策背景

进入 21 世纪以来，党的十六大报告明确提出全面建设小康社会的宏伟目标。此后，"三农"问题引起党和国家的高度关注，明确提出把解决"三农"问题作为国家基本国策。中央一号文件连续 12 年聚焦"三农"。"三农"问题不仅是国家的根本性问题，更关系到国家的长治久安。而"三农"问题的核心在于农民，目前，我国农民素质普遍偏低，务农收入不高，农业机械化水平较为落后，这些都严重阻碍了我国农业的发展和全面建设小康社会的进程。

随着党中央大力发展社会主义新农村，加快农村人力资源开发被提上议事日程，并正式提出一个新的发展目标——建设新型职业农民队伍。2006 年中央一号文件明确提出："提高农民的整体素质，培育造就有文化、懂技术、会经营的新型职业农民是建设社会主义新农村的关键。"2007 年中央一号文件进一步提出了培育新型农民、造就农业现代化建设人才队伍的措施。2012 年中央一号文件更是明确指出："以提高文化水平、职业技能、经营能力为核心，大规模开展农村实用型人才培训。"强调要"大力培养新型职业农民"。这是中央一号文件首次指出"新型职业农民"的概念，将农民问题提到了一个新的高度。2014 年中央一号文件着重强调了加大对新型职业农民的教育培训力度，再次强调"构建新型农业经营主体"，突出了新型职业农民培育工作的迫切性。2017 年中央一号文件明确指出，"开发农村人力资源，重点围绕新型职业农民培育"，优化农业从业者结构，培养适应现代农业发展需要的新型职业农民。同年，国家发展改革委员会发布《全国农村经济发展"十三五"规划》，鼓励农民工把产业转移到家乡。此项规划鼓励大量的已经在城市有一定积蓄的进城务工人员回到家乡，通过国家的政策支持和自身接受意愿，成为符合国家重点培养的新型职业农民。2018 年中央一号文件明确提出：全面建立职业农民制度，完善配套政策体系，实施新型职业农民培育工程，以大力培育新型职业农民。2018 年 6 月农业农村部办公厅下发了《农业农村部、财政部关于做好 2018 年农业生产发展等项目实施工作的通知》，通知要求："根据乡村振兴对不同层次人才的需求，通过就地培养、吸引提升等方式，带动乡村人口综合素质、生产技能和经营能力进一步提升，促进人才要素在城乡之间双向流动，让农民真正成为有吸引力的职业。"

以上各年的中央一号文件及其他相关文件关于农民问题的阐述，说明党中央一直把培育新型职业农民作为解决农民问题的重要战略举措。同时也表明了党中央解决"三农"问题的决心。可见，如何培育新型职业农民不仅是"三农"问题中亟待解决的重大问题之一，而且是关系到全面建设小康社会的目标能否顺利实施的重大问题之一。

二、"农民"的内涵

（一）"农民"内涵的界定

从法律意义来讲，1958 年颁布的《中华人民共和国户口管理条例》正式确立了我国户籍制度的二元化。城市户口与农村户口正式定义区分，其目的是为了"既不能让城市劳动力盲目增加，也不能让农村劳动力盲目外流"。该条例明确规定，户口在农村，居住在农村，收入大部分来自农业生产，与土地有着天然联系的社会群体，即为农民。这是目前我国农民的现状，也就是传统意义上的农民，是一个非常庞大的社会群体。

（二）传统"农民"内涵的界定

1. 生产方式的单一性

传统农业的生产方式是建立在土地的基础上，靠着祖辈流传下来的经验进行生产，同时还受到天气条件等客观因素的影响，生产方式大多采用人力、畜力、手工工具、铁器等，其目的仅仅是为了满足自身的基本生活需求。农业生产的产品商品化和市场化转换率较低，而且生产规模大多以农户家庭为基本单位，生产过程简单，农业收入十分有限且不稳定。

2. 思想观念的保守性

受传统封建社会的影响，以及建国初期我国发展城市的主要政策方针，传统农民的思想观念仍然停留在过去封闭、保守、狭隘的传统水平，"老婆孩子热炕头"仍是大部分传统农民最为理想的生活方式。大部分农民倾向于以祖辈流传下来的习俗和经验作为行为处事的准则，靠血缘和地域调解维持相互之间的关系，思想观念保守、落后，缺乏革新。

3. 综合素质的弱质性

单一的生产方式、自给自足的经济环境以及落后的思想观念决定了传统农民综合素质偏低、受教育程度不高、心理素质存在缺陷，这些问题导致传统农民缺乏对事物的认知力和判断力，进而缺乏对发展现代农业的认同感。

三、新型职业农民内涵的界定

2017 年 1 月 29 日，农业部出台《"十三五"全国新型职业农民培育发展规划》，提出如下发展目标：到 2020 年全国新型职业农民总量超过 2000 万人。以提高农民、扶持农民、富裕农民为方向，以吸引年轻人务农、培养职业农民为重点，通过培训提高一批、吸引发展一批、培育储备一批，加快构建一支有文化、懂技术、善经营、会管理的新型职业农民队伍。"有文化、懂技术、善经营、会管理"体现了新型职业农民的新特征。

（一）"有文化"是新型职业农民最直接的表现

21 世纪是知识经济的时代，谁能掌握先进的科学文化知识，就能成为时代的领跑者，占有发展的主导权。正所谓知识就是力量，时代的发展对新型职业农民提出了更高的要求，"有文化"成为新型职业农民最直接的表现。所谓"有文化"不仅是指有运用文字的能力及一般知识，而且是指掌握先进的科学文化知识。在当今市场经济背景下，新型职业农民不仅要具有一定的物质基础，还要具备相当程度的精神文化素质，二者相辅相成才能更好地适应现代社会发展的需要，通过不断努力改变农村的落后面貌。

（二）"懂技术"是新型职业农民必须具备的条件

21 世纪以来，随着现代社会的不断发展，特别是高精尖技术在各行各业的广泛应用，科学技术已经开始改变我们的生活。各种知识密集、技术密集、资金密集的新兴技术已全面渗透到社会生活的各个领域，不断满足着人类的各种需求，在改变着我们生产生活方式的同时，更推动着社会的进步和发展。而我国农业现代化能否良性发展，主要取决于先进的科学技术能否运用到农业中来，只有掌握了先进的技术，才能更好地满足农业发展的需要。因此，"懂技术"成为新型职业农民的必备条件。"懂技术"要求新型职业农民不仅具有一定的农业生产技能（如养殖能力、种植技术、农产品加工技术等），而且还可以利用先进的科学技术来提高农业生产效率，从而更好地满足市场的需要，实现获取较高的经济收益的目的，以吸引更多的人来发展农业。

（三）"善经营""会管理"是新型职业农民持续发展的关键

随着我国城镇化建设速度的加快，城乡二元结构的壁垒逐渐被打破，农民和市民都处在同一个市场环境下，而新型职业农民为了更好地适应市场竞争环境，就必须做到资源优化配置，保证农业生产充分适应市场需求以获得较大的经济利益。所以，新型职业农民必须具备一定的经营管理素质、市场洞察能力、抗风险意识和风险承受能力，如此才能更好地发展农业生产、增加经济收入、改变农村面貌，促进我国农业稳步、健康地快速发展。

"有文化""懂技术""善经营""会管理"四者相辅相成，缺一不可。"有文化"是基础。只有具有了先进的科学文化知识，才能更好地掌握现代农业科学技术，使农业生产和经营更有效率。"懂技术"是发展。是在所学文化的基础上，更好地掌握先进技术。所掌握的知识越丰富，涉及的领域越广阔，就越能更快地接触到最前沿的科学技术，也能更早地通过科学技术实现经济收益。同时，经济收益越高，学习的欲望就会越强烈。"善经营"和"会管理"是结果，是指新型职业农民通过学习和实践，对现有的资源优化配置，找出最适合的发展道路，使经济利益最大化的同时更好地适应农业现代化的发展。如何建设具备"有知识""懂技术""善经营""会管理"的新型职业农民队伍？这是我国农业稳定健康快速发展的关键，同时将对我国能否实现全面建设小康社会的宏伟目标起到关键作用。

四、培育新型职业农民的意义

社会主义新农村建设是建设全面发展的新农村，而处在农村中的农民也应是得到全面发展的个人。"个人的全面发展"是马克思憧憬的社会主义应达到的目标之一。[1] 同"乡风文明"的提出一样，党的十六届五中全会提出了"新型农民"的概念，是指要培养有文化、懂技术、善经营、会管理的新型农民，提高农民的整体素质。

英国小说家和戏剧家生姆曾说：文化的价值在于它对人类品性的影响，除非文化能使品性变得高尚、有力。文化有裨益人生、美化生活、完善人性的作用。这里的文化是广义的概念，它包含了多种形态的文化，如艺术文化、知识文化等，[2] 而这些概念对应于新型农民的培养，就是乡风文明建设。

首先，乡风文明建设能够改造农民的人生观、价值观、世界观，使其牢固确立马克思主义思想。先在思想上进行渲染，群众的热情高了，新农村建设、乡风文明建设就会有更好的氛围。提高农民的素质，必须强调用社会主义思想占领农村的思想阵地，

---

[1]　《马克思恩格斯全集》（第四十六卷·上），人民出版社，1979年，第104页。
[2]　Keymer David. Civilization：anew history of the western world. Library，Journal，Jan，11，2006.

必须用社会主义思想将广大农民引导到正确的道路上，否则其他落后、腐朽的思想就会侵蚀农民的思想意识。通过乡风文明建设，用马克思主义、社会主义思想指导农民的生活、工作，占领农村的思想文化阵地，丰富农民群众的精神文化生活，积极引导农民坚决抵制腐朽文化和错误思想的影响。培养科学、健康的生活方式，从根本上杜绝误入歧途现象的发生，使农民真正成为奋发进取的新农村建设者。

其次，乡风文明建设能够提高农民的科学文化素质，提高农民的智力水平，使其真正做到有文化、懂技术、会经营。科学技术能否真正在新农村建设中发挥其本身的作用及所发挥的作用的大小，最终取决于农民的科学文化水平。新农村建设需要科学文化的高度发展来支持，这就要求农民的文化素质和智力水平有大幅度的提高。在一个文盲、科盲、法盲充斥的社会中，是不可能完成社会主义新农村建设的。乡风文明建设正是为新型农民的培养提供教育、成长的机会。通过发展农村中小学教育、成人教育、种植技术培训等各种科学文化教育，农民的科学文化水平和智力水平会得到大幅的提升，农民的整体素质也会得到提高。

只有大力进行乡风文明建设，提高农民素质，培育新型农民，才能为社会主义新农村建设提供大力支援，才能充分发挥我国巨大的人力资源优势，为国家建设贡献一分力量。

第二节　我国新型职业农民培育的现状及存在问题

一、新型职业农民培育现状

（一）新型职业农民的基本情况

目前，我国有农村户籍人口5.8亿多，去除1.6亿多离乡进城务工人员，农村常住人口为3.1亿多，其中农村留守儿童有902万人。①

---

① 2018年2月5日，新闻1+1：中国乡村振兴，从1号文件开始。

目前，我国农村劳动力人数远远超出了在农村生产经营各项工作所需的总人数，导致剩余劳动力转移，本应该属于农村的劳动人口被迫流失外出务工。然而，一直以来存在的城乡差异，使在城镇工作比待在农村务农所得的收入要高许多，导致农村青壮年劳动力大量流失的现象越来越严重。

在现代化高速发展的今天，农村大多数青壮年劳动力为了提高收入水平，选择离乡前往城市务工，这使得我国农业发展结构性布局发生了改变。最明显的是农村从事农业生产的人数锐减，尤其是高职业素养的农民缺口极大。此外，农民进行农业耕作，人力、物力投入大，辛苦劳作所得收入却远远不及外出打工的所得。所以，越来越多的农民选择外出务工，只有到了春耕和秋收的时候才回到农村进行劳作，这使得"兼职农民"现象越来越普遍。再有，我国农村劳动力整体素质较低，绝大多数农民受教育程度很难跟上新时期农业发展的步伐。面对此种情形，我国政府深刻认识到，培育新型职业农民是解决"三农"问题的必经之路，所以连续十多年出台的各类农业政策性文件都是大力支持农业发展的。2012 年出台的中央一号文件就明确指示：应当加强对职业农民的培养。此后，国内相关的培训工作得到了不断发展。不过，我国新型职业农民培育工作起步较晚，目前新型职业农民队伍不够壮大，年龄结构还不是很合理。

（二）我国新型职业农民的培育情况

1. 国家培育主体对新型职业农民的培育持大力支持的态度

随着对"三农"问题的日益重视，"谁来种地"这一现实问题迫使国家在新型职业农民培育的道路上加快进度。那么，应该由谁来负责培养新型职业农民呢？在新型职业农民的培育规划路径中，政府首当其冲，应当起到引领作用，明确规范和规划新型职业农民的方向和目标。然而，教育培训机构是整个培育过程中的执行者，主要直接面向农民教授全面的理论知识和最新的专业技能。负责培育实施的机构有农业高中专院校、农业广播电视台、县级村级地方培训班、远程教育机构等，这些都是实施职业农民培育的主体。

自 2012 年农业部办公厅印发了《新型职业农民试点工作办法》之后，国内各个地方和有关部门均全力投入相关的试点工作，试点的主要内容分为两个方面：首先是建立健全教育培训管理制度、资格认证认定管理制度和相关扶持政策体系，其次是大力培养并完成一批新型职业农民资格认证。各地试点工作有条不紊地开展，政府逐渐出台的相关扶持政策也越来越完善，政府相关部门的新型职业农民培育工作也稳步推进。

为了提升职业农民的综合素养，培养和选拔出更多的高素质农业人才，负责培育的机构都在积极开展更为细化的专业性培训，尤其是高等院校也开始参与到职业农民的培育工作中，并且专门设置了农业科技培养班。

2. 国家日益重视新型职业农民培训

中国农耕文化已有几千年历史，但是传统农民只需要自给自足，解决温饱问题，以至于农民对于提高自身的综合能力和素养，并通过改变思路，变着法子赚钱的意识相对薄弱。所以，出现了文化程度低的人在村务农，文化程度相对较高的人选择外出务工的现象。近年来国家对"三农"问题逐渐重视，不断出台惠农强农的扶持政策，使得越来越多的农民开始重视自身文化素养和专业能力的提高，并希望通过专业化的培训得到快速提升，越来越多的农民自主参加农业知识培训班。这种形势只要继续保持下去，农村新型职业农民的数量就会呈现出逐渐增加的趋势。

3. 我国新型职业农民培育模式多样化

在培养我国新型职业农民的路径上，我们通过不断借鉴发达国家的优秀培养经验，以达到不断完善自身培育体系的目的。该模式主要是注重培育主体，通过政府牵头，以农业专业院校为实践基地，多层次、全方位地培育新型农民。除此之外，还配合以远程教育教学课程。各级农业院所可以通过互联网平台相互交流研讨，实现信息共享。以农业高等院校为主体，将各种专业技能、理论知识和实践技巧制作成网络视频在互联网上快速向农村及边远地区传播，以实现帮助农民走上致富道路的目标。

4. 有关新型职业农民培养的职权确定

农民这个职业开始被赋予了新的内涵，农民这个群体也逐步向具有专业职业素养、熟悉现代科技和政策、具备经营和管理的能力方面转型。新型职业农民可以享受国家的相关政策扶持。第一，培育新型职业农民的核心是教育培训。所以培育主体要分工明确，要对农民进行系统、全面的培训。第二，新型职业农民培育认定管理工作是一种制度的保障。明确新型职业农民的认定标准，需要开展新型职业农民的认定管理工作，在整个培育过程中，只有通过资格认证，才可以被定义为新型职业农民，并发放"绿色证书"，如此才可以享受国家的一系列优惠扶持政策。农业部推出的《关于统筹开展新型职业农民和农村实用人才认定工作的通知》中明确了认定新型职业农民的责任人及标准，原则上新型职业农民证书的颁发和管理需要由县级以上（含县级）人民政府或授权农业行政主管部门直接参与。第三，职业农民培育的重要环节是国家的政策扶持。要想留住有可能外出务工的青壮年劳动力并将其转化为新型职业农民，主要还是要依靠政府的大力扶持，包括财政经济扶持和农业政策保障等。新型职业农民的培育工作不是简单的教育培训，而是一项长期而复杂的育人工程。

二、我国新型职业农民培育中存在的问题

培育新型职业农民是在新形势下解决"三农"问题的根本出路，是解决将来"谁来种地""怎样种地"的关键所在，将成为实现农业现代化发展和推动新农村建设的必然选择。但是，目前在对农民的培训中，尚存在一些影响培训质量和水平的问题。

（一）政府层面存在的问题

1. 培育资金投入不足

虽然我国财政在农业方面的资金投入逐年增加，但是有部分地方政府以"一切工作都以经济建设发展为中心"等理由，逐

年压缩相关资金，甚至个别地方政府完全无视职业农民培养教育工作，变相挪用和侵占相关经费，导致职业农民培育工作进展缓慢。这种政府表面上重视但实际开展工作中轻视或忽视的做法，致使职业农民培育工作开展难上加难。除此之外，经费的来源自始至终都是很单一的，始终是以政府出资引导发展，相对于现阶段所需培训职业农民的数量逐年增加而言，政府的资金投入只能算杯水车薪。

2. 教育培育体系不健全

教育培育体系不健全体现在几个方面：

第一，各级政府部门对职业农民培育不够足够重视，特别是仍然存在个别地方政府一味只追求经济高速增长，缺乏可持续发展的长远考虑。在这种严重扭曲的政绩思想环境中，政府相关部门或单位忽视农民教育工作，只搞形式主义和教条主义导致现阶段的培训效果很不理想。

第二，已有职业农民培育体系不完善，缺乏科学、长远的规划，在培训理念和内容上跟不上现代国际市场化的需求。

第三，政府相关部门或单位在职责权限分配上不清楚、不合理，出现复杂的交叉管理现象，缺乏统一步调，导致办事效率低，甚至出现"踢皮球"推卸责任的现象。

第四，缺乏行之有效的监管机制。建立试点单位虽然获得国家给予的大量资金，但由于相关部门或单位在资金方面缺乏有效的监管，往往会出现层层截流以至于最终资金没有得到合理使用。

第五，资质认证机制不健全。（1）对培训单位的认定。尽管我国提倡社会组织创办农民培训班，调动民间资源来提升农民素养，可是却并未统一要求或控制培训单位的收费限额，对创办者的资质未展开严格审查，整体操作随意性比较明显。此外，还欠缺对培训组织实际状况的调研，导致有些农民虽有钱、有想法却无从受到相应的培训。（2）对职业农民的认证。由于各农村地区情况差异大、分散性强，农民文化水平普遍偏低，难以寻找出适当的评判基准，在职业农民的认证上并未创建出高效全面的考查认证体系。有些地区构建的评测体系不健全，农民参与度偏低，这同样妨碍了培训活动的顺利开展。

3. 相关扶持政策不完善

我国的职业农民培育工作进展缓慢，其中一个主要原因是相关部门对这方面的管理无法可依。当前我国还没有一部关于农民教育培训方面的法律法规，直接导致了培育工作难以顺利进行。提高法治化水平是新型职业农民培育可持续发展的重中之重。然而，现阶段，已有的《农业法》《劳动法》《义务教育法》等相关法律法规，在农民教育培训方面仅仅进行了宏观层面和内容上的阐述，具体的规章制度少之又少，在不同地区针对不同情况难以依法做出决策。

（二）培育机构层面存在的问题

1. 新型职业农民的教育培育质量不高

我国是个农业超级大国，在全国范围内农村分布广泛，农民数量多，这一定程度上提升了新型职业农民培育的难度。就目前而言，我国可用于培育职业化农民的师资力量不仅总数较少，而且整体教学水平不高。许多高等学校的教师只偏重于理论研究，缺乏实践经验，有丰富实践经验的专家教授人数偏少，教育教学质量很难得到保障。此外，培训机构缺乏，仅有的培训存在低水平重复现象，培养教育形式不够新颖，进行的教学课程多以理论为主，枯燥且项目分散。还有一些农村村委会组织开展的培训，其用于教育培训的软硬件设施更是差强人意；有些相对较好的培训机构却又离农村较远，交通不便导致农民不愿意去接受培训。对于培训机构来说，该市场缺乏竞争压力也就缺少革新的动力。培育新型职业农民的进程，不管对政府、培训机构还是对农民自身而言，都是一个漫长的过程，三方必须积极协同合作，坚定地不断完善各方面条件，才有可能推动培育工作向前迈进。

2. 新型职业农民培育的实效性差

由于新型职业农民的培育体系尚不完善，缺乏健全、系统的培育方案，也没有恰当且有激励作用的政策补贴，以致有些农民虽然经过了培育，但是投身自主创业或扩大农业规模后仍然失败，通过培训学习非但没赚钱反而亏钱，更不愿意担当职业农民。这是一种典型的人力、物力、财力的浪费，也是培育实效性不强现状的体现。

（三）农民自身层面存在的问题

1. 农民整体素质偏低

农民对职业培育的认识不够，绝大多数参与兴趣不高，多数情况下处于"被培育"的状态。出现这一现象的主要原因之一是由于部分农民自身文化基础不高，经济条件欠佳，年龄普遍偏大。还有一小部分原因是农民自身受传统"小农"思想的影响，习惯于自给自足，不思进取，重新接受新鲜事物或者新技术的意愿很低，缺乏主动参与培育的积极性。为了增加吸引力，培训单位往往会免费赠送一些小礼品给来参训的农民，更有甚者还要请农民吃饭，或者直接发给现金。

当今我国农民的结构主要分为经验型和体力型两大类，他们之中绝大多数几乎没有职业素养，更不可能接受系统的专业化培训。在现代化农业和现代化工业生产过程中，面对新知识、新技能，传统农民就显得尤为乏力。在现阶段，农村实际可用的农民人数并不多，尤其是农业专业人才相当匮乏，当今农村职业分工的需求与农民的专业技能掌握现状有相当大的差距。我国公民科学素养的提升进程相当缓慢，农民综合科学素养普遍偏低，这一现象直接导致了农民难以接受现代化的科技培训和农业新型技术与管理知识。这很大程度上阻碍了农民自身综合素养的提升，也直接导致了农业科技成果转化率不高，大量好的技术、先进的科研成果在普及过程中受到了重重阻挠。一定程度上说，农业生产效率的提升、农民增收渠道的拓展也被自身所限制，农业科技化现代化进程也不可避免地受到影响，造成科技资源的浪费。

2. 农民经营理念落后，管理能力较弱

现阶段我国农民文化素养不高，自身职业综合素质偏低，导致绝大多数农民在观念上显得尤为落后，极度缺乏市场经营管理能力和改革创新思维。农民对市场经济形势的认知度相当不足，往往只顾眼前的利益而缺乏长远的规划，也缺乏足够的勇气进入市场，不敢承担未知的创业风险。然而，有一定发展经营管理意识的农民，大多数并非依据科学的研究分析，而往往是根据以往的经验或直觉，具有一定的盲目性。除此之外，还有部分农民为了贪图小利在经营和销售过程中以次充好、销售伪劣产品，这直接影响到农民自身的信誉，使得农民更加无法提升自身的收入水平。

三、原因分析

（一）城乡分化二元体制的影响

进入 21 世纪以来，我国迈入了经济高速发展阶段，城市化进程非常迅速，城市发展水平也不断提高，在这个阶段里城乡发展越来越不均衡。虽然国家很快意识到这个问题并开始"振兴农村"，但是目前城乡差距过大仍然是不可否认的事实。"脱离农村"成了一句耳熟能详的口号，从农村走出来的高文化、高素质人才绝大多数选择留在城市，年轻而有能力的农村青壮年劳动力也大多进城务工，他们梦想着有一天能够在城里买房安家。农村留下来的多是文化素质和身体素质偏低的人员，极大地制约了农村的发展。

（二）新型职业农民培育配套设施不完善

新型职业农民的培育是一项庞大而又繁杂的工程，单纯地借鉴先进地区的经验远远不够，还需要长时间的实践积累。政府作为培育的主体之一，承担的任务非常繁重，需要很多部门协同合作，制定合适的政策并加以贯彻执行。我国目前在新型职业农民培育的工作上还处于起步状态，很多方面都需要当地政府结合实际情况"摸着石头过河"。如何让承训机构的功能得到最大限度的发挥，同时又保证在政府部门的监管之下，培育内容的选择和制定是否符合当地农民的切实情况，参训农民培育的效果如何反馈等问题都有待解决，这些问题都在影响着新型职业农民的培育进程。

（三）农村发展状况的制约

近些年来，虽然我国城市化进程取得了重大成就，但是我国仍然是一个农业大国，农村的发展任重而道远。农民人口基数大，新型职业农民培育工作任务繁重、推进缓慢。农村教育资源匮乏，有培育能力的专业教师数量过少，能承担培育任务的教育机构数量过少；网络普及程度过低，农民能接收的信息量有限；居住地不集中，交通不便，很难在田间地头集中进行实践教学；经济水平的限制使农民不愿意付出经济和时间去提升自己的知识和实践能力。

第三节　新型职业农民培育的路径

要想推动新型职业农民培育工作有效开展，必须消除阻碍其发展的因素，全面解决新型职业农民的培育问题。

一、做好顶层设计，明确培育规划

新型职业农民培育是一项系统性、长期性的工程，也是一个涉及多个主管部门、多类培训机构的框架体系。为了保证乡村振兴背景下新型职业农民培育效果，必须要做好顶层制度设计。各级政府要制定合理的培育规划，特别是要做好中长期规划和短期规划之间的协调和对接。发达国家新型职业农民培育的经验表明，新型职业农民培育作为一项准公共产品，不能离开政府的支持。许多发达国家建设了政府主导，农业院校为主体，社会培训机构、农业推广机构等为补充的培训体系。基于国外的经验，我国在进行顶层设计和科学规划的过程中，需要做好以下几个方面的工作：第一，各级政府特别是县级政府要根据本区域农业经济的发展状况及农村社会的实际情况，结合农业产业结构调整及农民自身规模，科学、合理地制定本区域新型职业农民培育的规划与规模，保证培育的效果。第二，各级政府特别是县级政府要根据自身制定的培育计划，合理配置培育资源，建设以农业职业教育机构为主，社会培训机构、农技推广机构为辅的培训体系，合理、均匀地进行培育布局，灵活地按照各地的实际情况和农民的实际需求，使当地调整和优化培训计划，推进各类机构培训资源之间的互补与衔接。第三，充分调动各类培训主体及各类涉农组织参与新型职业农民培育的积极性和主动性，就新型职业农民培育的方式、内容、方法、评价标准等问题进行细化，并及时向社会公开，接受社会的监督，最终形成一个开放的新型职业农民培育体系，为乡村振兴战略的实施提供人力资源支持。

二、注重分工协作，理顺培育机制

新型职业农民培育是乡村振兴战略的关键，其与农村职业教育的发展有着密切的关系。农村职业教育作为农村教育体系的一部分，与新型职业农民培育和乡村振兴战略的实施有着紧密的关系，为了保证培育的效果，需要构建多个部门协同参与的培育机制。通常而言，新型职业农民的培育不仅牵涉各个主管部门，如农业农村部、人力资源与社会保障部、教育部等，其参与主体还包括农业职业院校、社区教育机构、农民组织等。在多部门协同参与过程中，必须要有分工与协作，强化各个主体之间的协同性。具体而言：第一，建设县级政府统筹，各个部门共同参与的领导机制。县级政府应该在充分调研的基础上，按照各个培训机构的特征以及农民的实际要求，明确各个培训主体的任务，避免重复培训，强化各个主体培训内容之间的衔接。① 第二，制定并完善新型职业农民培育的激励机制。在新型职业农民培育过程中，政府要对办学声誉好、办学成效显著的培训机构提供政策和

---

① 杨成明，张棉好：《多重视阈下我国新型职业农民培育问题研究》，《职业技术教育》，2014 年第 38 期。

资金上的支持，对积极参与新型职业农民培育的农民，可以在小额贷款、技术服务等方面提供优惠，提升培训机构和农民参与的积极性、主动性。第三，各级政府要建立新型职业农民培育的监督体系。特别是省级政府应该在中央政策的要求下，按照本区域的实际情况制定专门的新型职业农民培育政策，站在一个省的全局立场上，监督新型职业农民培育经费的使用，激发各个培训主体的优势和积极性，提升监督的科学性水平。

三、创新制度体系，加大政策支持

新型职业农民培育作为一项准公共事业，各级政府在其中应该承担更多的责任，通过制度和政策规范来为新型职业农民培育工作保驾护航。当前，我国关于新型职业农民培育的专项政策较多，但大多数不系统，在一定程度上影响了政策的执行效果。当务之急是需要从法律的高度来提升新型职业农民培育的地位，提升农民的职业认同感和身份认同感。具体包括以下几方面：

第一，按照2018年中央一号文件的精神，制定"新型职业农民培育法"或"农民教育法"等专项法律。通过法律的制定来明确新型职业农民的内涵和边界，明确新型职业农民的职业属性，并对新型职业农民培育的原则、方向、目标、实施、保障等问题做出系统的规定，为新型职业农民培育提供法律支撑。

第二，完善土地流转制度，为新型职业农民培育提供更多的保障。只有土地流转较为规范，才能吸引更多的人专门从事农业，新型职业农民这一职业的属性才能充分发挥。当前我国农地流转大多数为农户自发行为，各类转租、转包均是通过口头协议确定的，在整个土地流转过程中缺乏组织管理，容易引发纠纷。为此，需要在完善《土地承包法》的基础上，明确土地流转的利益分配机制，按照"三权分置"的要求加速推进土地流转进程，进而为新型职业农民培育提供保障。

第三，制定并出台新型职业农民的认定标准，完善新型职业农民登记注册制度。通过新型职业农民认定标准的制定，探索不同类型的新型职业农民在学历程度、综合素质、技术技能水平等方面的差异，并对其进行登记注册，进而为不同类型的新型职业农民提供有针对性的扶持政策，解决新型职业农民在生产、经营、管理等方面的困难。

第四，建立健全新型职业农民培训制度。新型职业农民培训制度应该包括主体资格审查制度、政府培训购买制度、行业企业参与制度、质量评价制度等，通过制度建设可以确保新型职业农民培育的有序规范开展。

四、明确培育对象，完善培育内容和方法

乡村振兴战略的实施，离不开农民的支持。在新型职业农民培育过程中，农民是主体，同时也是受益者。由此，在培育的过程中，结合乡村振兴战略实施的要求，要做好对象识别和选择工作，进而在不同对象的基础上创新培育模式，完善培育的内容和方法。具体包括以下几点：

第一，培训机构在开展培训之前，要进行广泛调研，充分了解农民的实际需求。在此基础上，结合本区域内的农业产业结构情况及政府农业发展规划，在充分尊重农民意愿的前提下，科学合理地制定培育的内容，制定好相关的课程体系和教学目标，并选择多样化的培训方法。

第二，在制定培训内容的基础上合理配置培训师资。显然，新型职业农民培育是个大系统，各类培训涉及的内容众多。在师资选择方面，既要考虑新型职业农民培育的普遍性，还要考虑到不同培训内容的差异性。各类培训机构在师资配置方面，可以与农业院校、农业服务机构、农业技术推广机构合作，构建一支专兼职结合的师资队伍，满足不同农民的个性化需求。

五、丰富培育模式，提升培育效果

显然，新型职业农民培育并无现成的模式可循，各地在实际操作过程中，可以构建多样化的培育模式，强化各类模式与农民

实际需求、农民生活生产方式的结合，如此才能更好地提升培育的效果。具体包括以下几方面：

第一，构建乡村精英带动模式。乡村精英一般指的是政治、经济、文化上的"能人"，如种养大户、家庭农场主、农村技术员、农村干部等。按照生产经营型、技术技能型、社会服务型三类新型职业农民的需求，从乡村精英中选择一批具有榜样作用和示范力量的人作为典型，引导其他农民积极投身到新型职业农民的培育中，自觉自愿地和这些"能人"学习知识、技术。显然，这种模式更能贴近农民实际，对新型职业农民培育具有更大的说服力，比纯粹的培训能够起到更好的示范作用。[①] 新型职业农民培训机构在教学过程中，应该根据各地区的实际情况，从不同类型的"能人"中选择合适的典型，并与现场教学相结合，这样往往能够起到事半功倍的效果。

第二，完善现场教学培育模式。现场教学培育模式无疑是新型职业农民培育的主要手段。但在该模式运用过程中，切忌以课堂教学为主，而应该深入田间地头，深入到农业生产、经营实践过程中，对参加培训的农民遇到的问题及时进行解答。当然，在该模式中，教师不仅需要传递知识、技术，同时还应该注重信息、技术等方面的推广，并与每个农民的不同需求进行结合，进而实现培训的个性化。

第三，完善项目推动培育模式。项目推动培育模式也是我国新型职业农民培育的常见方式。但在完善过程中，项目选择至关重要。各地要结合本区域的实际情况，培训机构应该与当地政府、农业技术推广机构通力合作，选择一批具有示范作用和开发价值的农业科技、管理等方面的创新项目，采用课堂教学、现场教学、参观教学等方式，为参加培训的农民提供产、供、销全程产业链的培训，为推进农业产业化发展做出自身的努力。

---

① 吕莉敏：《"互联网＋"时代新生代农民职业教育培训策略研究》，《中国职业技术教育》，2016 年第 29 期。

　　第四，构建"互联网+"培育模式。如今，随着互联网技术的发展，利用互联网技术开展新型职业农民培育也极为重要。此种模式是一种新型的职业教育服务和供给模式，可以通过构建课程模块和实践案例结合的方式来为参加培训的农民提供个性化服务。在移动互联时代，通过打造"互联网+"培育模式，辅助以大数据、云计算等技术，可以有效地发展不同农民的不同需求，为个性化、多样化、跨时空化学习提供可能。

第六章　乡风文明与新时代新乡贤培育

乡风文明建设是一项复杂的系统工程，需要多方面建设力量的合力推动，其中包括一个重要的力量，即新乡贤。2015 年中央一号文件指出："创新乡贤文化，弘扬善行义举，以乡情乡愁为纽带吸引和凝聚各方人士支持家乡建设，传承乡村文明。"传承乡村文明，塑造文明乡风，培育新乡贤已成为重要策略之一。近年来全国各地的事实和经验表明，新乡贤助力乡风文明建设已具有毋庸置疑的必要性和有效性。

第一节　新乡贤的内涵

近年来，乡风文明建设中的新型主体力量"新乡贤"日益受到众多学者、政府部门、媒体的关注，这与中央的政策导向有着密切联系。

"新乡贤"一词的演变大致经历了一个自下而上的过程，它最初散见于各类媒体报道，而后被学术界所讨论，最终得到了官方承认并加以推广。查阅相关文献可知，"新乡贤"概念最早于2008 年提出，《绍兴晚报》以"新乡贤倾情弘扬乡贤文化，青少年'知、颂、学'乡贤精神"为题对上虞市乡贤研究会进行了专题报道，这是国内首次使用"新乡贤"概念的文章。2014 年《光明日报》陆续推出"新乡贤——新农村"的专题报道，引起了学术界的关注和讨论，展开了较为深入的研究。与此同时，我国政府和有关决策部门也逐渐开始重视这一议题。2014 年 9 月召开的培育和践行社会主义核心价值观工作经验交流会上，提出

"发挥新乡贤的示范引领作用"①。中央一号文件连续多年对培育"新乡贤"提出有关要求，强调要培育新乡贤文化。国家2016年制定颁布的《十三五规划纲要》在加快建设美丽宜居乡村的论述中，同样强调"乡贤"的作用，强调"培育文明乡风、优良家风和新乡贤文化"②。2018年中央一号文件和习近平在2018年中央农村工作会议上的讲话在论及"创新乡村治理体系"和"推动乡风文明建设"时，都强调要"积极发挥新乡贤作用"。可见，新时期新形势下，亟须在传承传统乡贤文化的基础上，大力培育、发展具有新时代特征的新乡贤力量，充分发挥其在新农村建设中的积极作用，彰显其时代价值。

一、乡贤的内涵及类型

（一）乡贤的内涵

从字面上看，乡贤指的是乡里中德行高尚的人。"乡"一般是指乡村、乡土，笔者认为，乡贤中的"乡"字不仅仅是指地理空间上乡村，而更多的是强调"家乡"。之所以强调家乡，是因为自古以来，中国乡村较为强调宗亲血缘关系，只有从属一个家族，具有一定血缘关系才更容易得到认可，其所作所为才更易服务于整个家族的利益。反之，没有血亲关系的"外乡人"，很难成为乡村中威望较高之人。而现代社会，随着经济发展和人口迁徙，宗法血亲关系日渐淡薄，但乡村依旧能给人带来一种家乡的情感，一种乡愁的挂念。因此，"乡"除了诠释空间上的乡村内涵，还具有一种乡土情怀，成为个体与家乡之间的一种特别的纽带。"贤"的范围界定目前在学界尚没有一个明确的定义。"贤"一般指有道德、有能力的人或群体。加上"乡"字做限定

---

① 《培育和践行社会主义核心价值观工作经验交流会召开》，《人民日报》，2014年9月14日。

② 《十三五规划纲要》，新华网，http://www.sh.xinhuanet.com/2016-03/18/c_135200400.htm,2016-03-18/2017-4-14。

后，一般是指在乡村的空间条件下，品德高尚、垂范乡里、受人推崇的人或群体。只要出自本乡，德才兼备，具有较高威望，即可被称为"乡贤"。有关专家指出，乡贤有四个必备的要素："一是地域性的身份，即本土本乡之人；二是品德，即拥有同时代人所仰慕的道德品格；三是能力，即有出众的才干或学问；四是声望，即受乡人推崇和赞誉，享有崇高的声誉。"①

（二）新乡贤的内涵

改革开放以来，部分农村精英或走出乡村学得知识，谋得技艺，或久居乡土成为楷模。他们用自己的智慧学识与道德品行引领农村的发展，他们是新时代农村的榜样力量，更是社会主义核心价值观在农村的传播者与践行者。当他们同时符合乡贤的四个必备要素时，我们便可以称其为新时代的乡贤，即新乡贤。新乡贤不同于传统乡贤，那么，新乡贤之"新"体现在何处？

首先，"新"体现在职务层级上。在古代中国，县以下的乡村主要靠乡绅来治理，乡绅是维系农村社会秩序的重要力量。"皇权不下县"的中国古代传统管理方式，使得乡贤能够在农村担任一定的职务，这些职务虽然在一定程度上仍是乡贤们为朝廷办事的体现，但所担任职务并非朝廷直接任命的官职。"在其位，谋其政"，古代乡贤们还教化乡民、带头自治，参与公共事务，乡间的修路筑桥、纠纷化解、办学兴学等事项，无不有赖于他们的积极参与。而今，党领导下的村民自治是社会主义新农村的管理制度，通过基层民主协商的形式，乡贤们为村"两委"班子建言献策，起到协助沟通的作用，是连接群众与村干部的很好的纽带和润滑剂，不再是具有自治组织的地方领袖。乡贤理事会等乡贤组织则在基层党组织的领导下开展活动，共同构建乡贤文化。

其次，"新"体现在范围构成上。不同时代乡贤的构成不

---

① 钱静，马俊哲：《国内新乡贤文化研究综述》，《北京农业职业学院学报》，2016年第4期。

同，具有鲜明的时代性。传统乡绅通常主要局限于道德与才能的层面，其他方面很少涉猎。而当代乡贤的范围有较大扩展，涵盖了经济、政治、科技、法律、教育、文艺、卫生、军事等各个领域的卓越人士，他们皆为在本领域出类拔萃或具有广泛性影响的社会各界精英人士。

最后，"新"体现在生活地域上。传统乡贤基本上一辈子扎根乡土，安身立命于本土本乡，少数因入仕为官、求学经商等出乡者最终也都会告老还乡，回到那片生之养之的故土，这是中国传统文化中对故土留恋的一种特殊情结。在一定程度上可以说，传统乡贤在经济基础、社会根基、文化认同等诸多方面都以乡村为立足点，他们对乡土有着深厚的眷恋之情。而新乡贤则大不相同，在城市化进程的浪潮下，为了追求现代化的生活，他们多数是早早离开故土，闯荡于城市，可根深蒂固的家乡情，仍然深藏于内心，在取得一番成就之后，他们会选择返回乡村，将现代社会的新理念带回家乡。例如：一些企业家积极践行现代公益事业，一些年轻的白领广泛宣传绿色生态，一些体坛健儿积极传播运动健身理念等。将其引入新乡贤文化中，实现自我价值的最大化，这与中国人固有的"雁过留名"心理有一定关系，也有人在年老之际返回故土，享受乡村特有的悠然与恬静，实现落叶归根的心愿。

综上所述，新乡贤可以分为四种类型：第一类是"乡土孕育型"，即在家乡本土成长起来的文化传人、基层干部、企业家等为家乡做出过贡献的人；第二类是"告老还乡型"，即退休返乡并在乡村发挥余热的社会贤达；第三类是"回报家乡型"，即从乡村走出并在获得一定的现实条件后回报乡村的人；第四类是"海外华侨"，即通过投资或者慈善之举来报答家乡的养育之恩的华侨同胞。[①] 这四类新乡贤又可归纳为"在场的新乡贤"和

---

① 钱静，马俊哲：《国内新乡贤文化研究综述》，《北京农业职业学院学报》，2016 年第 4 期。

"不在场的新乡贤"两大类：前者是指农村优秀基层干部、道德模范、退休返乡干部等长期在农村定居和工作的乡村精英，后者是指那些虽然不定居农村，但源于农村、生于农村，且依然眷恋和热爱故乡的企业家、教育科研人员、党政机关干部等各行各业的精英和华人华侨。

二、新乡贤与乡风文明的互动关系

厘清新乡贤与乡风文明之间的相互关系，发挥新乡贤示范引领作用，对促成乡风文明的孵化具有重要意义。

（一）新乡贤是乡风文明的示范引领者

习近平总书记指出："要充分发挥榜样的作用，从而引导和推动全体人民树立文明观念。"文明乡风的培育需要社会力量和资源的协助，更需要榜样的示范引领。因此，在乡风文明的塑造过程中，新乡贤作为乡风文明的示范引领者，其自身散发着见贤思齐、崇德向善的精神，是教化和孵育乡风文明的一剂良方。

1. 新乡贤是带领村民崇德向善的示范者

古代的乡贤因其言行举止、学识或德行受到人们的尊重，被奉为村中榜样或者典型。现代社会的新乡贤群体和组织，既受优秀传统文化的滋养，又受现代文明的熏陶，在乡风文明塑造的过程中起到很好的精神教化和引领作用。新乡贤的做法和言行具有示范作用，将影响乡村社会文明氛围的形成和文明观念的树立。

2. 新乡贤是缓解基层矛盾的得力助手

基层矛盾是影响乡村社会治安和乡风文明的重要因素，新乡贤因其自身优势能有效地化解矛盾促进乡村和谐。首先，可以及时、有效地解决民事纠纷。可见，新乡贤作为乡中德高望重的人，凭借其在乡村的威望、缘人情顺人性的优势，由其所组成的乡贤组织可以事半功倍地化解民间纠纷。其次，能有效地化解政府纵向治理能力不足和村民横向自治能力缺失的问题。乡贤组织因其自身的互助性、公益性、服务性等优势，能够解决基层政府和村民理事会等组织力所不能及的事务，并激发群众参与乡村社会治理的积极性。

3. 新乡贤是文明村镇建设的先行者

乡风文明不仅仅表现在农民整体素质的提升，还表现在人居环境的不断改善。乡贤文化是凝聚乡贤德行的相关思想、事迹和精神的文化，挖掘和弘扬乡贤文化，发挥乡情、乡愁的牵带作用，能有效地吸引在外乡贤携资金、技术等回乡建设家园。新乡贤的率先垂范是文明乡风塑造不可或缺的，新乡贤的先行倡导和引领，能更好地推进文明村镇的建设。

（二）乡风文明是涵育新乡贤的文化土壤

近年来，我国农村不断涌现出为民谋福利的村干部、基层道德模范、好人好事等优秀典型，他们的出现正逐步壮大新乡贤队伍。社会主义新农村的建设需要新鲜的血液和创新力，新乡贤恰好契合这一趋势的要求。文化的发展对社会发展有着深刻的影响，文明的乡风不仅仅是乡村社会文化发展的内在需求，也对乡村社会的发展产生着不可估量的影响。因此，培育新乡贤更需要契合和顺应中国特色社会主义新农村建设发展要求的文化土壤的滋养。

乡风文明为新乡贤的涵育营造文化环境。从历史作用的角度来看，乡村文化的形成不是一朝一夕、一蹴而就的，是经过历史的沉淀和积累形成的，包含着中国传统文化的精髓和智慧。因而，文明的乡风作为一种被人普遍认可和接受的文化形式，也是传统乡村文化中的优质部分在当下的呈现，其潜移默化地影响着群众的思维方式和行为方式，为新乡贤的产生营造良好的文化环境。

乡风文明为新乡贤的涵育提供道德滋养。国无德不兴，人无德不立。乡贤，作为乡村优良德行的代表，他们在凝聚乡里乡亲、维护农村社会和谐稳定、重铸乡村道德伦理体系标杆等方面发挥着举足轻重的作用。

第二节 新乡贤在乡风文明建设中的作用

新乡贤具备助力乡风文明建设的独有特质，而乡风文明建设也迫切需要新乡贤介入其中并发挥应有的作用。

一、新乡贤独有的乡土情怀与道德优势

乡风文明建设是一项复杂而艰巨的系统工程，主体缺位与动力不足导致其成效欠佳，寻找"突破口"已是迫在眉睫。报效桑梓的责任感与使命感并存，德高望重的凝聚力与号召力兼备，通情达理的亲和力与感染力同在，这些都是新乡贤能够缓解农村乡风文明建设主体缺位与动力不足等问题的独有特质，这便使得新乡贤助力乡风文明建设具有了可能性。

（一）报效桑梓，具有较强的责任感与使命感

新乡贤报效桑梓的责任感与使命感，发端于对家乡的深情厚谊，且见诸自身的善行义举。新乡贤可分为"在场"的和"不在场"的两类。① 具体而言，前者是指来自本土、扎根本土、服务本土，因道德、声望、学识等特质深受农民欢迎的农村精英，如农村优秀基层干部、退休返乡干部、道德模范、身边好人等；后者则是指因求学、致仕、从商等原因离开故土，虽没有久居农村，但仍然热爱着故土，并通过各种途径为之贡献自身力量的各行各业精英，如从农村走出来的企业家、教育科研人员、机关干部等。

就"在场"的新乡贤而言，农村不仅是他们长期生产生活的地方，更是他们的创业家园与精神家园，因此，来自本土、扎根本土、服务本土的优秀党员、基层干部、道德模范等"在场"的新乡贤，必然会凭借天然的乡情与亲情、强烈的责任感与使命感，在嘉言懿行、善行义举中积极助力乡风文明建设。比如，被

---

① 张颐武：《重视现代乡贤》，《人民日报》，2015年9月30日。

评为 2015 年度"感动中国"人物的吴锦泉,① 就是在善行义举中积极助力农村道德建设的"在场"新乡贤之一。虽然吴锦泉只不过是江苏省南通市港闸区天生港镇街道五星村的一个普普通通的村民,但数十年来传承优良家风,他热心慈善公益事业,将走街串巷磨刀积攒起来的微薄收入,为村里修桥补路、去福利院看望老人和孤儿、向灾区捐物捐款、倡导成立扶危助困的"锦泉一元爱心社",等等。再如,有"草根公益家"和"活雷锋"之誉的谢增发,② 他同样凭借独有的乡土情怀与道德优势,以报效桑梓的实际行动积极助力农村道德建设。从贵州省威宁自治县地税局退休后,谢增发便放弃城市便捷舒适的生活条件,主动回到家乡威宁自治县麻乍乡二田坝村,不仅将每年几万元的退休工资用来扶危助困、捐资助学,而且义务带领村民种林护林、开山辟路、成立中药材专业合作社……爱心与德行润泽故土。正是因为心怀浓浓家乡情,上述新乡贤方能做出这些看似朴素无华实则闪闪发光的善举,在诠释并践行中华民族优秀传统美德的过程中助力农村道德建设。

而就"不在场"的新乡贤来说,他们由于工作、学习等客观因素制约,虽不能持久地待在农村,但仍然心系家乡、热爱故土,渴望为家乡道德建设贡献力量的心意常在,并且大多以间接的方式将这份心意转化为助力农村道德建设的实际行动。比如,被誉为"当代武训"的浙江省绍兴市上虞人张杰,③ 就因眷恋故土而以捐资助教的方式间接地助力家乡道德建设。虽然张杰只不过是一个在香港以卖螃蟹、粽子和茶叶蛋为生的小商贩,并且已离开家乡数年,但仍然对故土饱含深厚情谊。在艰苦的岁月中,

① 《德耀中华第六届全国道德模范候选人事迹》(上),《人民日报》,2017 年 7 月 24 日。

② 孙茜:《"好干部"谢增发——退休后扎根家乡十余载甘做山沟里的"草根公益家"》,中国文明网。http://www.wenming.cn/sbhr_pd/hr365/zrwl/201511/t201511112958604.shtml,2015 – 11 – 11。

③ 赵畅:《当代武训——港胞张杰》,《炎黄春秋》,2001 年第 1 期。

他深切地感受到，教育事业对包括道德建设在内的农村社会发展而言，具有举足轻重的作用。20 多年来，张杰自家三代人居住在 30 平方米的小房子里，却情系家乡教育事业，省吃俭用、节衣缩食，先后向家乡教育事业捐赠了 1200 万元港币。资金的及时补充、设备的有效改善，无疑能够促进农村教育事业的发展与进步，而教育事业的发展与进步自然可以进一步推动农村道德建设进程，即"不在场"的新乡贤仍然能够助力农村道德建设。上述事例表明，"不在场"的新乡贤之所以能够有如此的善行义举，是因为他们和"在场"的新乡贤一样，心中承载着热爱故土的深情厚谊，肩上担负着报效桑梓的责任感与使命感，故而发自肺腑、心甘情愿、全力以赴地为农村道德建设贡献自己的力量。

（二）德高望重，具有较强的凝聚力与号召力

自身具备较高的精神境界且在乡邻中具有较高声望和感召力，是新乡贤得以从普通农民中脱颖而出的重要特质，是新乡贤逐渐成为普通农民学习的道德标杆和精神榜样，并发挥其示范和引领作用的主要标志，也是新乡贤可以聚合普通农民共同助力农村道德建设的重要条件。河北省邯郸市肥乡县天台山镇东刘家寨村党支部书记韩红卫，① 于 2010 年牵头成立了"爱心服务社"公益组织，将全村的爱心力量汇聚到了一起，有效地推动了本村道德建设。在"爱心服务社"公益组织成立之后，韩红卫便带领社员每周在村里开设"道德讲坛"，向村民传播道德文化知识；借助喇叭、展板、文化墙等载体工具，宣扬雷锋精神和村民身边的好人好事。在韩红卫的积极带领下，该村村民友好互助、敬业奉献、孝老爱亲蔚然成风，成为远近闻名的"雷锋村"，韩红卫本人也荣登 2016 年"中国好人榜"。毋庸置疑，刘家寨村之所以能够呈现出村风和谐文明、村民人人崇德向善的新气象，是因为有韩红卫等德高望重的新乡贤的言传身教和示范引领。

---

① 李运强：《汇聚爱心做公益》，《邯郸日报》，2016 年 3 月 24 日。

江苏省江阴市华士镇华西村原党委书记吴仁宝，① 可谓是德高望重的新乡贤的典范。几十年来，他在促进华西村物质层面繁荣发展的同时，更是积极响应党和国家"两手抓、两手都要硬"的号召，在不同场合不断强调"既要富口袋又要富脑袋，富脑袋甚至比富口袋更重要"，并于1988年牵头成立了当时全国独一无二的"精神文明开发办公室"，以实际行动带领全体村民增强本村精神文明建设。为向村民传播诚信文化、高尚道德观念和党的方针政策，他亲手打造了"村歌""六爱""十富赞歌""十穷戒词"等系列"精神产品"；为用优秀传统文化教育村民，领导村民在华西村大街小巷建造了不同时代的英雄模范人物的塑像。纵观华西村几十年的发展，正是因为德高望重的吴仁宝着眼于农民群众的切身利益，以物质与精神共同发展的魄力将全体村民凝聚到一起，华西村才会如此文明繁荣。上述鲜活的事例足以证明，作为农村中拥有较高话语权的群体，新乡贤能够凭借其品德良、声望高的优势，凝聚农村多方面的力量进而共同推进农村道德建设。

（三）通情达理，具有较强的亲和力与感染力

新乡贤的通情达理，既可以理解为新乡贤具有亲缘、地缘、人缘优势，能够采取极具亲和力的方式对农民施以道德影响，引导农民重视并参与道德建设，也可以理解为新乡贤具有新知识、新眼界，能够及时准确地把脉农村发展趋向，并根据新形势、新要求不断提升自己，以此在农村道德建设中更富有感染力。

一方面，新乡贤本身亦可算是农民群体的组成部分，来自于农民，且高于一般意义上的农民，他们大多对当地几千年传承下来的民俗民风、乡村民约以及农民的生活方式较为熟悉，因而在促使农民崇德向善的过程中，能够从民间"老理"入手，借助

---

① 申琳：《江苏华西村：把文化建设作为"立村之魂"》，《人民日报》，2011年11月2日。

乡情、亲情、友情等纽带，通过平实浅白的语言和春风化雨的方式，化解农民之间的矛盾纠纷，提高农民思想道德素质，涵养农村文明风气。贵州省遵义市红花岗区金川村的村老年协会会长杨欢，[①] 擅长用俗语、民谚、打比方的方式调解邻里矛盾，从而有效地提升了本村村民的社会公德意识。

另一方面，部分经常阅读报纸杂志甚至能够使用现代网络信息系统的新乡贤，可以及时把握党和国家有关农村道德建设的政策，进而运用新理念、新思路助力农村道德建设。不可否认，传统乡贤曾在化解邻里纠纷、教化一方乡民中发挥过重要作用，但受制度背景、思维方式等因素制约，在处理事情时"土法儿"运用得较多，而法理融入得较少。在"全面推进依法治国"背景下，新乡贤较传统乡贤而言，更多了法律意识、民主观念等现代社会文明因子，因而在参与处理农村公共事务和协调农村社会关系从而助力农村道德建设的过程中，能够采用既适应现代社会规则、又符合农民大众口味的方式方法，感染力十足。福建省莆田市仙游县鲤南镇霞苑村人民调解委员会主任张玉凤，[②] 就是一个典型人物。当过民办教师，也曾闯过商海的张玉凤一向热心公益事业，在村民中威望较高，尤其在被村民一致推选为村人民调解委员会主任之后，更是本着"眼勤多看、耳勤多听、口勤多说、腿勤多跑"以及有爱心、有耐心、有责任心的自我要求，遵循"公平公正公开，合法合理合情"的工作准则，经常将村民之间的矛盾"大事化小，小事化了"。可以说，新乡贤张玉凤在对群众呼声和政策法规两头吃透、处理事情既合情又合法的过程中，使霞苑村邻里关系逐渐和谐，村民道德意识不断增强，使本村道德建设逐步实现了"法情允谐，德法相彰"。

---

① 杨欢：《讲"老理儿"的"和事佬"》，央视网，新闻联播。http://tv.cntv.cn/video/C10437/40dcbb165c374e9e973585f3b03689ad,2014－10－27。
② 陈国孟：《乡间"和事佬"巧解千千结》，《福建日报》，2017年1月3日。

二、当前乡风文明建设中的职能缺位与农民动力不足

乡风文明建设是一个综合的、全方位的系统工程，需要汇聚政府、社会和农民等多方的力量。其中，政府起主导作用，社会力量起着重要的支持和参与作用，农民处于主体地位。虽然乡风文明建设的成效主要取决于农民，但在建设的实践过程中需要有来自外部的指导和帮助。

在当前的乡风文明建设中，政府缺位、农民动力不足等具体问题的存在，使新乡贤助力乡风文明建设具有了毋庸置疑的必要性。具体而言，政府职能缺位表现为领导责任落实不到位、辅助主体力量单薄而弱化，而动力不足则表现为农民内源性动力欠缺与外生性动力式微，为新乡贤助力乡风文明建设提供了必要性。事实证明，新乡贤既能密切农民与乡村基层党政组织的关系，又能促进乡村社会组织的良性发展，从而有助于增强乡风文明建设的多方合力。

（一）乡风文明建设的职能缺位

1. 领导力量：农村基层党政组织的主导责任落实不到位

在社会协同治理的组织架构中，"党委领导、政府负责"是不可撼动的原则与基础，绝不能借口"社会协同、公众参与"而放弃或削弱党政组织在社会治理中的主导作用和领导职责。具体到乡风文明建设而言，包括县乡（镇）两级党委政府和村（居）"两委"在内的乡村基层党政组织，作为领导主体必须发挥好领航定向、资源供给、政策支持等重要作用。然而，事实上很多乡村基层党政组织对于乡风文明建设的领导主体责任并没有真正落实，具体反映在认识和行动两个层面。

其一，认识上存在迷误。首先，不能辩证认识和正确处理乡风文明建设与经济建设的逻辑关系：有的"偏执一方"，即过于偏重经济建设，而轻视乃至忽视乡风文明建设；有的将"两方对立"，即认为乡风文明建设势必会分散党政部门的精力、耗占经

济建设的资源，因而会干扰乃至阻碍经济建设。其次，不能认清自身在乡风文明建设中所处的地位与所担承的职责，甚至把乡风文明建设视为宣传部门、文明委的专属性工作，从而推卸自身在其中的责任。

其二，行动上存在偏差。首先，用于乡风文明建设的经费严重不足。乡风文明建设需要配备必要的工作队伍、技术设备、资料设施和活动场所，因而需要来自于乡村基层党政组织的大量经费投入，这些经费投入的数量与频度，与乡风文明建设成效存在显著的正相关。然而遗憾的是，自国家财税体制改革以来，很多乡村基层党政组织都陷入财政困局，财力不足、入不敷出的问题较为普遍。某些县乡（镇）更是深陷"救济财政""吃饭财政"之泥潭，甚至举债度日、负债颇多，根本难以保障乡风文明建设的经费投入。至于多数村级自治组织，则因集体经济收入少、筹集社会资金难，更不可能有专门经费用于乡风文明建设。其次，某些乡村干部存在工作偏误与行为失范。尽管近十多年来我国在推进新农村建设和乡村振兴中一直高度重视乡风文明建设，党和政府也为此出台了不少文件与政策，但某些乡村干部对于中央精神和政策要求领会得不透彻、宣传得不到位、落实得不得力，加之受市场经济的影响，拜金主义、享乐主义、个人主义在部分乡村干部身上表现明显，进而导致以权谋私、吃拿卡要、小官巨贪等"微腐败"问题。特别是近些年来，一些村级干部利欲熏心，把黑手伸向惠农补贴、拆迁补偿款等项目，贪占、截留、挪用等现象频频发生。① 据最高人民检察院工作报告指出，2017 年全国在涉农资金管理、征地拆迁、社会保障、扶贫等民生领域查办"蝇贪"62715 人，由此可见乡村基层腐败形势之严峻。乡村干部存在的上述问题，导致其在乡风文明建设中难以发挥应有的表率和推动作用。

---

① 谭英俊，谭律：《新形势下村级干部腐败与防治问题研究：基于广西 H 市的实证分析》，《广西师范学院学报（哲学社会科学版）》，2018 年第 5 期。

鉴于乡村基层党政组织领导主体责任落实不力之问题，若由新乡贤充当农民与乡村基层党政组织之间的媒介，并对二者予以影响与协调，则可助推乡风文明建设。

2. 辅助力量：乡村社会组织补位不力

乡风文明建设是一项艰巨庞杂的系统工程，不仅需要党政组织的主导和推动，也需要包括乡村社会组织在内的社会力量的参与和配合，这也是创新乡村社会治理、丰富乡村公共生活的题中之意。在近年来的中央一号文件及其他涉农会议与文件中，乡村社会组织被明确定位为服务性、公益性和互助性组织，并在促进乡风文明和乡村善治等方面被赋予诸多功能。但就目前来看，多数乡村社会组织虽然在促进乡村经济社会发展中功不可没，但具体在乡风文明建设中并没有显现出显著的作用：基于经济动因而形成的农产品行业协会、农民合作社等经济性组织，大多致力于获取经济利益而普遍缺乏参与乡风文明建设的主动性和持续性；花会、灯会、庙会等传统公益性组织虽然在乡村存在已久且至今仍深受许多农民欢迎，但因其活动内容的时令性和活动范围的狭小性，在乡风文明建设中的作用极其有限；红白理事会、老年人协会、打工者协会等社会性组织，以及舞蹈队、戏迷队、锣鼓队等娱乐性组织在某些乡村虽已普遍存在，但因其起步较晚、实力较弱，也难担促进乡风文明建设之重任。

而新乡贤的出现与力推，可以在一定程度上弥补乡村社会组织的上述不足，从而强化其对乡风文明建设的促进作用。

（二）乡风文明建设的动力不足

1. 内源性动力：农民内生性的道德需求缺失

在实现乡村振兴的过程中，乡风文明建设固然离不开乡村基层党政组织的积极引导和其他辅助主体的有效推动，但农民对文明乡风的道德需求与热切渴望才是乡风文明建设的内源性动力。然而就现实情况来看，目前多数农民的行为选择偏向于物质化、功利化，热衷于追求经济利益和个人私利，而对文明乡风的道德需求相对不足。毋庸讳言，以市场化为导向的几十年的乡村经济改革，在引动乡村经济发展、增进农民经济利益的同时，其"趋利性原则"势必会侵染乡村社会生活的诸层面，劣化农民的价值观念与言行方式，进而破坏文明乡风的人文基础。首先，表现在某些农民的观念上，邻里亲睦、守望相助、助人为乐等优秀传统价值观饱受冲击，出现了出于对经济利益最大化的追求而轻视道德规范与社会规制的现象，有些农民甚至见利忘义、因利忘情、重利损德。其次，表现在某些农民的行为上，行为习惯偏误、失范、缺德等问题较为突出，特别是媒体上报道的某些青年农民啃老和虐待父母、某些农民生产"毒姜""毒韭菜"和销售病死猪肉等事件，从一个侧面表明部分农民的传统家庭美德和职业道德已伴随着市场经济的日益发展而严重滑坡。

乡风文明的根本和基础在于农民思想道德素质的提高，而农民内源性道德需求的缺失和道德水平的低下，必然导致乡风文明建设的基础薄弱和动力不足，这在客观上为新乡贤涉入其中并发挥作用提供了必要性和可能性。换句话说，新乡贤通过正确引导农民的内在道德需求，有助于激发乡风文明建设的内源性动力。

2. 外生性动力：农村道德赏罚机制式微

内源性动力的不稳定性或残缺性决定了农村道德建设须寻求必要的外部推动力，以此达到内外动力形成合力而助力农村道德建设之目的。道德建设中所处的外部氛围等是农村道德建设的外部推动力，就当前而言，在这一方面，主要存在农村道德赏罚机制式微的突出问题。"所谓道德赏罚，就是源于行为主体道德行为或道德品质好坏的奖赏惩罚，即源于善恶的奖赏惩罚。"① 有学者按赏罚施与主体之不同，将道德赏罚具体细分为自我赏罚、社会赏罚、自然赏罚这三种形式。其中，社会赏罚是一种应用最为广泛的形式，"依赏罚的具体施予者和给予的方式，可以划分为：家庭赏罚、公众赏罚、组织赏罚、法律赏罚、宗教赏罚五

---

① 曾小五：《道德赏罚论》，湖南师范大学出版社，2002 年。

类"①。为此，我们可将道德赏罚机制理解为家庭赏罚、公众赏罚、组织赏罚、法律赏罚、宗教赏罚等赏罚类型的有机融合。

　　道德赏罚机制是否健全、能否良好地运行，对农村道德建设具有极为重要的现实意义。如果社会对人的道德行为表现出无动于衷、麻木不仁，那么人们心中的道德权威或道德意识就会荡然无存，结果只能是出现更多的缺德之人、无德之事。正如恩格斯指出："如果把善恶混淆起来，那么一切道德都将完结，而每个人都将可以为所欲为了。"② 具体到农村，如果农民道德层面的品质和行为得不到相应的奖赏或惩罚，那么农民将难以区分该品质和行为是否道德，推而广之，"行善者吃亏，作恶者得福"的现象将会在农村中普遍存在，甚至将应诗人北岛所言："高尚是高尚者的墓志铭，卑鄙是卑鄙者的通行证。"并进而使农村道德建设失去推进的意义和价值。

　　因此，要想实现农村道德建设的最终目的，即提高农民的思想道德素质，促进农村和谐发展，就需要对农民的品质和行为进行道德上的赏或罚。但令人遗憾的是，当前由家庭赏罚、公众赏罚、组织赏罚、法律赏罚、宗教赏罚等构成的农村道德赏罚机制正逐渐式微。就家庭赏罚而言，宗法家规中的许多内容因不适应当今时代要求已逐渐退出历史舞台；就公众赏罚而言，社会公众舆论可能因意见分歧而缺乏应有的力度；就组织赏罚而言，乡规民约等传统道德规则形同虚设并日渐消弹，而符合时代新要求的道德规范在大多数地区还没有及时建立起来；就法律赏罚而言，达到"德法相彰"的境界须具备较高条件，且目前法律对道德品质和行为的赏罚还捉襟见肘；就宗教赏罚而言，不仅信仰正教的农民数量不多，而且农村现存宗教的信条和教义能否运用到道德赏罚机制中，也有待进一步考察。总之，乡村道德赏罚方式的残缺与低效，导致乡风文明建设的外生性动力亦严重不足。

---

① 唐凯麟：《伦理学》，高等教育出版社，2001年，第202页。
② 恩格斯：《反杜林论》，人民出版社，1970年，第90页。

弥补乡村道德赏罚方式之不足，可在新乡贤与乡村基层党政组织良性互动的基础上，结合乡村生活实际，深入挖掘本土道德资源，探索对农民行之有效的道德赏罚方式，以建立惩恶扬善、气正风清的文明乡村。

第三节　新乡贤在乡风文明建设中面临的问题

新乡贤助力乡风文明建设尚处于初级阶段，相关配套措施难以在短期内完善，现实中不可避免地会遭遇诸多障碍。

一、新乡贤身份遭遇合法性困境

就目前来看，除了在中央个别会议、文件中对"新乡贤"的称法有所提及之外，我国当前并没有出台专门规范新乡贤的法律、法规、条例。可以说，界定新乡贤身份、分析新乡贤优势、肯定新乡贤地位以及承认新乡贤作用尚无法可依、无章可循。由于缺乏法律层面的保障，新乡贤在助力农村道德建设时就会出现底气不足、难以持续等问题。虽然近年来中央对新乡贤和新乡贤文化的关注度较以往更高。比如：2015年中央一号文件提出"创新乡贤文化"，2016年、2017年中央一号文件和《中共中央关于制定国民经济和社会发展第十三个五年规划的建议》提出"培育新乡贤文化"，2017年中共中央办公厅、国务院办公厅在印发的《关于实施中华优秀传统文化传承发展工程的意见》中再次提到"建设新乡贤文化"。但通过解读分析不难发现，这些文件大多是在论及乡贤文化、新乡贤文化，而对乡贤文化、新乡贤文化的主要承载者——新乡贤并没有太多的阐释，使新乡贤身份模棱两可。而农村基层也只不过是遵循中央政策，将推进新乡贤文化建设这一明确要求具体落实到本镇本村。即使随着个体新乡贤的出现，部分地方出台了有关新乡贤和新乡贤文化的文件，但在新乡贤身份的具体认定上，还存在诸多不完善的地方。

在相关法律规章制定、出台、落实之前，新乡贤的再组织化是应对新乡贤身份遭遇合法化困境的有效途径，即对零散出现的新乡贤进行再组织，也就是使当前出现的单个新乡贤形成有组织且强有力的整体。但令人遗憾的是，虽然各地出现了一些新乡贤组织，但由于相关配套措施未能及时完善，这些组织在实际运作中也出现了诸多问题，致使新乡贤仍然囿于合法化困境而难以在乡风文明建设中发挥应有的作用。

二、新乡贤回馈乡里的保障制度不健全

对新乡贤进行身份认定只是保证其发挥作用的基本前提，要实现新乡贤持续助力乡风文明建设之目的，还需要对其施以全方位的保障，但目前在城乡二元体制的制约之下，新乡贤回馈乡里的保障制度是不够健全的。就户籍在农村、土生土长的新乡贤来说，虽然他们大多已经习惯了农村的生产生活条件，不存在居留不便的情况，尚能因地制宜、因人而异地探索出一系列适宜农村、农民的工作方法，但是保障制度的不健全还是会使这部分新乡贤难以持续、有效地助力乡风文明建设。而对那些长年在外工作、学习但仍心怀对家乡的眷恋与热爱、退休或回乡创业的新乡贤来说，保障制度的不健全致使其在助力乡风文明建设过程中出现了更多的问题。

以返乡退休干部为例，尽管中共中央办公厅、国务院办公厅于2016年初印发的《关于进一步加强和改进离退休干部工作的意见》明确提出要"更加注重做好服务保障工作"，这可谓是完善这部分新乡贤回乡保障制度的有力措施。然而，正如习近平所说："制定出一个好文件，只是万里长征走完了第一步，关键还在于落实文件。"① 简而言之，政策文件的落实是循序渐进的系统过程，不可能一劳永逸、一蹴而就，因此，回乡发挥余热的保障制度仍然不尽完善。具体表现在以下两方面：

一是农村住房条件亟待改善。在传统户籍管理制度的影响

---

① 《习近平：坚定制度自信不是要故步自封》，新华网，http://news.xinhuanet.com/politics/2014-02/17/c_119373758.htm,2014-02-17。

下，退休返乡干部大多数是城市户籍，在家乡并没有土地，回到农村，个别人有老宅可以居住，如若没有，便借住在亲戚家或租房子住，条件自然比不上城市。如果连基本的住房条件都难以保障，这部分新乡贤助力农村乡风文明建设的积极性从何谈起？

二是农村医疗卫生条件令人担忧。退休返乡干部大多上了年纪，身体健康越来越重要，农村的医疗条件是他们在持续助力乡风文明建设中最大的后顾之忧。2016年新春伊始，《半月谈》杂志记者在走访江西、山西、重庆等地的部分退休返乡干部过程中，切实感受到了这部分新乡贤在助力乡风文明建设过程中所遭遇的问题。① 不少退休干部在接受记者采访时表示，当前村级医疗卫生条件的确还比较落后，对于头疼脑热等简单病症，村卫生室尚且能应付，但若遇到较大较急的病症就需要到别处就医，这就存在交通不便的问题，很可能会耽误最佳诊疗时间。

三、农村基层党政组织对新乡贤存有矛盾心态

农村基层党政组织对新乡贤助力乡风文明建设存有矛盾心态：或是对新乡贤认识不到位，认为新乡贤可有可无；或是对新乡贤心存偏见、疑虑、抵触。作为领导主体的农村基层党政组织一旦存有这样的矛盾心态，自然会对新乡贤助力乡风文明建设产生极大的制约。具体表现在以下两方面：

一是农村部分基层党政组织常常认为新乡贤没有补贴与报酬，参与农村乡风文明建设只不过是一时兴起、随兴而为，时间一长，就会自动退出乡风文明建设。在这样的认识下，农村不少基层党政组织便选择维持现状的保守心态，认为新乡贤可有可无，既不会支持、鼓励、宣传新乡贤，也不会公然反对新乡贤。新乡贤在这种氛围之下，参与乡风文明建设的积极性自然大打折扣。

---

① 沈洋、刘巍巍等：《退休官员变身新乡贤》，半月谈网。http://www.banyuetan.org/chcontent/_jrt/201639/186833.shtml,2016-03-11。

二是在官本位意识强而民本位意识弱的社会文化氛围下，农村基层党政组织对新乡贤心存偏见、疑虑、抵触。新乡贤是在本乡之内有能力、有知识、有道德、有威望的人群，他们在一乡之内较有话语权，能够凝聚、号召邻里乡亲，影响力较普通农民甚至农村基层党政组织更广泛。正因如此，一些官本位强而民本位弱的农村基层党政组织，自然会产生担忧和主观臆测，担心新乡贤的影响力会削弱自己的权威、地位，使农村基层党政组织在农民面前逐渐失去话语权和影响力。在这样的疑虑与担忧之下，这些基层党政组织自然不会对新乡贤进行组织、引导，更不会放权于新乡贤，取而代之的是在"工作中不积极、不主动、不配合，更谈不上向新乡贤请教、协商和寻求支持帮助，导致新乡贤无所适从、心灰意冷"①。

四、群众对新乡贤的认知欠缺

当前，部分农民受自身文化水平、价值观念等多种因素的影响，对新乡贤助力乡风文明建设的益处难以认同和理解，这主要表现在以下两个方面：

一是部分农民因自身文化水平程度限制而认识不到新乡贤助力乡风文明建设的重要性。农民自身具备较高的文化水平是农民接受新事物、新思想的基础，是农民提高生产技能、思想道德素质的前提，是参与推动乡风文明建设的条件。但就目前来看，虽然农民整体文化水平在不断提高，但仍然存在极大的提升空间。据统计，"我国农民初中、小学文化程度占70%以上，高中文化不到18%"②。文化程度偏低，在一定程度上决定了他们对乡风文明建设及新乡贤助力乡风文明建设的短视，即他们更看重的是

---

① 王文峰：《"新乡贤"在乡村治理中的作用、困境及对策研究》，《未来与发展》，2016年第8期。
② 何蔚娟，田永平，郑雪宁：《职业农民发展存在的问题与培养对策》，《现代农业科技》，2013年第23期。

眼前、近期的生产生活，无暇顾及和支持投资大、耗时长、见效慢的乡风文明建设，既认识不到乡风文明建设本身的重要性，也看不到乡风文明建设给自身带来的益处，甚至认为乡风文明建设虚无缥缈、可有可无，对乡风文明建设持不关心、不参与的态度，对新乡贤助力乡风文明建设更是不以为然。

二是部分农民因存在"一切向钱看"等功利化价值观念，不能理性地对待新乡贤及其助力乡风文明建设。市场经济这把"双刃剑"在提高农民经济收入、带动农村经济发展的同时，也不可避免地将"一切向钱看"等功利化价值观念潜移默化地灌输到农民的思维方式、行为习惯中，导致部分农民重利弱德、心中无德，具体表现为：如若新乡贤出资完善农村基础设施、提供农村基本公共服务、带领农民共同致富，在农村中就会有号召力与凝聚力，受到农民极大的赞赏与褒扬；而如若新乡贤在处理邻里矛盾、宣传环保知识、传播主流价值观等活动中助力乡风文明建设，部分农民的心态就会发生改变，往往不认可、不接受新乡贤的所言所行，甚至认为新乡贤是在多管闲事。

第四节　新乡贤引领文明乡风塑造的路径

一、明晰农村基层党政组织与新乡贤的关系

毋庸置疑，乡风文明建设是一项系统而艰巨的工程，既需要农村基层党政组织充当领导主体，担负起制定政策、提供财政、率先垂范的责任，亦需要新乡贤作为辅助主体之一，主动、积极、持续地参与乡风文明建设。而如若两者维持和谐关系，形成强大合力，方能更有效地助力乡风文明建设。但是，现实情况不容乐观，受主客观因素制约，农村基层党政组织对新乡贤存在矛盾心态，两者若即若离的关系阻碍了乡风文明建设的进程。为此，农村基层党政组织和新乡贤都需要为改善两者关系做出一定的努力。

一方面，坚持农村基层党政组织的领导主体地位，即进一步

明晰新乡贤及组织的服务范围，使其"有所为有所不为"。农村基层党政组织须在更新建设观念、加大财政投入、提升自身综合素质的前提下更加重视乡风文明建设，并积极对新乡贤及组织放权。同时，农村基层党政组织也可根据实际情况制定相应的文件，合理定位新乡贤及组织的性质、地位、作用，并对新乡贤及组织进行恰如其分的引导，避免部分新乡贤利用自己的道德影响力以德代法、结党营私、追名逐利，扰乱农村社会秩序。比如，山东省邹城市唐村镇便于2016年初制定出台了《唐村镇乡贤推选实施方案》《新乡贤文明行动实施方案》等制度性文件，不仅明晰了新乡贤的定位与作用，而且完善了新乡贤选任、培训、管理的办法。①

另一方面，新乡贤及其组织也应在和谐两者关系中做出一定的努力：对单个存在的新乡贤而言，应该通过加强自身道德修养进一步明确自己是农村基层党政组织推动乡风文明建设的辅助者，所言所行皆要有所规范；对已经汇集而成的新乡贤组织来说，则应该明确农村民间组织应遵循的相关规章制度，对其成员助力乡风文明建设的行为进行制度化的规范与约束。

二、搭建服务平台，引领新乡贤合理集聚

虽然新乡贤同农村民间组织一样，是乡风文明建设的辅助主体之一，但相关政策并没有对新乡贤助力乡风文明建设的可能性和必要性做出明确规定，而且在农村出现的单个新乡贤的组织化程度也不高，新乡贤在助力乡风文明建设中不可避免地遭遇合法化困境。为此，农村民间组织参与社会主义新农村建设的思路非常值得借鉴：搭建各种形式的平台，将单个新乡贤制度化地汇集起来，凝聚他们的力量，以便于他们更有力量、更有底气、更持

① 王志，谢云松：《邹城市唐村镇——新乡贤文明行动带动传统文化回归》，新华网，http://www.sd.xinhuanet.com/sd/2017-10/10/c_1121781763.htm，2017-10-10。

续地助力乡风文明建设。

不可否认，近些年来，随着新乡贤助力乡风文明建设事迹的不断涌现，各地纷纷在基层党政组织的指导下搭建起乡贤参事会、乡贤理事会、乡贤志愿工作站、同乡会等组织，有效地缓解了新乡贤合法化的困境。比如，浙江省绍兴市越城区孙端镇党委政府便于2012年下半年启动了成立村级乡贤参事会工作，"到2014年底，全镇16个村都成立了乡贤参事会，会员人数达215人"①。这类组织是介于官方与民间之间的新型社会组织，理应属于农村民间组织范畴。单个的新乡贤作为组织成员之一，其助力乡风文明建设的合法性困境可以得到有效克服，助力乡风文明建设的效果也更佳。同时，在组织明确的规章制度的保障下，可以有效防范部分新乡贤助力乡风文明建设产生异化的可能，保证新乡贤更主动、更持续地助力乡风文明建设。

与此同时，为更好发挥新乡贤及组织助力乡风文明建设的作用，农村基层党政组织应在继续搭建各类服务平台的前提下，根据国务院颁布的《社会团体登记管理条例》《民办非企业单位登记管理暂行条例》《基金管理条例》，以及民政部出台的《取缔非法民间组织暂行办法》《民办非企业单位登记暂行办法》等相关法律法规，完善新乡贤组织的规章制度，预防其发生异化，以引领新乡贤合理集聚，从而助力乡风文明建设。

三、完善保障制度，便利新乡贤回馈乡里

以户籍制度为基础形成的城乡二元体制的存在，致使农村较城市而言公共服务更稀缺、基础设施更落后、社会保障更不完善，进而使城乡资源分配不均、城乡差距拉大，新乡贤助力乡风文明建设面临保障制度的现实阻碍。如果连基本的住房和医疗卫

---

① 马永定，戴大新，张俊祜：《乡贤及其组织在乡村治理中的作用研究——以绍兴市孙端镇村级乡贤参事会为例》，《绍兴文理学院学报（哲学社会科学版）》，2015年第2期。

生条件都难以保障，新乡贤即使有助力乡风文明建设的满腔热情，也会在这些简陋的外部条件面前有所冷却、退缩。为此，推动城乡一体化进程，完善相应保障制度已是迫在眉睫。城乡一体化的思想在 20 世纪就已经存在，近年来的中央一号文件更是频频提到城乡一体化的重要意义与基本措施。在推动城乡一体化的进程中，提高农村公共服务水平而促进城乡基本公共服务均等化，无疑是保障新乡贤助力乡风文明建设的必要之举。

不论是对扎根本土、服务本土的新乡贤而言，还是对返乡的新乡贤而言，提高农村公共服务水平，推进城乡基本公共服务均等，都是他们助力乡风文明建设的前提保障和动力支持。具体而言，针对部分新乡贤没有基本住房的问题，可以将农村中闲置不用的村委会房屋充分利用起来，或者可以考虑全国政协委员、重庆市政协副主席吴刚提出的建议："结合当前乡村土地改革'三权分置'的有关精神，在探索宅基地有偿使用制度和自愿有偿退出机制上，允许农民自愿将宅基地使用权有偿转让给还乡人员。"[1] 而针对新乡贤存在的就医难的顾虑，加大农村医疗资金投入，更新农村医疗基础设备，提高农村医疗水平，已是刻不容缓的工作。

四、提升农民对新乡贤助力农村道德建设的认同度

提升农民的认同度是一个循序渐进的过程，会经历"思想改变—顾虑消除—情感质变"三个阶段。具体而言：促进思想认同，是指通过切实保障农民利益和采取灵活多样的教育方法，对农民加强全方位教育，使农民从思想上逐渐认识到新乡贤助力乡风文明建设的重要性；培育心理认同，是指在多方面力量一道努力的情况下，使农民消除心理上的不解与顾虑，比如新乡贤是否有资格和能力助力乡风文明建设、退休干部返乡参与乡风文明建

---

[1] 谭柯，李阳：《鼓励"四有"人员退休还乡 培育"新乡贤文化"》，《重庆商报》，2017 年 3 月 12 日。

设究竟目的何在等；增强情感认同，是指以多种形式广泛宣传新乡贤助力乡风文明建设的事迹，使农民切实感受到新乡贤的确在乡风文明建设中发挥着重要作用，并使之能够进一步产生"移情效应"。

第七章　乡风文明与农村制度规范建设

所谓制度规范是指人们社会生活的行动规则，它是人们在长期社会生活中，根据普遍认可的社会价值观对特定环境中的人类行动所做出的、必须共同遵守的程序与规则。[①] 可见，社会规范是一种价值标准，一种行为准则，是各种社会关系的反应，它是塑造文明乡风的基本手段和途径。制度规范主要指国家法律、村规民约和民间信仰。目前来说，乡风文明的制度规范建设就是要加快农村基层法治建设、完善村规民约、规范民间信仰。

第一节　加快农村基层法治建设

乡村振兴离不开法治建设，在建设社会主义新农村的进程中，首先要关注的就是人民的意愿，治理农村的规律要时刻遵循经济发展的维度和社会的自然进程。不管是国家的宏观调控，还是农民所进行的各项活动，都应该在国家法律所规定的范围内进行。农村基层法治建设既是依法治国、建设社会主义新农村的主要内容之一，又是制约其进程的关键环节。假如在建设新农村的进程中没有法律作为保证，乡村振兴也将成为一句空话。

一、我国农村基层法治建设现状

农村要想得到较好的发展，农村社会的秩序应该得到足够的重视，农村社会必须有法可依、有章可循。但是，在现实生活中会受到很多客观条件的制约，我国农村基层法治建设仍然处于相对落后的情况，这种情况给我国新农村建设带来一定的制约，对

---

① 郑杭生：《社会学概论新修》，中国人民大学出版社，1994年，第322页。

农村各项事业的进步也产生一定程度的消极影响。

（一）农民法律素质不高，农村干部法律意识不强

法治在农村的推进程度，取决于农民这一生活在中国农村基层的最大群体能够在多大程度上了解、认同和接受法律的调整。自中华人民共和国成立以后，党中央高度重视法律的宣传与教育工作，广泛宣传法律的积极作用，在实践中让人们了解法律的实用性，人民群众的法律意识逐渐增强，但是从整体来看，农村法治进展缓慢，农民法律观念仍然不强。

中国农民的法律意识和法治观念明显滞后，在一定程度上存在着法律信仰危机。农民通常对法律漠不关心，游离于法律之外。即便有相关法律，但对有法不依的现象司空见惯，从而失去对法律价值的认同感，形成一种"法律虚无主义"的观念。同时，由于农村司法有时有失社会公正，在一定程度上使部分农民缺乏对国家司法应有的公信。

人们往往对自己信任的或者认为具有足够的权威和震慑力的机构，才能心甘情愿地服从，但是就目前来看，司法机关在人民心目中的地位并不高，人民对司法机关的信任度也不高，导致在实现司法公平和正义方面存在种种困难。[1] 其中主要原因有关于某些地方乡镇干部漠视农民对成文法的回避，利用群众的"惧法"心理，谋取私利。现在国家提倡以人民为中心的发展思想，也就要求领导干部不管做什么工作都要时刻记挂着人民，但是在现实生活中，一些执法人员在进行执法过程中不仅态度恶劣，而且工作方式也非常单一且暴力，认为自己是领导，一副高高在上、盛气凌人的样子，对农民的人格尊严不能给予良好的尊重，这是不应有的工作态度。由于农民在进行农业生产过程中不能得到自己满意的收益，难以维持家庭的基本开支，决定外出打工，有部分领导干部在农民外出打工的时候不能及时宣传进城务工农

---

[1] 余大伟：《农村法律之维——从鄂西北农村窥视农民法律意识》，中国法院网，http://www.chinacourt.org/public/detail.php? id=156501。

民的权利意识和应该履行的义务，基本的普法工作没有做到位。在农民工的切身利益受到损害，需要得到法律帮助的时候，农村基层政府在处理实际问题的时候却暗含着推卸责任的态度，没有应该有的积极性，这些都是需要解决的问题。

在一些事关农民根本利益的重大问题上，有些农村干部封建专制意识还十分浓厚，他们常常无视广大农民的基本权利，在处理问题的时候不按客观规律办事，有些领导干部按自己的主观意志处理和评判一些纠纷案，有的领导干部甚至希望在为农民处理问题的时候能够从中捞取一定的好处。这些行为都严重损害了广大农民的权利，农民的切身利益没有得到最基本的保障。农民不知道已受到侵害，或者虽已知道，也不敢主张权利，更难对农村干部行使权利进行有效的监督和制约。

（二）农村法律法规不健全

伴随着社会的发展与进步，我国民主与法制建设也逐步健全，可喜的是，我国农村在立法方面得到了很大提高。这些在理论上已得到大家的普遍认同。但是，不可否认的是，在农村的现实生活中，实际运用法律的时候却不尽如人意。尽管我国农村立法情况在一定程度上取得了改善，但是和城市相比，农村立法还是较为落后的，我国农村法律体系还需要进一步健全和完善。纵观我国农村法治建设，很多应该有的法律法规至今还没有出台，在农村发展中遇到的矛盾和问题得不到妥善解决，我国的农业保障机制还不够完善与健全。

此外，我国非常重视"三农"问题，但是在农村出现了一些盲目跟风的情况，那就是设立农村基金会，这种没有进行具体考察就广为设立的基金会，使得农村的金融秩序出现紊乱。这也从一个侧面说明了法律法规建设对农村发展具有至关重要的作用。不可否认，我国农村立法在一定程度上取得了比较好的成绩，但是还存在体系不够健全的问题。法律体系的完善对农业、农村、农民来讲是一件非常值得庆贺的事情，在全面依法治国的大背景之下，有了法律作为依靠和保证，农民的切身利益才能够得到维护。

（三）农村矛盾多发，执法不规范

目前我国处在一个大的社会转型时期，社会主义市场经济的发展，人民利益的重视程度正在逐步提高，伴随着社会环境的这些大变化，利益主体出现多元化，进一步导致了矛盾的激化。当然这中间存在有些乡村干部不作为的情况，部分乡村干部官官相护、互相勾结，从农民身上捞取好处，损害了农民的切身利益。

对于农民来讲，当合法权益受到侵害时，他们自身的态度也存在巨大差别，有些农民平时学习一些法律知识，懂得用法律的武器来捍卫自己的合法权益，这是非常明智的选择，也能给不法分子以教训；但是也有部分农民认为多一事不如少一事，宁愿吃点亏，也不愿意求助于相关法律专业人士；还有一部分农民采用非常极端的方法，比如通过打架斗殴来出心中这口气。这是不可取的，说不定还会酿出人命关天的祸事。总而言之，矛盾和问题一定要及时解决，妥善处理，要运用正当的法律武器来维护自己的合法权益。

农村基层执法方面存在以下问题：首先，农村执法者存在认识问题。由于受传统文化的影响和制约，农村还遗留着很多封建思想，如在农村治理方面，法律、法规得不到相关部门的足够重视，也就出现了恶性循环的问题，法律体系不健全，法律、法规落实不到位，人民不愿意去遵守，导致相关部门不能积极地改善与健全。部分农村执法部门执法过程拖延，办案效率低、浪费时间，执法主体的作用没有得到充分体现。其次，农村执法环节存在问题。部分农村执法人员在执法过程中存在程序化严重的问题，如借口严格按照章程办事，一点儿人情味也没有，不能体现以人民为中心的发展思想。最后，执法部门存在经费不足的问题。农村执法经费不够用的问题较为严重，使得在进行社会管理的过程中存在方式、方法落后的问题，对执法工作的开展造成非常大的限制和影响。

（四）农村基层法治缺乏人才、物质和制度保障

没有大批合格的法律人才，就很难在农村推行普法教育、提高农民法律素质，更谈不上依法行政与司法公正。然而，由于受到经济利益驱动及农村特定法治环境的影响，我国农村法律人才严重缺乏，农村基层司法工作人员的素质存在严重问题。

农村普法教育落后，缺乏物质和制度保障。一方面，农村法治建设方面所涉及的法律内容广泛，法治宣传教育工作量大。如果连基本的宣传资料与经费都得不到保证，法治宣传就不可能经常化、制度化。另一方面，有的地方至今没有建成乡镇司法所，或者即便建成，也面临窘境，缺乏人、财、物，甚至连正常工作也无法开展。

二、加强农村基层法治建设的措施

（一）加强法治意识培养

1. 大力发展农村教育，提高农民科学文化素质。进一步强化农村义务教育，着力普及和巩固农村九年制义务教育。对农村现有的各种教育资源加以整合，增加教育投入，开办农村成人教育、农业科技培训学校等院校。对农民加强各方面教育，使其由体力型农民向文化型农民转变，由传统型农民向现代型农民转变。与此同时加强普法宣传，提高农民的权利意识。要做好法律意识在农村的普及，就必须先在农村做好基础教育，使农民有意识地遵守法律，同时又懂得运用法律维护自己的合法权益。

2. 深入持久地进行法治教育，培养农民的维权意识、民主意识、守法意识。加强思想道德建设，增强农村基层组织的号召力和凝聚力，为普通农民提供保障；同时使基层干部充分认识到农村加强法治建设的紧迫性和重要性。将法治教育上升到国家安定、富国强民的高度来认识。要认识到包括农民在内的广大人民群众才是依法治国的主体，究其根本而言是"民治"，而不是少数公职人员以权治民。加强广大农民群众大力学法、用法、守法的意识，使其学会用法律规范自己的行为。要注重培养和提高农

民的法律意识，继续加大农村的普法力度，提高普法质量，为农村法治建设创造良好的社会环境，引导农民运用法律手段来保护自己的合法权益，解决各种矛盾纠纷。

3. 充分发挥农村人民调解员、司法助理员、基层法律服务人员和法制宣传教育志愿者等的作用。他们了解农村、熟悉农村、深入农村，进行法制宣传教育优势明显；动员城市法律工作者对农村人民调解员、司法助理员、基层法律服务工作者和法制宣传教育志愿者进行传、帮、带；开展经常性的"送法下乡"活动，变"送法下乡"为"法常驻乡"；培养农村基层专兼职法制干部，全面提高农村法制宣传教育工作者的宣传能力和水平，加强农村法制宣传教育队伍建设，形成以城带乡、城乡统筹发展的良好的法制宣传教育局面。

（二）健全农村法律体系及执法方式

首先，要改变传统的立法思维模式，也就是农业立法思路要得到转变，要以立足国情、大胆吸收和借鉴发达国家或地区的立法经验，改变传统的农业立法思路。放眼世界，我们就会认识到，许多发达国家对农业都有立法保护。要根据我国广大农村的实际情况，借鉴发达国家的经验，制定相关法律法规，形成具有中国特色的农村法律体系。重点开展以下几个方面工作：以法律形式明确农业在国民经济中的基础地位和作用；制定农业基本法，注重配套法律的建设，注重立法层次性和实施细则的制定，注重立法的实用性和可操作性，注重农业法治的统一性和时代适用性。

其次，要整合资源，规范执法程序。"法律的正义唯有通过诉讼程序的公正才能真正实现，而程序公正是法律公正的根本保障。"[1] 要整合基层资源，形成合力，深入推进基层民主法治建设，为广大农民群众提供全面的法律服务。要及时宣传与农民切

---

[1] ［日］谷口平安：《程序的正义与诉讼》，王亚新等译，中国政法大学出版社，1996 年。

身利益息息相关的法律法规。审判工作、人民调解工作都要深入基层。司法审判下基层，实现就地办案，这对于调查研究、搞清案件真相以及增加审判工作的透明度都是有利的，同时也有利于农村司法环境的健康发展。人民调解制度作为人民司法工作的必要补充，对于解决民间纠纷、增强人民内部团结起着重要作用。

基层执法人员直接面对农民，其个人素质的高低，直接影响农村执法工作的效果。应加强对农村执法人员的相关培训，不断提升其专业素养。同时，农村执法工作的特殊性使我们在强调农村执法人员的法律知识储备和执法水平的同时，也要关注对农村情况的了解程度和对相关农业知识的掌握程度。高素质执法队伍的建设涉及方方面面，是一项复杂的系统工程。要全面提高农村执法人员的政治素质、业务素质、思想素质和法律素质，通过建立农村执法错案追究制度、执法奖惩考核制度、持证上岗制度等相关制度体系，加强对农村执法人员的管理。相关农业院校也应该增设农业法律专业，培养既熟悉农村工作实务又熟悉法律法规的专门人才。

（三）推动农村经济发展

作为上层建筑重要组成部分的法治，是建立在市场经济之上的。也就是说只有在市场经济达到较高的经济形态时，权利平等、法律至上等法治观念才能得以呈现。在我国广大农村地区，市场经济基本处于起步阶段，经济水平相对落后，进行完备的法治建设困难重重。因此，加快农村经济发展是推进农村法治建设的重中之重。

此外，法律与社会相交融，一方面，法律对社会起到引导、规范和提升的作用；另一方面，社会适应、理解法律并与之接轨。同时，法律是建立在一定的物质基础上的，农村经济相对落后，没有必要的经济支持，农村法治建设必然受阻。故而，加强农村法治建设应大力发展农村经济，建立统一完备的市场经济体制，并将农户推向市场。农村市场经济发展中，要切实转变发展方式，转换经营机制，使农民处于市场竞争的中心位置，成为市场竞争的主体，真正面向市场，实现自主生产，使根据市场需求、消费趋势、价格波动和预期收益来引导生产彻底代替以行政计划指导生产的做法。这样，农民在市场经济运行中受到法律的规范和引导，从而接受这种规范、引导、制约和保护。

（四）培育和践行社会主义核心价值观

加强中国农村法治建设研究必须加强精神文明建设，其至关重要的作用就是培育和践行社会主义核心价值观。习近平总书记在党的十九大报告中指出，要培育和践行社会主义核心价值观。社会主义核心价值观是当代中国精神的集中体现，凝结着全体人民共同的价值追求。党的十八大以来，以习近平为核心的党中央把社会主义核心价值观建设作为基础工程和战略任务摆在突出位置，做出一系列重大部署。各地区、各部门认真贯彻落实党中央的精神，着力在贯彻、结合、融入上下功夫，在落细、落小、落实上下功夫，不断创新教育载体，持续深化工作措施，大大增强了人们对社会主义核心价值观的认同感、自信心和践行力，凝聚了团结一致、奋发进取的强大力量。

一是要充分发挥社会主义核心价值观的引领作用。要把培育和践行社会主义核心价值观，作为精神文明建设的根本任务，贯彻到文明城市、文明村镇、文明单位、文明家庭创建的各个方面。告诉人们什么是应该肯定和赞扬的，什么是必须否定和反对的，潜移默化地增进人们对社会主义核心价值观的认知、认同和践行自觉。

二是要运用法律弘扬社会主义核心价值观。法律是道德的底线，也是道德的保障，以法治承载道德理念，道德才有可靠的制度保障。要坚持依法治国和以德治国相结合，把社会主义核心价值观融入法治国家、法治政府、法治社会建设的全过程，贯穿立法、执法、司法、守法各方面，在全面依法治国实践中实现良法善治，为中国农村基层法治建设研究奠定坚实的基础。

第二节 完善村规民约

村规民约在中国历史上存在已久，成为传统社会中主导乡村社会秩序和乡民生活的主要规则。我国早在北宋时期就有陕西蓝田吕氏兄弟发起制定的村规民约"吕氏乡约"或谓"蓝田乡约"。村规民约是村民们共同价值观的凝聚，与村民的生活息息相关，最容易得到支持，执行起来也容易落实到位。2018 年，《中共中央国务院关于实施乡村振兴战略的意见》明确提出，要"发挥自治章程、村规民约的积极作用"，形成民事民议、民事民办、民事民管的多层次基层协商格局。同年，民政部、中组部等七部门联合印发了《关于做好村规民约和居民公约工作的指导意见》，明确提出"2020 年全国所有村、社区普遍制定或修订形成务实管用的村规民约、居民公约，推动健全党组织领导下自治、法治、德治相结合的现代基层社会治理机制"的工作目标，赋予村规民约以崭新的时代内涵。

村规民约是立足乡土社会、基于合意制定或约定俗成、对共同体成员产生约束和指引作用的成文或不成文的行为规范。作为一种非正式的制度，村规民约曾以其德业相劝的教化理念、过失相规的惩罚机制、礼俗相交的治理模式、患难相恤的救助体制，深刻地影响了传统乡村社会伦理价值观和道德行为规范的形成，为乡风文明的孕育提供了制度规范。创建适应现代社会发展的乡规民约，对于乡风文明建设提供与时俱进的制度保障是不可或缺的。

一、村规民约的当代价值

随着乡村振兴战略的深入推进，我国农村正在经历前所未有的变化。这一变化赋予了新时代村规民约崭新的价值意蕴。

（一）增强基层法制意识

村规民约是乡土社会公认的调解村民日常行为的道德准则，它对我国农村社会具有重要的调控作用，常被看作是具有一定权威性的民间规范。① 历史上的村规民约中有许多保护环境、保护耕地、兴修乡村水利设施以及道路等方面的内容，例如《同里乡约》中曾记载："偷盗别人家的牛来当作己用的人要把他当成盗贼处置，若是买来牛却将其宰割也是犯了相关律法，要将其送官。"②由此可以看出，村规民约以教化村民从"善"，维护乡村社会秩序为目标，乡约在管理乡村公共事务的过程中，促成乡村社会的"善治"，这与我国当今所要求的目标具有一致性。村民通过订立和遵守各项"规定"，会在无形之中提高自身的道德素质，并会继续教育后辈遵循这些"规定"。③ 通过村规民约改变不良习惯，取得了较好的效果，为建设文明乡风、形成农村社会文明新风尚奠定了基础。而且，新时代的村规民约所提倡的"善念""家族和谐""村风朴实文明"等又非常符合我国法治社会的道德要求。由此可见，村规民约不仅能够传承优秀的传统文化，还特别符合我国的现代法治精神，对于新农村建设中的乡村文明建设具有重要的现实意义。

（二）弥补国家立法的不足

我国法律具有普适性的特点，但是乡村社会毕竟属于基层，要想把基层社会的复杂事项都处理得井井有条并不是一件简单的事。村规民约作为各个村庄自古传承的"权利义务书"，可以从三个方面来弥补乡村基层因国家立法不足而产生的问题：一是可因地制宜地制定村庄管理规则。我国大大小小的村庄不计其数，每个村庄风俗习惯的不同造就了各个村庄的独特性，只有最适应本村情况的制度才是最好的。村规民约能根据当地实际情况制定出相关规范让村民遵守。二是村规民约具有很强的伸缩性。从其制定的程序来看，其制定过程十分简便，不像其他法律规章那样

---

① 刘笃才：《中国古代民间规约引论》，《法学研究》，2006 年第 1 期。
② 过竹：《岭南地区苗族瑶族乡规民约与和谐社会建构研究》，广西人民出版社，2014 年，第 20 页。
③ 江必新，李沫：《论社会治理创新》，《新疆师范大学学报》，2014 年第 2 期。

复杂，并且在一村之内可以从实际出发，随时随地根据新情况、新问题，很快制定出新的村规民约。三是村规民约在解决基层问题时更注重细节。村里各种大小矛盾时常存在，而村规民约能够从细节处以最小的成本妥善处理这些"民间细故"，将这些国家法律法规无法深入解决的问题解决掉，弥补国家法之不足。因此，将村规民约纳入国家立法中势在必行。

（三）有利于乡村社会的稳定与自治

无论处于社会的哪一阶层，矛盾都是无处不在、无时不有的，面对如此繁多的矛盾，如果大小事情都依赖国家立法解决，社会成本太高，并且由于诉讼时效长，容易积累社会矛盾，这显然是不现实的。村规民约在解决基层纠纷的时候有两大国家立法不具备的优势，即成本低且效力高。成本低是指通过村规民约解决乡村社会的问题可以减少社会诉讼资源的浪费，有些村民的利益受到损失后想寻求法律的援助，但诉讼之路谈何容易？电影《秋菊打官司》就生动地体现了基层百姓行使诉讼权利的艰辛。主人公秋菊为了得到自己想要的"说法"，几经波折，无论是体力、金钱还是精力都付出了很多，但这并没给她带来想要的"说法"，而是令她在村中无法立足。如果一开始她就愿意遵从村俗村规进行调解，也许自己的损失能够得到应有的赔偿，也不会由于经历漫长的诉讼道路而身心俱疲，更不会和村长成为仇人，与村民之间关系尴尬。效力高是指在乡村传统的"熟人社会"中，每个人都很注重自身的名声，都很爱"面子"，这种隐形的压力对村民的约束力是很大的，更不要说违背了村规民约。因此，我们可以充分发挥村规民约的优势，使矛盾能够在村里解决，并在解决问题的同时提升村民自治水平，维护村庄的稳定发展。

二、村规民约的现实困境与挑战

随着经济发展、社会转型和城镇化步伐的加快，广大农民的生产方式、生活方式、思维方式都发生了前所未有的变化，由此带来的农村社会治理环境与治理条件也发生了前所未有的重大转变，导致村规民约赖以生存和发生作用的社会基础正在不断消解，村规民约的约束力正在逐渐弱化等一系列矛盾和问题。当前村规民约正面临着前所未有的困境和挑战。

（一）村规民约面临的外部挑战

当前，中国广大农村社会正经历着剧烈的变革。从物质文明建设的巨大发展到精神文明建设的深入推进，再到生态文明建设的觉醒与开启，中国广大农村社会的整体环境正发生着从内到外的深刻变化。这一变化深刻地影响和改变着乡村治理体系，村规民约的构建和实施面临着全新的外部环境。

中国传统的乡村社会是建立在伦理本位下的关系社会，"是一个'生于斯、死于斯'的社会，是一个'熟悉'的、没有陌生人的社会"。其中，儒家伦理道德作为中国乡村社会关系的核心价值理念，支撑着中国乡村社会的价值体系。主要体现在以下方面：经济制度上，以自给自足的小农经济为基本特征；治理体系上，族长统治和乡绅协调相得益彰；社会结构上，亲疏有别的人情关系形成人际关系纽带；思想文化方面，以儒家思想为主导的礼治秩序被尊崇与奉行。在此基础上形成了以通过礼俗进行社会控制、依靠教化建构社会秩序、运用劝服调适社会关系等为主要特征的传统村规民约，以其固有的内生性和契合性发挥着劝善教化的重要作用。

但是，受市场经济以及工业化、城市化浪潮的冲击，当前中国农村社会正经历着从传统的"乡土型"社会到"现代性"社会的转型发展，即原来以伦理道德为核心，逐渐被利益本位所取代。市场规则和利益关系愈来愈成为人们处理社会关系的基础，乡村社会集体意识逐渐崩塌，人情社会悄然解体，乡村伦理秩序发生异化，成为中国农村社会"现代性"的鲜明特征。

总之，当前中国广大农村治理环境正在进行全方位的、深刻的历史性变化，给新时代构建和实施村规民约提供了前所未有的机遇和挑战，必须引起高度重视。

（二）村规民约面临的自身困境

当前，乡村振兴深入推进，农村社会环境深刻变化，村规民约因其自身明显的时空性特征和传承性倾向，不可避免地出现缺失、薄弱、虚空等问题，成为影响和制约自身发展的掣肘。

一是缺失问题。面对时代变迁，村规民约原有的内容已不能及时反映发展变化的社会现实和村民需求，而新的村规民约又没有及时跟进完善，导致缺失问题的产生。主要表现在以下几个方面：其一，在社会主义市场经济条件下，如何调适和规范日益增加的经济交往，保障村民合法经济权益？村规民约存在缺位问题。其二，面对村民独立性日趋增强的现实，如何调适和构建新型村民关系？村规民约存在缺位问题。其三，面对村民对美好精神文化生活的需求，如何将社会主义核心价值观融入村民生产生活，构建文明、和谐、健康、向上的农村社会风尚？村规民约存在缺位问题。

二是薄弱问题。乡村社会的急剧变迁，致使村规民约发挥效用的条件发生巨大变化，村规民约的执行力和约束力正在逐渐弱化。主要表现在以下几个方面：其一，面对日趋多样多元的利益诉求和价值取向，传统意义上"乡人相约，勉为小善"，以成就道德之善作为行为目标的村规民约约束力正在逐渐弱化。其二，村规民约的执行主要依靠村民的协商自觉和舆论压力，以及一些有限的物质惩戒，其背后的支撑实际上是一种"社会集体意识"，与国家法律和政策相比，缺少刚性约束的强制手段，这种建立在以关系和人情为基础的传统乡村社会秩序规范，在传统敬德价值观式微的当代农村必然导致执行和效力上的削弱。

三是虚空问题。乡村社会的巨大变迁，传统意义上的村规民约调适的内容与主体正逐渐减少和消失，导致已有的村规民约出现虚空问题。主要表现在以下两个方面：一方面，已有的村规民约所调适的人与人之间的关系、禁止性的规定等内容，随着时代的变迁，有的正在发生根本性的改变，正在逐渐减少或消失，致使原有的村规民约"名存实亡"；另一方面，许多农村地区也制定了一些新的村规民约，但村民参与度不够，认同度不高，渐渐变成了写在纸上、贴在墙上的摆设。

三、完善村规民约的措施

村规民约只有与形势发展同步、与时代变迁吻合，才能发挥应有的作用。美国社会学家理查德·斯科特认为："制度是由规制性要素、规范性要素与文化认知性要素三大基础要素构成的。这三大要素构成了一个连续体，以相互独立或相互强化的方式，构成一个强有力的社会框架，共同发挥作用。"①

（一）重振村规民约治理的权威性

规制性制度要素理论学者认为，"惩戒性是制度所存在的根本，也只有惩戒性条款的规定，才能形成一个有效而稳定的制度"②。"与纯粹的利他主义道德相比，制度的规制性所表现的道德境界不高，但它却是维护社会秩序的基础。"③ 因而，重振权威性，强化制度的规制性要素，是保障和实施村规民约的必然要求。这就必须从重塑本土权威和重构舆论环境两个维度着手，重新构建村规民约的治理基础。

一是重塑本土权威。首先，要确立党的农村基层组织在农村社区工作中的全面领导地位，为乡村治理提供坚强政治和组织保证，确保党对农村工作的全面领导落实到"神经末梢"。其次，要强化村民自治实践。村委会是村民会议的执行机关，是村民共同意志的代表。要进一步规范国家政权对农村基层工作的指导范围，避免政权治理重心过度下移，为自治领域内各项治理权的有效实施提供充足空间。最后，要重视发挥社会组织的本土权威作

---

① ［美］理查德·斯科特：《制度与组织：思想观念与物质利益》，姚伟、王黎芳译，中国人民大学出版社，2010年，第35页。

② 周家明，刘祖云：《村规民约的内在作用机制研究：基于要素——作用机制的分析框架》，《农业经济问题》，2014年第4期。

③ 范广垠：《制度三大基础要素理论与中国法治建设：兼论传统文化的学习》，《观察与思考》，2016年第11期。

用。乡贤理事会、老年协会等农村社会组织，由乡村精英能人组成，包括退休返乡官员、创业致富能手、耕读乡土的文化人才等，其本身具有独特的"魅力权威"。团结和发动社会组织的权威力量，发挥价值引领作用，将有助于实现村规民约的真正适用。

二是重构舆论环境。保障村民在制定村规民约过程中广泛参与、民主协商和充分沟通，使直接民主贯穿其中。在此基础上，通过充分的沟通、协商，广泛倡导村规民约的"契约化"属性，即"通过谈判达成合意"①。代表村民合意的村规民约作为契约式规范，为村民自己设置了一套行为准则。任何违反村规民约的行为，造成对契约公意的破坏，势必受到道德谴责和村治主体的共同制裁，由此构建起村规民约共同遵守的强大舆论约束力。

（二）提升村规民约制定和实施的规范化水平

村规民约作为准法规范，程序正义是其合法性的重要来源，其制定和实施必须建立一套规范性的操作机制，做到制定主体、程序和内容的全面规范。

一是规范规约内容。针对村民组织化程度较低和认识水平不高的现实，制定和实施村规民约必须加强引导。乡镇在进行备案和合法性审查时，要引导和规范村规民约与党的方针、政策及国家现行法律法规相符合，使之能正确调适村民之间、村民与集体、集体与国家、本村与邻村的关系，不得与宪法、法律、法规及国家相关政策相抵触，不得有侵犯村民的人身权利、民主权利和合法财产权利的内容。

二是规范制定主体。《村民委员会组织法》第二十七条规定，"村民会议可以制定和修改村民自治章程、村规民约"；第二十一条规定，"村民会议由本村十八周岁以上的村民组成"。由此可知，村规民约的合法制定主体即为村民组成的村民会议。

① 汪世荣：《"枫桥经验"视野下的基层社会治理制度供给研究》，《中国法学》，2018年第6期。

同时，"从原理上来讲，直接民主是村民自治的灵魂，也是村民自治的最大特色和最有可能做出制度贡献的地方"①。在制定和实施村规民约的过程中，要严格遵循直接民主的要求，让村民自己决策、自己选择，村民的权利确认书由全体村民共同书写，坚决杜绝包办代替，只有这样才有可能真正把群众的意愿和诉求反映出来。通过村民直接参与、民主协商，议定执行办法，实现民事民议、民事民办、民事民管，方可满足村规民约制定主体的合法性与合理性双重需求。

三是规范制定程序。只有程序正当合法，才能保证实体公平正义。完善和规范村规民约的制定和修改程序，严格贯彻落实村民会议作为村规民约唯一法定制定主体的规定，从而加强其权威性，减少其实施过程中的阻力。《村民委员会组织法》明文规定村规民约的制定主体为村民会议，而实践中这一规定并未得到很好的落实。"有的村规民约是由乡镇统一制定的而不是村民共同商定的；有的村不召开村民会议而直接宣读村规民约。"这样制定出的村规民约不能得到群众的认可和支持。

然而，村规民约能否制定好、落实好，关键是群众的认可和遵守。因此，村规民约的建立和完善，要坚持一切为了群众，一切依靠群众，从群众中来，到群众中去的群众路线，积极发动群众，广泛征求村民意见和建议，把群众的问题交给群众自己解决。群众的参与度越高，村规民约体现的治理效果越好，治理的程度越深，越能为实施乡村振兴战略奠定坚实的群众基础。

（三）增强村规民约的实用性

村规民约应当体现村民合意而不是完成上级任务，其内容应回答和解决乡村治理之需，应该与村民生活息息相关。这样才能重塑村规民约蓬勃的活力，保持村规民约旺盛、持久的生命力。

一是要紧紧围绕发展总体目标。制定和实施村规民约，要坚

---

① 田飞龙:《中国村民自治的制度起源、发展及内在逻辑》,《北京大学研究生学志》,2010 年第 1 期。

持以习近平新时代中国特色社会主义思想为指导，深入贯彻落实党的十九大精神和《中共中央国务院关于实施乡村振兴战略的意见》，以村民为主体，以法律政策为依据，以尊重群众意愿、维护群众利益为根本，以进一步提高乡村治理水平为目标，引导基层群众实行自我管理、自我教育、自我服务，促进乡村全面建设，为实现全面小康营造良好的善治环境。

二是要满足村民利益诉求。村民需求得到满足是其认同遵守村规民约的第一动力。[①] 村规民约应主动平衡和协调村民共同需要，在制定过程中，要关注乡村发展出现的新矛盾、新要求，尽量满足利益诉求的个体化差异。同时，制定村规民约要坚决克服内容上的雷同。比对部分村规民约发现，一些村规民约的内容千篇一律，多有雷同。特别是上级有统一硬性要求的地方，雷同现象更加突出，有时甚至出现两个村的村规民约内容完全一致的情形。解决此类问题，就要在制定村规民约过程中，坚持群众标准，体现群众意愿，因地制宜，切实反映村域特色和群众的多元化需求。

三是要着力提升村规民约可操作性。在调整手段上，根据本村风俗习惯和群众基础等实际，把村里群众公认的一些小政策、土办法，作为村规民约的重要内容，使村规民约具有可操作性，便于兑现。在保障手段上，条文中要细化村规民约的监督执行机制，做到主体明确、方法适当，使村治主体的监督执行有法可依、有规可循。

第三节　规范民间信仰

民间信仰不属于原创性宗教，只是传统性民俗信仰，它是在地方共同体的一般民众中逐渐培育起来的、代代相传的、日常性的老百姓信仰。民间信仰往往是规定一个共同体的态度、判断及

---

① 彭忠益，冉敏：《乡村治理背景下村规民约发展的现实困境与重塑路径》，《中南大学学报（社会科学版）》，2017 年第 6 期。

思维方式的基础，对人们的行为方式具有重要的影响力。①

民间信仰能够规范村民的行为，使其不触犯各种社会规范。能够使信徒不逾越规则，有利于维持良好的治安环境。不随便谈论别人家的家长里短，诚实守信，不欺骗，不谩骂，这些不仅能够形成和谐的人际关系，而且可以维护整个农村的社会秩序。村民之间建立一种和谐的关系，行为控制在合理的范围之内，就会避免产生冲突，实现农村社会的整合。民间信仰以强有力的制约作用规范信众的思想，民间信仰作为一种价值形态对村民的行为产生重要的约束力。但在市场经济引起的拜金思潮下，依然存在诸多问题影响乡风文明的进一步发展。

一、民间信仰的主要问题

近年来，部分地区民间信仰组织及其活动出现了无序化状态，一定程度上出现了陋俗复燃现象，并在新的社会环境下滋生出新的社会问题，给基层社会管理甚至民众的生命财产带来危害。

（一）民间信仰传统政治文化色彩浓厚，与主流政治和文化间存在明显的异质倾向

当前，农村传统社会的道德价值体系和日常生活方式正遭受社会变革的巨大冲击，农村社会呈现出价值取向趋利性、盲从性和多元性的特点。民间信仰能通过自身的组织网络和活动以其神圣性、平等性和利众性原则对社会产生影响。需要注意的是："宗教对信教者进行价值及行为规范整合，帮助稳定社会秩序的同时，也有其明显的负面功能。它会带来一些社会保守主义色彩，并且容易形成以各教自身为核心的社会分化现象。"② 民间信仰带有原始宗教的诸多元素，又受到佛教、道教等多种制度化

---

① ［日］田宗介，粟原彬，田中义久：《社会学事典》，东京弘文堂出版社，1999年，第852页；《国民百科事典》，东京平凡社，1978年，第252页。

② 戴康生，彭耀：《宗教社会学》，社会科学文献出版社，2007年，第259页。

宗教的影响，带有浓厚的传统政治文化色彩，在很大程度上规制着信众的思想观念和行为模式。比如，对于宗法家族力量的依恋，对于清官明君的期盼，在不少民众心里是根深蒂固的；反之，民众主体的民主意识和民主观念等则明显缺乏，不利于农村民主政治文化建设和农民有序地参与政治。

（二）民间信仰的"高端化"，增加了民众负担，导致社会隔离

近年来，随着经济快速发展，民间信仰越来越呈现出高投入、高消费、大场面的特点。在很多村民看来，村庙是村落实力的重要体现，村庙建设不能落后。农村"富人"们往往也习惯于利用村民的这种攀比心理，带头捐款以推动村庙建设，牵头组织开展民间信仰活动，借此提升自己的社会地位。在村庙筹建活动中，"富人"们通常会主动承担起带头捐款、出谋划策的工作，力求使本村民间信仰呈现出"高大上"的效果。虽然民间信仰主要是由农村"富人"群体积极推动实施，但村庙翻修成风，频繁开展的祭祀活动耗费巨大，增加了普通村民的经济负担。农村修建庙宇少则花费几万元，多则几十万乃至上百万元，举办一次村落社区的群体祭祀活动花费多要5万~10万元。尽管一般情况下不会强制缴费，捐款数额也不作统一规定，但村民往往认为"捐款建庙是大家共同的事情，捐款是自己的义务，再者，各家的捐款数都会在村庙贴墙公布，碍于面子，谁也不想落后"[1]。为迎接"神明"，各家各户每年都要购买香纸烛，燃放烟花爆竹，而且人们还会在暗地里攀比。此外，还有购置供品、聚餐等费用开支。在村民中认可度较高、周边景色比较好的村庙往往被村子里的"富人"开发成旅游景点，进庙收门票，烧香要花高价买香火，甚至还提供有偿的算命、看相服务。这就导致原本全体信众的信仰对象逐渐被少数农村"富人"所垄断，普通

---

[1]　罗兴佐：《论民间组织在村庄治理中的参与及后果——对广西先锋村村治过程的初步分析》，《中国农村观察》，2003年第5期。

村民与信仰对象的直接联系被阻断，在民间信仰的转变中被边缘化。

（三）民间信仰的影响力不断增强，对基层社会治理产生不良影响

村庄治理应该是各种权力或影响力量在村庄内部交互作用的过程，尤其在村民自治的背景下，客观存在应该为各种力量参与村庄事务提供便利而广阔的渠道，但这种参与应该是有序化的制度性参与。① 近年来，随着经济社会的发展，民间信仰活动日益频繁，村庙组织的社会影响力和动员力不断增强，如果任其发展不加管控，势必对农村基层组织的社会作用造成冲击，动摇现有的农村治理格局。另外，民间信仰的娱乐化趋向也增加了其对普通民众的吸引力。农村社会自古以来就有"歌舞媚神"和"演戏酬神"的传统。一些民间信仰组织为了扩大影响，不断在民间信仰活动中"创新""求异"，种种低俗化的表演在解构民间信仰神圣性的同时，一定程度上迎合了部分民众的低俗趣味。一些村民对于民间信仰活动趋之若鹜，积极捐钱、献物、出力，对村委会的工作却是态度冷淡，这给基层社会治理带来了很大的难度。

二、加强民间信仰管理的建议

加强民间信仰管理，必须统筹处理好理性认识、法制建设与管理创新三者的关系。

（一）正确认识民间信仰的性质和作用

民间信仰与其他传统文化形式一样，有其消极的因素，有时甚至会被放大。着眼当下，民间信仰价值彰显与陋俗复燃并存，在局部甚至与社会主义和谐文化极不相容。这也表明，单纯依靠民间信仰的自适应以达到与现代社会相适应的目的，显然存在一

---

① 张祝平：《论民间信仰文化生态系统的当代建构》，《浙江学刊》，2013年第3期。

定困难。民间信仰如何与民众的需求相联系，如何体现以人为本，如何更好地发挥其在公共文化服务方面的积极作用，这是新形势下政府履行民间信仰管理职责的一个重要任务。政府在民间信仰文化生态系统的调适中，应坚持引导、宣传、教育和法律监管相结合，引导民间信仰组织提高自身管理水平，自觉摒弃陈规陋俗，发挥其道德教化和伦理规范功能，使信众群体更好地融入现代文明，更好地服务经济社会发展。

（二）加强法治建设，规范民间信仰组织行为

鉴于民间信仰的特性，其活动涉及多个部门、多个领域，可采取由政府宗教事务部门牵头组成相应的综合协调机构，统筹协调，分工负责，综合治理。政府分层管理可分为宏观和微观两个层次。宏观方面主要是制定政策法规，明确管理职责。微观方面主要是县以下特别是乡政府、村委会等加强对具体活动场所的管理，把规范化、法治化要求落实到每一个民间信仰活动场所。当前，政府出于对社会治理和资源依赖的需要，"一方面对民间组织采取双重管理体制，组织先要获得业务主管部门的同意，然后再到民政部门去登记；另一方面将政府资源特别是行政资源同民间组织相结合，出现了所谓的官办民间组织"①。在这种民间组织管理体制下，包括村庙组织在内的大量农村草根组织被拒之门外，处于"非法"或"欠合法"状态。同时，因为民间信仰问题的复杂性和敏感性，政府对这类组织的管理容易出现偏差，或不加区别、严格控制，或不管不问、放任自流，这都极大增加了民间信仰的社会风险。"民间信仰组织作为非正式民间组织，国家需加快制定《民间组织法》《社团法》《结社法》等相关法律法规，从法律上规范民间信仰组织的性质、地位、职能、权利和义务，设立条件、审批程度、运行机制等，对其合法行为和违法

---

① 王浩林：《民间组织参与农村公共服务供给研究：一个社会资本的视角》，《特区经济》，2012 年第 3 期。

违纪行为做出法律界定及惩戒安排。"[1]

（三）疏堵结合，加强民间信仰场所管理

早在 1996 年，中共中央办公厅、国务院办公厅就转发了中央统战部和国务院宗教局发出的《关于制止乱建庙宇和露天佛像的意见》，其中强调：对近几年来建成的为数众多的农村小庙，要在调查研究的基础上，区别对待。其中少数符合佛道教仪轨，符合合理安排宗教活动场所原则的，由县级以上人民政府审核后，可办理批准手续，作为宗教活动场所开放、管理；由企业和个人管理的小庙，不得进行宗教活动，可改作他用；对由神汉、巫婆和其他迷信职业者控制的小庙坚决取缔；对属于当地民间信仰的小庙，应由当地党委、政府组织有关部门认真调查研究，采取切实可行的解决办法。从实际情况来看，遍布乡村的小庙小庵多是民间信仰场所。过去往往采取运动的方式予以铲除，寄希望于毕其功于一役。事实证明，这种做法收效甚微甚至适得其反，造成基层党群干群关系的紧张和疏远。因此，应坚持分类指导和属地管理原则，因地制宜、疏堵结合。建立民间信仰社会功能的合理利用和转换机制，进行民间信仰文化价值的合理引导等，是近些年来各地民间信仰管理工作探索实践的重要成果，应当坚持和发展。同时，要不断创新和完善民间信仰管理机制，以县（区）为单位制定民间信仰场所布局规划，设立民间信仰场所准入制度，并要求村庙组织与基层政府签订民间信仰场所规范管理责任书，承担民间信仰场所及活动管理的主体责任。

---

① 周彩姣：《论民间组织与农村村民自治的发展》，《湖北社会科学》，2009 年第 7 期。

第八章　乡风文明与农村经济发展方式转型

　　文明与经济互动互促，成为现代经济增长和社会发展的重要动因。[①] 经济发展是社会进步和建设乡风文明的基础，农村地区是经济发展相对落后的地方，只有经济发展起来，农民才能够有时间和精力投入乡风文明建设。当前农村出现的一些不文明现象，与农民收入水平低、增收压力大不无关系。因此，经济基础在乡风文明建设中起到重要的保障作用。要切实提高农民的收入水平，就要积极拓宽农村经济的发展道路，有针对性地促进农民增收。

第一节　推进农业供给侧结构性改革

　　推进农业供给侧改革是促进农村经济发展的重要举措，一定程度上改善农村的经济环境，带动乡风的转变。2016 年年底，中央经济工作会议提出，将"农业供给侧结构性改革作为农业农村工作的主线"，以"适应农业由总量不足转变为结构性矛盾的阶段性变化，创新体制机制，推进科技进步，优化农业产业体系、生产体系、经营体系，加快实现农业向提质增效、可持续发展转变"。这一部署是推进农业稳定持续健康发展的重心所在。党的十九大报告再次强调，必须"把提高供给体系质量作为主攻方向，显著增强我国经济质量优势"，并通过实施"乡村振兴战略"来统领"三农"工作，推动农业农村经济高质量发展。

　　我国农民收入在很大程度上依赖于家庭经营，农业依然是主产区农民增收的主要产业。近年来，我国粮食产量逐年增加，粮

---

　　① 刘诗白：《现代财富论》，生活·读书·新知三联书店，2005 年，第 36 页。

食供求总量基本平衡，但结构性问题日益突出。农产品供求结构失衡，导致一些地方农民增产不增收。我国农业虽然体量很大、产业门类齐全，但总体上大而不强、多而不优，突出问题是产业链条短，精深加工不足，农民出售的大部分是"初字号"和"原字号"农产品。

在发展中，我国以传统农业作为主要生产模式的农业家庭很难再实现家庭收入的快速增长，因此很多农业家庭选择外出务工，这直接导致了我国农村劳动力的流失。截至2017年，我国进城务工农民约有2.72亿人。农业劳动力的流失一方面支持了我国社会主义现代化的建设，另一方面也导致我国农业生产面临劳动力失衡的局面，给我国推进农业供给侧深化改革带来了巨大挑战，具体表现在以下方面：一是农村青壮年的外出导致我国农村土地资源利用不充分，出现了大量的闲置土地，这严重制约了我国农业经济的发展；二是农村中高学历人才更倾向在城市置业，农村农业发展专业技术人才非常匮乏；三是农业人口的流出直接降低了农村的发展活力，制约了我国农村的经济建设与发展。只有大力推进农业供给侧结构性改革，加快发展高效、优质、高产、生态、安全农业，推进农村三大产业融合，才能提高农业效益、促进农民持续增收。

深入推进农业供给侧结构性改革，切实解决我国农业现代化过程中的突出问题，必须尽快建立健全符合国情、具有中国特色的现代农业政策支持体系。

一、完善农业补贴制度

推进农业支持保护补贴改革，重点支持耕地地力保护和粮食适度规模经营。推行完善粮食主产区利益补偿机制，制定和完善粮食主产区利益补偿政策，改革财政支农投入机制，健全统筹整合涉农资金的长效机制。比如，党中央、国务院高度重视东北黑土地保护，出台了一系列政策举措：建立东北黑土地保护奖补机制，确定黑土面积大、基础条件好、组织化程度高的重点县

（市），推行整建制黑土地保护奖补试点；探索设立国家黑土保护基金和生态补偿基金，建立特殊粮食价格保障金制度；对黑土耕地质量保护项目在资金上给予重点倾斜；加强黑土资源保护的研究与合作，推广先进、成熟的黑土保护技术；坚持绿色发展、分级落实、公开透明、因地制宜的原则，推进实施新一轮草原生态保护补助奖励政策，实行禁牧补助、草畜平衡奖励和绩效考核奖励；加快推进农业生产标准化建设，构建以绿色生态为导向的农业补贴机制；科学制定绩效指标，强化绩效评价；规范资金使用和管理，强化资金管理。

二、健全重要农产品价格形成机制

健全重要农产品的价格形成机制，进一步夯实我国粮食安全的制度基础。推进目标价格改革，促进价补分离，发挥市场机制作用，恢复价格调节供求的功能。实行生产者补贴方式，直接补贴农民。推行"大专项＋任务清单"管理方式，统筹兼顾中央宏观调控与地方自主，下放资金使用管理权限，各省可结合地方实际，在完成清单任务的前提下，统筹使用资金，解决制约当地农业发展的瓶颈问题，切实提高资金使用效率。落实好玉米生产者补贴政策，深化玉米市场定价、价补分离改革，完善小麦、稻谷的最低收购价政策，改进大豆目标价格政策，创新棉花目标价格补贴方式。

三、改善现代农村金融服务体系

逐步健全多层次、广覆盖、可持续、风险可控的现代农村金融服务体系。有序发展融资性担保、小额贷款、融资租赁等金融机构，完善农业信贷担保体系，推行差异化担保费用、风险代偿补助政策和考核办法。坚持依法有序、自主自愿、稳妥推进和风险可控的原则，稳步推进农村承包土地经营权和农民住房财产权抵押贷款试点，构建农村产权评估专业平台，规范农村产权抵押品处置程序，健全风险补偿、抵押贷款风险防范和抵押物处置机制等配套政策。探索推行农业生产设施、大型农机具、农业订单抵押登记贷款试点。坚持扩面、增品和提标的农业保险思路，使农业保险覆盖更多的经济作物，增加更多的保险品种，提高保障水平。积极探索试点农产品价格保险、产值保险和收入保险。大胆尝试农业保险和脱贫攻坚政策的深度融合，建立脱贫攻坚风险防范机制，切实提升农民抵御自然风险和市场风险的能力。健全农村金融监管体系，落实考核评估办法。

四、深化农村集体产权制度改革

农村集体产权制度改革是健全农村基本经营制度的必然要求。要深入推进农村承包地确权登记颁证改革，统筹推进农村集体经营性建设用地入市、宅基地制度改革试点，逐步形成兼顾国家、集体和个人的增值收益分配体系。鼓励通过合作和出租等方式盘活宅基地，通过联营和入股等方式发展新产业、新业态，增加农民财产性收入。推行"资源变资产"改革，以集体资源要素和闲置设备、房屋等作为入股资产；推行"资金变股金"改革，将各级财政投入到农业农村的扶持类、发展类资金作为入股资产；推行"农民变股东"改革，引导和鼓励农民自愿以土地承包经营权、住房财产权、自有生产要素作为入股资产。深化集体林权制度改革，稳定集体林地承包关系，放活生产经营自主权，引导集体林适度规模经营，加强集体林业管理和服务。加快水权水市场建设，坚持归属清晰、权责明确、监管有效、流转顺畅原则，建立水权配置体系、交易体系和监管体系。加快农村产权交易市场建设，扩大农村产权功能，完善农村产权交易信息服务，健全农村资产评估体系，加强农村产权纠纷调处和交易市场监管。

五、扎实推进农业产业扶贫

产业扶贫是根本的扶贫，更是持续长久的扶贫。发展农业产业是解决农村问题的总办法，是实现脱贫的根本之策和主要依托。要加强贫困地区"基地、基础、机制"建设，科学制定贫困地区产业精准扶贫规划，完善金融扶持、资金整合、保险服务等政策，积极培育新型经营主体。立足贫困村产业发展基础和资源享赋，注重短期脱贫与长期增收相结合，优化产业布局。着力推进重大农业产业扶贫工程，完善产业扶贫保障体系和长效机制。赋予特色产业园区扶贫功能，整合扶贫项目经费与产业发展资金，强化扶贫工作与产业发展的关联度。

注重精准扶贫，坚持宜农则农、宜工则工、宜商则商，精心培育贫困村和贫困户做大做强特色优势产业，构建"一村一特色"的产业发展新格局，推进"一村一品"产业发展行动。根据贫困户发展需求和自身条件，采取股份合作联结、订单农业联结、科技服务联结、劳务就业联结和租赁返包联结等方式，构建完善的利益联结机制，推动群众产业增收，实现互利共赢。

多渠道、多形式的现代农业政策支持体系不仅拓宽了农民增收的渠道，为乡风文明建设夯实了经济物质基础；同时也使农民认识到，只有辛勤劳动，才能创造自己的幸福生活，从而抵制不劳而获，有利于乡风文明建设的顺利进行和巩固乡风文明建设的成果。

第二节　发展乡村旅游产业

乡村旅游是以城市居民等为主体的旅游者在农村进行餐饮、住宿、观赏、娱乐、购物等一系列旅游活动的总称，是以旅游度假为中心，以乡村户外活动为依托，以良好的人文、生态环境为保障而形成的具有农村特色的旅游形式。发展乡村旅游对于调整和优化农业产业结构、延长农业产业链，对于增加农村自然资源和人文资源的经济、社会与生态价值，对于促进农村自力更生与乡村振兴，缩小城乡发展差距，促进乡风的改善及促进农民增收等，都具有重要意义。

一、发展乡村旅游对促进乡村产业振兴的重要意义

乡村旅游将乡村生态资源与各种旅游形态相结合，通过农业产业化，催生出绿色餐饮、民宿、风情文化等多种旅游业态，从而带动农民进步和农村发展。乡村旅游成为城市居民休闲、旅游和旅居的新选择，成为乡村产业的新亮点。乡村旅游让农村产业更加兴旺，生态更加宜居，乡风更加文明，治理更加有序，生活更加富裕。

（一）发展乡村旅游有利于促进乡村经济发展并实现生态维护

乡村旅游业的发展不仅必须以乡村旅游资源为基础，实现旅游资源的开发，推动经济的发展，而且，要想实现经济效益，就必须不断提升乡村旅游业发展档次，在对本地区的旅游生态资源进行有效开发和合理利用的基础上加强维护，创造出更加优美的环境，从而达到实现生态化发展与维护的目标。旅游资源开发与其他资源开发不一样，其主要特点是必须在采取一定的保护措施下，强化对环境的保护，形成更加优美的环境，同时可以通过较低的成本开发，实现合理利用。当前，我国广大农村旅游资源的优势表现为生态环境优势和特色民俗优势，因此要充分结合农村旅游休闲经济特点，关注民间非物质文化遗产，对乡村旅游资源和文化遗产资源重点开发和利用。通过文化产品开发推动乡村经济发展，同时也有利于保护地方生态环境，实现经济效益与生态效益双丰收。

（二）发展乡村旅游能够有效助推农村经济结构和产业结构调整

农村旅游的发展，必将对第一、第二、第三产业产生巨大影响，乡村旅游之所以能够形成一种产业，主要是其自身价值的一种体现，而其价值体现是通过旅游产品和文化内涵得以有效实现。因此，农村旅游业发展能够推动农村第一、第二、第三产业

形成旅游产业链，产业链不断发展互动，必然对农村经济结构和产业结构产生巨大影响，这种影响主要是通过产业链上下参与主体的自我发展来实现的。农村旅游也必然带动本地区旅游文化产品和文化服务的发展，有力地促进了农村第三产业发展，同时也能成为农民新的经济增长点。①

（三）发展乡村旅游能够在多方面带动农民增收

乡村旅游业形成的产业链及其对于产业结构的影响，不仅在宏观意义上推动了整个农村经济的发展，而且，可以直接地体现在能够为广大农民增加就业岗位，推动农民增收等微观领域。近年来，通过政策支持和资金投入，有效地促进了乡村旅游业发展，并形成完整的产业链，这个产业链涉及农村餐饮业、住宿业等多个行业。农村旅游业发展过程中可创造更多的就业岗位，并不断向乡村旅游业产业链上下游延伸，创造更多的产业价值。随着乡村旅游市场的不断拓展，乡村旅游从业人员会相应增加，农民也可以通过餐饮业和住宿业来获得收入，从而形成农民增收的新来源。而且，通过旅游业带动，有可能进一步加强城乡融合，进一步强化城乡经济交流，进而增加农民收入。

（四）发展乡村旅游提升农民整体素质

为了更好地配合乡村旅游发展，提高乡村旅游服务水平，村民会自觉地提高自身的综合素质，主动学习科学文化知识，思想道德观念也会与时俱进地创新。从另一个角度讲，乡村旅游促使村民改变思想观念，提高自我管理意识，严格按照旅游业发展的要求进行自我约束，肩负起乡村旅游经营的重要职责，实现社会效益与经济效益共赢。

二、乡村旅游产业发展现状

近年来，我国政府不断加大政策支持，引导乡村旅游蓬勃发展，但产业发展水平较低。2018年为促进乡村旅游产业升级，

---

① 朱万春：《农村休闲旅游发展路径与管理策略》，《农业经济》，2018年第1期。

国家出台了一系列文件，农业农村部发布的相关文件指出，要促进休闲农业与乡村旅游提档升级，并在政策、品牌、设施、服务、文化等方面提出了重要改进措施；① 中共中央国务院发布的《乡村振兴战略规划（2018—2022年）》要求，发展休闲农业与乡村旅游精品工程以促进乡村旅游业升级；② 国家发展和改革委员会等13个部门出台的《促进乡村旅游提质升级行动方案》提出，乡村旅游提质升级是促进乡村振兴和美丽乡村建设的重要前提之一。③

我国乡村旅游的发展起步于20世纪80年代，90年代以后发展迅速，主要分为三个阶段：一是初步定位阶段——"十一五"期间（2006—2010年）。政府开始重视乡村旅游对解决"三农"问题的重要性。此阶段，首次提出需重视乡村旅游发展，将其定位为第三产业，并提出将乡村旅游作为农民转移就业和促进农民增收的重要措施。乡村旅游初级发展阶段，引导作用较强。二是快速发展阶段——"十二五"期间（2011—2015年）。乡村旅游的功能得到扩展，其在延长产业链、促进产业融合方面的重要作用得到肯定。此阶段，首次提出农民合作组织发展乡村旅游、社会资本参与乡村旅游，强调了其社会文化及生态功能。乡村旅游进入快速发展阶段，引导和扶持力度进一步加强。三是创新发展阶段——"十三五"期间（2016年至今）。乡村旅游得到深入发展，并被定位为新兴产业。此阶段首次提出乡村旅游产业转型升级，与其他产业深度融合，发展更多元化的乡村旅游产品和采用更加多样化的资金支持。乡村旅游发展进入了新阶段，许多新的发展思路被提出。

---

① 农业农村部：《农村一二三产业融合发展助力乡村振兴》，农业农村部信息中心，2018年6月。
② 《推进乡村振兴的行动指南——解读乡村振兴战略首个五年规划亮点》，新华网，2018年9月26日。
③ 李志刚：《乡村旅游新出一套提质升级组合拳》，《中国旅游报》，2018年10月15日。

目前，我国乡村旅游已形成传统观光型、都市科技型、休闲度假型、民族风情型和农耕体验型等多种模式。[①] 传统观光型乡村旅游主要以农业生产过程为主要营销项目，让游客享受田园乐趣；都市科技型乡村旅游主要以农产品生产和加工基地为依托，为游客提供科普、教育服务；休闲度假型乡村旅游主要经营以体验、度假、疗养为主题的农业旅游活动；民族风情型乡村旅游主要以乡村文化旅游的形式传播民俗文化；农耕体验型乡村旅游主要是让游客参与到农业生产的过程当中，体验农耕的乐趣。

随着示范区创建等一系列推进措施的实施，我国乡村旅游正呈现爆发式增长态势。2010 年农业部开始组织开展乡村旅游示范区创建工作，截至 2013 年已经培育全国休闲农业与乡村旅游示范县 100 个、全国休闲农业示范点 300 个，截至 2017 年共评选出乡村旅游示范区 388 个。示范区具有产业聚集度和发展水平高、规划合理、生态环境优等特点，具有良好的示范带动作用，为我国乡村旅游的发展树立起了标杆。[②] 据统计，通过示范区的引领，2017 年乡村旅游接待游客超过 22 亿人次，营业收入超6200 亿元，从业人员达到 900 万人，带动 700 万户农民受益。

三、乡村旅游产业升级的必要性

经过近 40 年的发展，我国乡村旅游虽然取得了一定的成效，但在政府规划、资金投入、农产品附加值、乡村旅游环境等方面仍然存在不足，产业升级势在必行。

（一）政府规划有待完善

随着乡村振兴战略的推进和美丽乡村建设的实施，我国乡村旅游得到了长足发展。但随着乡村旅游的发展，很多地方政府的规划意识不到位，造成乡村旅游项目重复性建设，旅游资源浪费

---

① 李宇佳，刘笑冰，江晶：《乡村振兴背景下乡村旅游文化产业发展展望》，《农业展望》，2018 年第 7 期。

② 何忠伟，赵海燕，黄雷：《农村发展经济学》，中国商务出版社，2017 年。

严重，主要表现为两个方面：一是某些地方政府急于求成，在对当地实际情况认识不足、调研不充分的情况下就开展项目设计，不成熟的规划导致项目没有充分表现出地域性特点。二是某些地方政府相关部门各行其是，有效对接不足，导致规划不到位。如在景区规划过程中相关部门各自为政，使景点设计缺乏系统性、联动性，造成重复建设。

（二）发展资金有待扩充

目前，政府对乡村旅游的财政补贴较多，但仅依靠政府补贴并不能实现乡村旅游的可持续发展，乡村旅游的改造升级也需要金融机构等融资主体的广泛参与。但目前，农村地区普遍抵押物较少，抵押担保物允许范围也很有限，使得金融机构出于风险控制考虑不会轻易地对当地乡村旅游企业发放中长期贷款。此外，很多地方金融机构受到乡村旅游企业普遍融资规模较小且债券融资风险大等因素的限制，不支持乡村旅游企业通过发行短期融资券等非金融企业债券融资工具实现融资，导致乡村旅游多样化发展资金不充足。

（三）农产品附加值有待提高

乡村旅游是产业融合背景下传统农业与旅游业相结合的产物。在乡村旅游中进行农产品销售不仅能够进一步开拓农业市场、提高农民收入，而且能够扩大本地区知名度，加强产品宣传。虽然各地旅游农产品在一定程度上凸显了地域特色和文化内涵，但总体依然档次较低、创意不足、知名度不高、价廉质低，导致农产品附加值不高。因此，提高旅游农产品的品质值、内涵值、特色值等附加价值，是推进乡村旅游产业升级亟待解决的问题。

（四）乡村旅游环境有待改善

生态环境是乡村旅游发展的重要基础，是保障游客重游率、农民增收、产业升级的重要一环。但在乡村旅游的发展过程中，部分地区乡村旅游环境问题仍然突出。从基础设施来看，道路、停车场等基础设施陈旧，如在旅游旺季部分道路没有限流设施和路标路牌；从人居环境来看，农村人居环境整治遗留问题较多，如部分村落没有实现垃圾和污水的分类、集中处理，厕所设施亟待更新，更新后的管理维护问题有待解决；从服务水平来看，部分地区民宿服务标准亟待完善及服务人员素质亟待提高，如部分民宿缺乏消防安全导则，服务人员由于文化水平不高，在介绍和讲解乡村旅游产品时，不能很好地体现其文化内涵。

四、发展乡村旅游产业升级的对策

（一）完善政府规划，增强部门联动

在实施乡村振兴战略的背景下，完善乡村旅游统筹规划要从几个方面入手：首先，政府部门要做好顶层设计，对发展乡村旅游的各个区域进行全面和系统的了解，统筹实施《促进乡村旅游发展提质升级的行动方案》和《关于大力发展休闲农业的指导意见》等政策措施。其次，政府在具体规划之前要进行更加有针对性的调研，使规划设计更符合地域特色。最后，政府各部门之间要增强能动性和联动性，对于政策实施中发现的问题要及时反馈，各部门相互协商后对政策予以调整和完善，从而助推乡村旅游转型升级。

（二）汇集社会力量，鼓励多方融资

要充分发挥民间资本、村集体、金融机构等主体的融资作用。一是吸引民间资本投资，鼓励民间资本租赁民宅，帮助有条件的农户对民宅进行改造和翻修，开办民宿，并尝试创建乡村旅游产业投资基金，利用市场引导民间资本参与到乡村旅游工程建设中来。二是鼓励农村集体经济组织适当盘活空闲农房或宅基地以合规合法的方式租赁，开办旅游场所。三是鼓励银行等金融机构对乡村旅游企业发放贷款尤其是长期贷款，支持乡村旅游企业发行融资券等债券融资工具以方便进行直接融资。

（三）促进加工增值，实现农民增收

产品加工是促进农民增收的较好方式，通过加工可以提高农产品的使用价值，从而提高其附加值，以实现增值。对于不受土

地等要素制约的地区，乡村旅游地可以招商引资，适当开办加工企业，延长产业链，对农产品进行深加工以提高附加值，增加收入。如河北张家口康保县康师傅蔬菜脱水加工企业的进驻使该县形成了一条完整的食品加工生产线，解决了该县工业基础弱、蔬菜产销脱节、农产品无法深加工、附加值低、收入低等问题。对于受土地等要素制约、不宜发展加工企业的地区，可以将加工环节分解到农户。政府通过对农户进行相关加工技能培训并对农户引进小型加工设备予以支持，使农户具备相关农产品加工条件，在对其进行相关资质审核后允许其将加工农产品售卖给游客，如自酿啤酒、自产罐头等。另外，可以设计线路让游客参观产品加工过程，既可延长游客逗留时间，又可丰富消费者的体验感受，进而带动餐饮等相关产业发展，提升重游率。

（四）加快环境改善，建立优美村庄

农村硬件设施和软件条件的升级对乡村旅游环境改善意义深远。交通环境方面，应加快农村公路建设，加宽路面，有条件的村要实现道路硬化，提高农村交通运输效率。停车环境方面，应加强停车场管理建设，有条件的乡村公路设置交通驿站、停车场设置剩余车位电子提示牌等设施。厕所配套方面，应加快推进"厕所革命"，根据不同地区、不同条件选择改厕模式，积极引导人口集中、乡村旅游发展迅速的村庄，建设无害化公共厕所。服务环境方面，应加强农村服务人员培训，并根据各民宿自身情况制定规范化的服务标准，以提高对硬件设施的管理水平和对游客的服务态度，建设物美、人美、环境优美的旅游村。[1]

第三节　完善农村基础设施建设

解决"三农"问题的根本在于农村经济的发展，农村经济发展的基础在于农村基础设施建设。农村基础设施建设代表了农

---

① 许萍，郑金龙，孟蕊，等：《基于产业融合的北京乡村旅游发展思路》，《农业展望》，2018年第5期。

民美好生活的需要。近年来，随着对"三农"问题关注度的提升，农村基础设施得到了一定的发展，但仍存在一些问题。

一、农村基础设施建设的内涵和特点

从公共管理的视角来看，农村基础设施本质上属于公共物品，其质量的高低受到社会资源分配以及农村社会发展程度影响。虽然各个地区农村基础设施建设水平有所差异，但其所发挥的作用基本相同。通常而言，农村基础设施建设具有以下特点：

第一，公共性和社会性。农村基础设施的作用对象是农村居民。投入大量资金建设农村基础设施，就是为了改善农村居民的生活质量，增强农村居民生产积极性，进而带动农村地区经济发展。同时，农村基础设施具有隐性的社会效益，关乎社会主义和谐社会的构建。农村基础设施建设工作质量低下，就会影响农村居民生活幸福指数，阻碍我国新农村建设步伐。

第二，长期性。农村基础设施建设是一项长期性的系统工程。改革开放以来，我国主要奉行先富带后富的政策，优先建设城市地区，农村建设起步较晚，进而导致城乡差距进一步拉大。我国支持农村基础设施建设工作需要经过一个过程，不可能立即见效。

第三，整体性。农村基础设施建设要符合生态文明建设的总体要求，在时间与空间上要符合农村区域的发展状况。我国在支持农村基础设施建设过程中，要坚持统筹规划原则，杜绝盲目建设。以排水系统为例，我国在建设农村排水系统时，要处理好耕地保护、农村供水、污水处理以及交通用水之间的关系。

二、农村基础设施建设的必要性

（一）推进农村城市化进程的需要

人的城市化、设施的城市化以及基本服务的城市化是社会主义新农村的重要标志。我国支持农村基础设施建设，不断优化农村经济发展条件，能够推动农民实现身份上从农民到市民、地域上从农村到城镇、职业上从农业到非农业的转化。农村基础设施建设质量不高，农民就难以高效率地进行生产、优质地进行生活，也就谈不上农村城市化建设。除此之外，要从根本上改变城乡二元制结构，需要大力发展农村经济，以工业反哺农业。在发展农村经济过程中，需要不断优化经济环境。如果农村基础设施建设质量不高，就难以吸引民间资本到农村投资，进而影响农村经济发展。综上所述，农村城市化建设需要靠统筹城乡发展来实现。

（二）推动农村整体建设的必然要求

农村整体建设主要表现在两个层面：一是农村居民生活质量提升，农村居民幸福指数提升。农村基础设施建设与农民生活息息相关，诸如通信设施、水利设施和交通设施，都会直接影响农民生活。在农村建设高质量的基础设施，是提升农村居民生活质量的必然要求。二是农业生产率的提升。我国在农村大力兴建各项基础设施，可以降低农民的生产成本和销售成本，减少农作物销售中间环节，提升农作物的盈利率。同时，农村基础设施越完善，就可以为农民生产提供越多的便利条件，间接地提升农村经济效益。综上所述，社会主义新农村建设要求加强对农村医疗、交通、通信和教育等方面的基础设施建设，提升农村社会文明水平，减小城乡差距，进而推动农村整体建设。

三、农村基础设施建设存在的现实困境

（一）资金供给有待提升

一方面，我国部分地区出台的税收政策和财政政策不具有吸引力，难以吸引民间资本进入农村基础设施建设领域。农村基础设施建设具有报酬率低和风险大的特点，资本趋利性决定了企业家和其他社会主体在政策吸引力度较低的情况下，不愿意将资金投入到风险较高的基础设施建设领域。另一方面，农村基础设施建设的资金主要来源于地方财政。部分地方领导为了快速发展本地 GDP，更愿意将财政资金投入到工业区建设和城市建设当中，象征性地将少数资金用于农村基础设施建设领域。

（二）农村规划深度有待加强

一方面，部分地区并未设立专业机构负责农村规划，国土部门和村委会的职责不清，加之专业人才匮乏，导致农村规划随意性大，浪费了大量的财政资源。例如，部分地区在规划交通基础设施时，没有充分考虑到村庄与村庄的互通，单纯地规划农村与城市之间的连接道路，忽视了村庄间交通网的建设。在后期建设村庄间交通网中，又需要重新投入财政资金，导致资金浪费。另一方面，部分地区没有正确处理好生态文明建设与基础设施建设之间的关系，在规划排水系统、农村公园中盲目征用耕地，最终导致耕地缩减。

（三）村民参与意识有待提高

农村基础设施建设涉及农村居民的根本利益，需要农村居民广泛参与其中。部分地方在推进农村基础设施建设，征求村民意见过程中，村民参与程度不高，导致相关项目难以推进，项目缺乏合理性和科学性。村民长期生活在农村，对本村地理环境、水土水质、耕地分布以及人口分布都较为了解，村民如果不能参与到农村基础设施建设中，很容易导致资源的浪费。除此之外，部分村民缺乏长远眼光，对实施的合法征地做法不理解，阻碍工程的推进。究其原因，主要还是村民参与意识不强，缺乏主人翁意识，没有认识到农村基础设施建设与自身利益之间的关系。

四、农村基础设施建设的对策

（一）加强资金供给

创新筹资渠道，扩大资金投入力度，是建设农村基础设施的前提条件。具体而言，可以从以下几个层面加强资金供给：第一，制定更具有吸引力的税收优惠政策和财政支持政策，引入民间资本与政府一起建设农村基础设施。第二，明细资金供给途径，预防腐败现象发生。国家要设立专门的资金管理机构，加强对资金的专项管理，切实保障专项资金能够全部投入到农村基础设施建设领域。第三，创新融资平台，发展农村政策性金融。政府应当加强与农村政策性银行的合作，围绕城乡建设一体化目标，推出新型金融产品，进一步吸引农村和城市的闲散资金进入农村基础设施建设领域。

（二）加强规划，明确目标

应当以"统一规划、部门合作、专家衔接"为指导方针，明确农村基础设施建设目标，防止各项资源的浪费。首先，可以探索在各个乡镇设立工作小组，吸纳国土部门、规划部门及村委会人员进入工作小组，统一对农村基础设施建设进行规划，提升规划的科学性和可行性。其次，要正确处理好生态文明建设与农村基础设施建设之间的关系，农村基础设施建设不能破坏生态环境，尤其不能破坏耕地红线，确保农村可持续发展。最后，可以探索成立专家库，在建设农村基础设施过程中认真听取专家的意见和建议，科学建设新农村。

（三）引导村民积极参与

首先，在建设农村基础设施前要对项目的可行性进行评审，认真听取村民代表的意见和建议。应当深入基层宣传最新的政策，鼓励村民民主地表达自身的建议，正确处理好政府与农民主体之间的关系。

其次，在满足农民合理需求与意愿的基础上，鼓励农村居民参与到基础设施建设当中，调动农民参与积极性，将农村基础设施建设引入健康发展的轨道。

最后，积极做好宣传动员工作，适当提高征地补偿，与村民进行公平合理的谈判，告知村民基础设施建设的重要性，赢得村民对相关工作的支持。

总而言之，应当在基层形成"政府主导与引导、村民辅助"的合作机制，才能切实推动该项工作开展。

第九章 乡风文明与农村思想道德建设

农村精神文明建设是相对于"物的农村"来讲的，突出体现了"人的农村"。邓小平曾指出："所谓精神文明，不但是指教育、科学、文化（这是完全必要的），而且是指共产主义的思想、理想、信念、道德、纪律、革命的立场和原则，人与人的同志关系，等等。"① 所以，农村精神文明建设可以分为农村思想道德建设与农村文化建设两部分。总体而言，农村精神文明建设有助于培育出有理想、有道德、有文化、有纪律的新型农民，从而促进农村社会的和谐全面发展，实现乡风文明。

第一节 培育和践行社会主义核心价值观

乡风文明建设是一项复杂的系统工程，涉及农村地区发展的众多层面，建设工作内容涵盖面广；同时，各地乡风文明建设发展状况参差不齐，在农村社会中，普遍存在各种错误思想和落后观念，这就要求开展乡风文明建设时必须要有导向性和主基调，就是要培育和践行社会主义核心价值观。

一、农村社会主义核心价值观建设的现状

（一）农民阶层分化引发农民价值认同观念分化

改革开放以来，随着我国社会经济的快速发展，农村社会结构发生了很大变化，其中最显著的特点就是农村社会结构的分层，即农民阶层的分化。当前我国农村的农民群体区别于以前所具有的高度同质性，已经分化为若干价值观念不同、行为模式不

---

① 《邓小平文选》（第二卷），人民出版社，1994年，第367页。

同、利益愿望不同、思想理念不同的阶层，这样的差异不同程度地影响了他们的经济地位和社会地位，从而使其获得的各类资源也不尽相同。相应的，农民阶层的分化也引发了农民价值认同观念的分化。在今天，"农民"这个概念可能已不能简单地涵盖所有的农民群体。

相对于其他社会阶层来说，农民阶层有其特殊性。随着社会的发展，农村地区的生产条件和生活标准也得到了相应的改善与提升，但农民群体在社会地位、政治参与度、经济水平上仍处于弱势，具体表现在以下几方面：其一，农民社会地位不均等。我国长期以来实行的二元户籍制度将大部分农民群体牢牢地固定在土地上，这种制度将人口按区域划分开来，且一些社会福利及相关权益大多与户口相连，这就导致了农民群体在社会福利和社会公共资源的分配过程中处于劣势地位。对于大部分农民而言，社会地位低、资源机会少等问题仍然存在。其二，农民在经济地位上处于弱势。当前中国土地资源的稀缺性与农民数量的递增性呈反比状态，农民平均拥有的土地资源较少，农业生产是高风险、低效益的产业，这直接限制了农民的经济收入，全国的绝大多数贫困人口还是集中在农村。弱势地位使得农民群体一部分固守乡土，保持现状；另一部分则追逐利益，积极求变。在思想意识及价值认同方面呈现出分化态势：一部分农民群体已具有现代市场意识，而另一部分农民群体仍抱持着传统小农意识；一部分农民群体努力学习先进科技文化，而仍有一部分农民群体信奉封建迷信；一部分农民确认自身传统农民主体地位，而另一部分农民则追求城乡依附性地位。

农村地区的此类情况衍生出了一些社会问题，其中之一即为"农村空心化"。"农村空心化"主要是指农村的大量青壮年劳动力由农村转移至城市，使得农村人口在结构与数量上分布不均衡，致使农村地区发展在整体上呈现出不合理和不可持续的状态。经济的快速发展在促进农民群体就业和增收的同时，导致"农村空心化"问题日趋严峻。这直接或间接地导致了农民的阶层分化，使得农村地区教育发展受到影响，人际关系受到破坏，农村文化传承面临断层，农民群体的思想意识及价值认同方面呈现分化。

中国社会的快速发展使农村社会结构也发生了深刻的变化，农民群体由于从事不同的职业，导致其阶层呈多元化状态。概括为以下几类：第一类是农业劳动者，由承包土地且以农业劳动为主的农民群体构成。他们的诉求很简单，即基本生活有保障。第二类是进城务工农民阶层，由户口仍在农村且承包土地，但是常年在城镇从事体力劳动的农民构成。第三类是个体工商户，这部分群体在农村拥有经营能力或某项技能，从事某项生产经营劳动，拥有一部分资金或生产资料。他们的特点是生活相对富裕，有一定的组织管理能力，对农村经济社会的发展影响程度越来越大，但是普遍文化程度低。第四类是农民知识分子，指有一定的知识水平，在农村从事医疗、教育、艺术、科技等职业的群体。第五类是农村基层管理人员，即农村基层干部，他们是党和政府各项方针政策在农村地区具体执行的群体，也是农村社会生活的组织管理者。第六类是私营企业主，指企业生产资料私人占有，创办中小企业的人员。他们的文化水平较高且有清晰的政治诉求。

农村社会内部阶层分化，引发了部分农民群体对社会主义核心价值观认同的观念分化。不管用何种方式划分农民内部阶层，农民阶层都有着各自不相同的价值诉求，其价值衡量标准也不尽相同。在社会大变革的过程中，每个个体都会站在新的角度定位和审视自身，审视目前的生存状况、审视未来的发展方向、理想目标及价值选择。尤其是在涉及具体重大利益问题时，不同农民阶层之间的价值认同观念分化便会清晰地显现出来。

（二）农村传统文化缺失引发农民价值认同根基失落

我国农民自古受儒家思想的熏陶，在生产劳动中保留了丰富的文化遗产，既有物质形态的，如古代建筑、古代典籍等，又有非物质形态的，如民族精神、伦理传统、古朴的民风民俗、传统

179

民间艺术等，同时也逐渐形成了自身的价值观念体系。农村传统文化不仅包括以儒家思想为正统的汉族文化，而且还包括各具特色的少数民族文化。多种类型的文化相交流、相融合，形成了丰富多彩的农村传统文化。这些文化形式是文明传承的重要载体，彰显着中华民族长期普遍的价值及审美观念。"培育和弘扬社会主义核心价值观必须立足中华优秀传统文化。博大精深的中华优秀传统文化是我们在世界文化激荡中站稳脚跟的根基。"①

"传统固然是一种保守的力量，但同时，传统也是一切前进的基地。"② 农村传统文化是中华优秀文化的重要组成部分，传统文化在农村地区孕育发展是我们应该传承并保护的。然而随着社会的不断发展、农村地区的不断开放、农民群体所接受的事物的增多，都使得农民的文化价值观及文化消费呈现多样性。

农村传统文化对农民价值观念的塑造有着不可忽视的作用，社会的急剧变革导致很大一部分农村传统文化逐渐遗失，直接后果就是破坏了对农民群体来说非常重要的价值支撑，引发了农民价值认同根基的失落。审视当前农村传统文化的发展状况，主要有以下四种困境：第一，由市场经济带来的市场文化及西方各色文化形态未经过滤直接在农村地区进行传播，对农村传统文化造成了巨大的冲击，致使部分农村传统文化消退或遗失。第二，普遍性的大众传播方式逐渐同化带有浓厚地方特色的传统文化传播方式，导致传统文化地位逐渐被边缘化。第三，由于资源和政策的制约，农村文化建设滞后。农民群体可以参与的、积极的文化形式有限，公共文化活动开展举步维艰。第四，农民观念分化使得村庄道德舆论影响式微，同时也削弱了农村集体共识，反噬着农民群体集体行动能力及参与农村公共事务的热情，并以显性或隐性的形式瓦解着农村社会的传统价值基础。

---

① 《习近平谈治国理政》，外文出版社，2014年，第163－164页。
② 庞朴：《文化的民族性与时代性》，中国和平出版社，1988年，第19－20页。

（三）农村教育方式简单化导致农民价值认同弱化

教育一直以来都是推动社会发展及个体发展的行之有效的方式和不竭动力，是人类社会培养和提升个体能力和素质的极其重要的方法和手段。"教育有多重功能，但最重要的功能之一，是使某一文化中的年轻人及缺乏经验的成员能够获得前辈留给自己的那些价值观、领悟和技能。"① 社会成员的受教育程度很大程度上决定了社会的发展水平。增强社会主义核心价值观认同度的一个重要的方式和途径是教育。从指导层面看，党和国家一直以来十分重视农村社会主义核心价值观的教育工作，从实践层面看，社会主义核心价值观的教育工作在农村落实却被简单操作，这直接导致了农民群体对社会主义核心价值观认同的弱化。

第一，基层党政组织对社会主义核心价值观在农村的认同和践行工作不够重视。基层党政组织是保持党的优良形象和维护党的执政地位稳定的第一线工作者，是农村教育工作的主要承担者。但近些年来，乡镇党政组织领导班子对党和国家关于农村工作重心的意见领悟和把握不够准确，没有充分认识到价值观建设对农村发展的引导作用，从而弱化了对农民的思想教育。农村发展相对来说比较落后，大多数基层干部仅仅认识到推动物质文明建设的重要性，认为发展经济是解决问题的首要任务，却很难认识到社会主义核心价值观在精神文化方面发挥的教育和引导功能的重要性。随着物质文明的不断发展，农民群体的精神文化需求也需要得到满足。如若缺乏社会主义核心价值观的正确教育与引导，农民群体在精神上处于迷茫状态，将造成农民中消极价值观的滋生，阻碍农村社会的发展。

第二，基层党政组织教育者自身素质不足导致农民价值认同弱化。社会主义核心价值观在农村的认同和践行，离不开基层党政组织教育者和宣传者作用的发挥。但是在农村基层党政组织

---

① ［加］罗比·凯斯：《智慧的发展：一种新皮亚杰主义理论》，吴庆麟等译，上海教育出版社，1994年，第401页。

中，有些工作人员业务水平不过硬，知识储备量不足，缺乏基本技能与业务素质。另有一些基层党政组织干部工作作风不扎实，未能及时跟上时代的步伐，与时俱进，提高工作水平。甚至出现某些基层领导干部理想信念有所淡化，逐利思想抬头，奉献意识逐渐削弱等问题。以上问题的存在，不同程度上降低了农民群众对这些基层的社会主义核心价值观宣传教育工作者的信任度，基层党政组织干部在农民心中起不到模范带头的作用，党的思想理论工作和意识形态工作缺乏必要的参与者和执行者，使得社会主义核心价值观教育在农村成效甚微。

第三，农村社会主义核心价值观基层教育机制不完善导致农民价值认同弱化。农村社会主义核心价值观的教育工作要切实落到实处，必须要配齐组织和工作机构，配好负责人和工作人员，实现体制、机制、制度和具体工作的对接。然而，当前农村社会主义核心价值观教育现状不容乐观：一是基层党政组织不能切实制订并落实工作计划，没有出台有效的工作举措，无法推动工作的落实，没有承担起社会主义核心价值观教育工作的职能，导致农民群众对社会主义核心价值观的认识仅停留在"知道"层面，缺乏深入的理解；二是基层党政干部未能结合自身分管业务，把抓好社会主义核心价值观的认同工作作为一项政绩来看，严重影响工作的主动性，教育工作若脱离了农村实际，脱离了农民生活，势必被"架空"，达不到通过价值观的认同来指导生产实践的目的；三是基层党政组织没有将社会主义核心价值观教育工作纳入对各级领导班子成员的绩效考核内容，评议考核制度不健全，阻碍了工作积极性的发挥。

二、培育新农村社会主义核心价值观的对策

（一）培育核心价值观需要制度支撑

在社会主义新农村建设中，培育核心价值观需要坚实的制度支撑，以较完备的制度体系和工作机制为新农村建设提供必需的制度保证，规范基层工作人员和广大农民的言行。首先，加强基

层党组织建设，推选聘用热爱"三农"事业、拥有高度使命感和责任感、综合素质强的农村基层组织工作人员；其次，探索建立一套较完善的农村社会保障制度，构建与新农村建设相适应的农村医疗、保险和养老制度等，做到切切实实地保障农民的生活、发展权利；最后，构建科学合理的农村社会工作运行机制，明确责任分工，让基层干部和农民群众都明晰自身在新农村建设中肩负的责任、享有的权利和应尽的义务，提高新农村文化建设在总支出中的预算投入比例，给予农村精神文明建设足额的经费保障，实行严格的奖惩监督机制，对有突出贡献的干部和群众予以奖励，对违反规章制度的人和行为加以严惩，增强广大农民群众的政治参与意识，鼓励他们勇于监督政府工作人员的工作和言行。

（二）培育核心价值观离不开理论传播

社会主义核心价值观在新农村的培育"离不开理论的宣传、教育，但在理论的讲解、宣传中，要注意从农民的认识实际出发，将抽象的理论通俗化"①，以通俗易懂的理论感染农民群众，调动他们培育和践行社会主义核心价值观的积极性。例如以讲故事的形式反映核心价值观的主题，融核心价值观的价值追求于农民群众的日常生产生活当中，使得理论贴近实际、贴近生活，农民群众真正做到从内心认同核心价值观，自觉以核心价值观的规范要求个人的言行，达到"润物细无声"的效果。社会主义核心价值观在农村的宣传普及还应不断创新方式方法，充分发挥新闻媒介的传播效应，既高效利用电视、广播、报纸等传统媒体的力量，唱响主旋律，又积极开发新的宣传平台，利用"微"传播等新媒介普及社会主义核心价值观。"在这种社交化与社会化的'微'传播中，每个个体都可以成为信息的生产者与传播者，都可以通过新媒介系统即时发布信息，并能在社交圈以转发、分

---

① 桌艳：《以社会主义核心价值体系引领乡风文明建设的思考》，《盐城工学院学报（社会科学版）》，2011年第3期。

享等裂变的方式迅速覆盖大量受众,影响他人的思想观念及行为。"① 还可以举办形式多样的主题活动,邀请专家做报告,解读社会主义核心价值观的精神内涵;同时鼓励群众将对核心价值观的理解融入农村的精神文明创建活动中,使农民群众受到社会主义核心价值观潜移默化的影响,认同接受核心价值观,并努力将其价值观念转化为自觉的行为习惯,提高自身文明程度。

（三）培育核心价值观需要教育启发

农民群众是建设社会主义新农村的主力军,他们的知识文化水平和思想道德素质对培育和践行社会主义核心价值观有极大的影响,良好的思想道德素质和较高的知识文化水平对充分贯彻落实核心价值观有显著促进作用。一方面,要着力提升新农村农民群众的知识和文化水平。继续巩固完善农村的基础教育体制,提高投入比率,重视偏远贫困地区农村的基础教育,合理配置教育资源,提升教育质量,兼顾教育公平。顺应当前农业现代化、科技化、产业化的发展趋势,积极开展农村职业教育和成人教育,采取灵活多样的教学方式,教授先进的农业种植、养殖、农药使用和农产品加工销售等科学知识,创建实践基地,增加农民的专业知识,提升农民的职业技能"促使农村人口资源向人力资源转变,为社会主义新农村建设提供人才支撑"②,为核心价值观在新农村的传播和落实提供人才保证。另一方面,提高农民的思想道德素质。国无德不兴,人无德不立。农民良好的思想道德修养是贯彻落实社会主义核心价值观的重要保障,应高度重视农村各级学校的德育教育,结合农村当地的历史文化传统和红色文化资源,开展形式多样的宣传宣讲活动,有针对性地开展爱国主义教育,让农民群众认识家乡、热爱家乡,进而热爱祖国,增强自身

---

① 张名章,赵群:《新媒介视域下社会主义核心价值观的建构与培育——基于人民网微信公众号的实证分析》,《昆明理工大学学报（社会科学版）》,2016 年第 10 期。

② 张家强:《新农村建设中农民社会主义核心价值观的培育——结合河南省民权县的情况进行分析》,华中科技大学毕业论文,2008 年。

的责任感和使命感，自觉投身到家乡的新农村建设和国家的现代
化建设中来。

（四）培育核心价值观需要文化熏陶

当前，文化日益成为国家之间综合国力竞争的重要环节，社
会主义核心价值观的培育离不开先进文化和优秀传统文化的熏
陶。应不断加大对农村公共文化设施投入的力度，开拓新的农村
文化发展方式，修建健身休闲场所，搭建图书阅览和信息交流平
台，开展多姿多彩的文化活动。"文化的发展始终来源于民众，
草根阶层无论何时都是社会中最庞大的群体，最有发展潜力的群
体，……只要外界条件许可，民众的创造潜能就可能无限地释放
出来"①，重视农村"草根文化"的发展和优化，使其成为丰富
农民精神文化生活的重要方式，满足广大农民群众多元化的文化
需求，使社会主义核心价值观在农村的培育充满生机和活力。结
合当地特色和传统，顺应时代发展的要求，修改村镇规章制度，
编纂村志，整理村史典故，传承传统手工艺，继承优秀的传统文
化，弘扬当地红色文化精神，涵养社会主义核心价值观。在弘扬
优秀传统文化的基础上，不断思考和推进优秀传统文化的现代
化、创造性、信息化，形成具有时代特征和民族特色的中国现代
文化，彰显中华文化的魅力。②

第二节　推进农村道德建设

随着新农村建设进程的推进，我国农村发生了翻天覆地的变
化，农民生活得到极大改善，农村面貌也有了极大改观。在这样
一个承前启后、继往开来的新时代，社会处于新旧体制转换、利
益格局调整的转型时期，随着市场经济孕育而生出各种社会矛盾

---

① 王富强：《网络表达视角下"草根文化"发展探析》，《湖北社会科学》，
2013 年第 1 期。

② 沈壮海：《文化软实力的中国话语、中国境遇与中国道路》，《马克思主义研
究》，2009 年第 11 期。

和利益冲突，从而诱发了农民道德价值观的一系列畸变，这些变化强烈冲击着农村社会的道德秩序。2017 年，习近平在十九大报告中提出实施乡村振兴战略，其中的"乡风文明"就对新时代农村道德建设提出了更加明确的要求。

一、农村道德建设存在的主要问题

任何道德危机的存在不是空洞虚无的，总是依附于具体的现实基础，涉及政治、经济和文化等各个方面。因而一定程度上说，这使得中国农村道德伦理在传统特色、历史变迁以及社会转型中具体表现在家庭伦理、经济伦理、生态伦理以及治理伦理等方面。①

（一）家庭关系淡漠趋势

家庭是社会的有机载体，农村家庭伦理道德对乡村社会发展具有极为重要的影响作用。中华民族是一个有着强烈传统家族观念的民族。在社会生产中，由于男女在家庭中的分工不同以及个同成员之间力量的悬殊，形成父与子、夫与妻、兄与弟之间尊卑有序，在长期积淀中形成了以孝为中心、以家庭为本位的家庭道德范畴。随着社会的不断变革和进步，从鸦片战争后被迫打开国门到改革开放后的今天，特别是随着市场经济大门的打开，中国社会经历了翻天覆地的变化，随之而来的人们的价值观念也发生了多元化发展。家庭本位不再是唯一的价值取向，经济地位的独立给予了家庭成员独立的人格意识，反映在家庭关系中，表现为个人与家庭同等重要的价值取向。此外，传统的夫权与妇权矛盾也得到了调和，朝着平等和双向的方向发展。在社会改变带来思想解放的同时，也大大冲击了原有的农村家庭结构、功能和认知，传统家庭伦理道德观念在市场化浪潮的冲击下不再稳如磐

---

① 王露璐：《中国乡村伦理研究论纲》，《湖南师范大学社会科学学报》，2017年第 3 期。

石。表现在诸多方面："养"且"敬"的传统养老文化"① 逐渐淡化，老人遭受"虐待"已不再是新鲜事；兄弟之间反目成仇或者老死不相往来现象增多；一夫一妻的传统夫妻关系受到"露水夫妻"的挑战。上述现象折射出来的不单单是个体家庭关系的问题，也反映出当前农村家庭伦理道德趋于淡漠的现状，这是关系到农村社会稳定的重大影响因素。

（二）经济分化下村社内部邻里关系紧张

建立在小农经济基础上的中国传统乡村社会中，"乡"和"土"准确地概括了农民生产生活的全貌。这种高度依赖土地的、自给自足的封闭式生产方式，以及交往半径囿于熟人之间的生活方式，共同形成了村民之间相互信任、互帮互助的友善氛围。② 但这种基于传统生产生活方式而建立的乡村内部和睦友善的邻里关系，在近代以来中国农村社会的发展变迁特别是改革开放以来的市场化冲击下，发生了深刻变化。以家庭联产承包责任制为开端的中国当代农村改革中，农村土地从统分结合到三权分置，土地制度的变革从根本上改变了小农经济及计划经济的弊端，在调动农民生产积极性和发展农村生产力的同时，也打破了农村原有的生产生活方式。农村土地冲破原有制度的限制，农民冲破土地的束缚，乡镇工业的迅猛发展和"农民工"的专业化趋势使得传统自给自足的生产方式和封闭的生活环境被瓦解。与此同时，伴随着农村城镇化进程和外来资源输入的冲击，村社内部因利益格局的调整产生了诸多矛盾，开始动摇村社邻里和谐的根基。一方面，国家政策向农村倾斜的过程中，资源的有限性导致不能平等地满足所有村民的需求，造成村民为争夺资源而产生利益纠纷。另一方面，因村民获取社会资源的能力存在差异，导致村民内部贫富分化和阶层分流。这表现为一部分农村知识分

---

① 覃庆厚，丁建树：《养老视阈下孝德教育传统的当代价值》，《海南热带海洋学院学报》，2017 年第 4 期。

② 李明建：《乡村经济伦理的转型与发展》，《道德与文明》，2017 年第 5 期。

子、干部群体和一些外出闯荡的有志青年，拥有一定的资本和技能，因而生活相对富裕；另一部分依靠土地为生的农村劳动者，他们以传统的小农生产方式劳作为主、以闲时劳工为辅勉强支撑家庭所需。分配不公和经济分化导致村民之间平等感丧失，加之不断扩大的社会差别，进一步加深了村民心理的不平衡，容易产生嫉妒和仇视等对立情绪。农民这种思想观念的变化，使得原有的和谐邻里关系被击碎和消解，大大改变了农村原有的伦理道德关系。在这种背景下，处理好农村经济发展和农村内部的伦理道德互动关系，是当前中国乡村经济伦理亟须解决的重要问题。①

（三）人与自然之间的生态关系恶化

中国农民自古有着人与自然、人与环境友好相处的意识，这是由中国传统乡村讲究"天人合一"的农业生产和生活模式所决定的。但随着现代社会急剧转型，在农业工业技术化、农村城镇化进程的推进中，传统乡村在生产力加速发展、产业快速升级的同时，也带来了农村环境被污染和破坏，且日益严重的问题。应当看到，农村环境污染背后的人与自然关系的恶化问题是一种必然，因为它建立在盲目追求经济增长而忽略人与自然之间和谐共生关系的基础上。解决中国乡村生态问题的关键在于处理好环境保护和乡村发展之间的矛盾冲突，在农村生产生活方式的生态化转型中完成乡村社会的发展，这也是环境正义所强调的。农村环境的恶化，虽然是由经济发展不足和不当造成的，但不容置疑的是，农村环境的恶化一定程度上是建立在城市环境问题改善的基础上。但是，如何在农村环保意识不断提高以及农民追求更高生活质量的诉求下实现环境问题的公平正义，实现农业发展背后"绿水青山就是金山银山"的理想状态，是我们亟须解决的关键性问题。但对于如何破解现实生活与价值追求之间的鸿沟，顺利实现从"绿水青山"到"金山银山"，以及农村生产生活方式的

----

① 王露璐：《中国乡村伦理研究论纲》，《湖南师范大学社会科学学报》，2017年第3期。

生态化及效率化，从而促进农村生产生活方式的转变，是值得我们在实践中认真探索的重要方面。这个环节顺利实现与否，既是当前中国农村亟须解决的现实问题，也是整体上解决生态文明建设的重要环节。

（四）乡村治理乱序

党的十九大吹响了乡村振兴的号角，乡村治理作为乡村振兴的重要组成部分也迎来了新的历史关头和重要发展节点。回顾乡村治理的历史过程，我们在经历自治不善、法治不足的情况下提出了德治的新主张，在兼顾国家基本政策和传统乡土社会特点的基础上，通过致力于构造自治、法治与德治"三治合一"的乡村治理体系，[①]从而在国家治理体系和治理能力现代化背景下促进乡村治理能力的现代化。"德治"在新的历史条件下得以提出，既表明乡村治理环境发生了深刻变化，传统治理方式已不能调整人们之间更加复杂的利益关系和矛盾，同时也为乡村治理指明了方向，即重视伦理道德建设。传统社会以"礼"的观念维系和保障农民与农民及农民与基层组织之间的秩序。但在市场化进程中，传统的"礼"遭到了愈来愈复杂的人际关系和利益关系的冲击和破坏，农民群体及其与基层组织之间变成非制度化的参与方式，这给社会稳定和乡村治理带来了新的挑战。这一方面表现为农民通过行贿、寻租行为在农村选举中拉取票数，破坏民主选举公平、公正的原则，结果造成了富人治村、恶人治村，而不是能者治村，既产生了不良风气，又改变了农村公共资源配置，弱化了乡村政府职能，甚至造成部分村级组织瘫痪；另一方面，在家族或宗族势力比较突出的地区，宗族控制着基层组织并且凌驾其上，阻碍了基层组织政治职能的正常发挥。因而，要想实现乡村的有效治理，必须在"适应现代农村发展和回应农民公正诉求的基础上"，对乡村治理中农民非制度化参与提出切实可

① 刘晓雪：《新时代乡村振兴战略的新要求——2018年中央一号文件解读》，《毛泽东邓小平理论研究》，2018年第3期。

行的方案。①

二、农村道德失序现象的原因分析

（一）传统乡土社会向现代契约社会的转型与冲突

当下我国正经历着计划经济向市场经济的转型。但经济转型只是一个方面，与此并存的是中国由传统的乡土社会向现代化的契约社会转型。在社会学的视角下，这种转型可能更为重要，因为这种转型将对社会经济行为主体的经济行为产生重大影响，因而也决定了他们伦理道德行为的演化。

把传统乡村社会命名为"乡土社会"，是从费孝通先生的《乡土中国》中借用而来。费孝通先生认为，乡土社会是一个"熟人"社会，乡土社会得以维系的基础在于熟人之间与生俱来的由熟悉所带来的信任感；而契约社会是由熟人社会扩大交往范围后所形成的陌生人社会，这种现代化的社会维系的基础在于陌生人之间按照平等和公平原则所建立起的契约。② 从内生性角度来看，乡土社会向契约社会转型过程中，农村传统道德规范力呈减弱趋势。在乡土社会中，以信任为基础的道德无形存在，人与人之间有着较高的信任感，而且由于乡土社会内部存在着严格的监督和惩罚机制，如舆论监督、声誉惩罚等，不道德行为会承担较高的成本风险，极有可能产生较大恶果，会因此被家庭甚至家族所排斥。但在契约社会中，人与人之间的交易和交往范围扩大到陌生人世界，由熟悉所带来的信任感普遍降低，而且由于社会转型的急剧性，整个社会还没有为不道德的行为准备好必要的法律环境和惩罚激励机制，面对利益诱惑以及在缺乏有效监督和惩罚机制的情况下，不道德行为往往成为最优选择。因而，在社会中就会出现这样的道德悖论现象：一个人在其共同体内部如家

---

① 王露璐：《中国乡村伦理研究论纲》，《湖南师范大学社会科学学报》，2017年第3期。

② 费孝通：《乡土中国》，北京大学出版社，2010年，第33页。

庭、家族等中可能表现出高道德感，拥有良好声誉；但在共同体外部，契约社会关系就有着完全相反的表现，欺诈、违约现象普遍存在。伦理道德不仅仅是社会秩序和观念的问题，从内生性角度来说，有其存在的经济根源。市场经济的快速发展使得我们每个人都成了市场参与者，以"理性人"自居，在做出行为选择的时候，容易以自我利益为中心，为寻求利益而竞相放弃对道德原则的恪守，道德被不断冲击。

（二）社会结构转型的迅速性与农村伦理道德重塑的滞后性

乡村作为国家的基本单元，国家的现代化转型进程势必会带来乡村社会的重大转变，不仅涉及发展模式、社会结构等，更重要的还有价值观念的改变。①"乡土社会"从"乡土性"转变到"新乡土性"是一个快速的过程。在这个过程中，建立在传统自给自足基础上并且适应其生产生活方式和社会结构的乡村伦理道德观念发生了深刻变化，给乡村伦理道德关系和乡村道德生活都带来了重大影响。而在这一时期，适应新社会发展情况的乡村伦理道德尚未构建起来，伦理道德本身所具有的用于规范和协调人与人以及人与自然之间客观交往关系和规则体系的作用不能发挥。旧伦理衰落，新伦理缺失，这之间的断裂就造成了乡村伦理道德在从传统向现代的转型中产生了诸多矛盾和冲突，既引起了广大农民产生了许多道德困惑，同时也使得乡村社会发展远远落后于国家发展和改革的步伐。

（三）乡村传统文化感召力弱化

乡村治理中存在着伦理道德失序的问题，这可以归结为文化认同的问题，这也是道德失序的深层次问题。② 我们之所以将乡村伦理道德的治理功能和作用发挥归结为乡村文化，是因为乡村

---

① 何建华：《乡村文化的道德治理功能》，《伦理学研究》，2018 年第 4 期。

② 吴杰华、刘志秀：《传统伦理道德对乡村治理模式变迁的非制度性影响》，《法制与社会》，2011 年第 4 期。

文化具有破解乡村社会道德矛盾、规范农民行为、凝聚价值共识和构建乡村精神家园的德治功能，[①] 因而乡村文化在继承优良文化的基础上可以通过凝聚力和感召力来提升农民道德文化素养，进而在整体上提高乡村文明程度。而乡村文化作为一个抽象的概念，在实践中有具体的依附基础，包括乡村体系以及乡村主流意识形态的宣传教育。但随着乡村社会转型和市场化的冲击，以村庄为载体的乡村社会正面临着"空心化"现象，乡村数量不断减少，造成了乡村优秀传统文化面临无人继承的尴尬局面。乡村主流意识形态教育功能和感召力的弱化，不仅导致农民对以社会主义核心价值观为核心的社会主流意识形态认知不足，还给其他错误思想的生长提供了空间和土壤，导致邪教组织有机可乘，乡村呈现出思想道德滑坡的趋势。

（四）自治与法治建设不足

作为乡村治理的基本手段，自治和法治对乡村治理起到了不可替代的作用。但在社会转型期，从乡村内部至乡村外环境都发生了巨大变化，以自治和法治来作为乡村治理手段不能完全适应新时期乡村社会新老矛盾交织的复杂现状。面对越来越大的治理困难和挑战，需要乡村治理在当下提出有效治理途径——德治，这既符合我们传统文化中政治对道德的尊重，又符合当代我国在法治基础上所探讨的德治模式。德治可以弥补自治和法治的不足，而且德治和法治也情同手足。德治作为法治的补充，是一种柔性的约束机制；而法治作为一种硬性规则，能够对德治起到强化、保障和批判的作用，二者都对国家治理和社会管理起着十分必要的作用。乡村道德失序在一定程度上表明了自治和法治建设的不足，弥补这种缺陷，实现乡村社会良序运行，需要落实两方面工作：一是树立德治和法治相融合的治理理念；二是要在制度方面完善与德治和法治相关联的制度安排。

---

① 何建华：《乡村文化的道德治理功能》，《伦理学研究》，2018年第4期。

三、我国农村道德建设的路径选择

(一) 发挥农村党员干部的作用

在新农村建设过程中，基层干部及农村党员的作风和道德水平，会在很大程度上对农村道德建设产生影响。因此，农村基层党员及干部要积极协调农村的道德生活，提升农村的文明乡风。

首先，农村基层的政府和党委要积极健全和完善相关的教育机制，发挥领导干部带头作用，要引导农民参与到精神文明建设中来，要对社会主义道德进行积极宣传，对农民自身的思想道德养成进行引导，提升农民道德教育的力度。其次，农村基层党员干部要起示范作用，提升自身的道德境界，进一步加强自身的道德修养，提升道德素质、政治素质及法律素质，继而使得新农村的居民道德素养得到全面提升。[1] 最后，农村的各个机构和组织应当积极发挥自身的优势，尤其是在思想道德教育方面的组织功能，通过开展多种多样的活动引导农村居民进行自我教育，比如开展卫生示范户评选活动等，通过这种方式提高农民参与活动、提升自身道德品质的积极性。

(二) 农民的思想道德教育要讲求分层施教

在新农村建设过程中，农民的思想道德教育应结合实际，采取不同的方式，分层施教。一方面，要突出教育的重点。[2] 新农村建设的主力是青年农民，他们拥有较高的知识水平，同时还有一定的创新与开拓精神，对这些农民进行特定的教育，是当前新农村建设过程中十分关键的内容。引导青年农民在市场经济背景下养成正确的道德观、价值观及人生观，使其成为新农村建设过程中的新型农民，为新农村建设提供更有力的保障。另一方面，

---

① 刘芳，汤雯：《新农村视野下的农民思想政治教育》，《重庆科技学院学报(社会科学版)》，2010 年第 23 期。

② 洪涛，睢艳卿，康慧娟：《论加强农民思想政治教育对提升新农村文化软实力的效用》，《思想政治教育研究》，2012 年第 20 期。

教育应当有针对性。对农民的富裕程度及自身的道德观念等有所了解，对其进行有针对性的教育，逐步培养农民独立自主、勤劳致富的观念和品质，引导他们摒弃享乐主义、极端个人主义等不良风气的影响，为新农村建设提供重要保障。

（三）引导农民树立新型道德观

中华民族具有优良的传统道德观，在新农村建设中，我们要结合当下农村的具体实际，继承中华传统美德，用新型的道德观推动社会主义新农村的精神文明建设。要求广大农民明确建设社会主义新农村的目标，养成科学文明的生活方式，树立新型农民的道德观，提升自身的道德品质。

1. 强化农民的基本道德规范

党的十八大以来，以习近平同志为总书记的党中央从建设社会主义文化强国的战略高度，不断推进社会主义核心价值体系建设，为中国特色社会主义事业提供源源不断的精神动力和道德滋养。在新时期，要坚持用社会主义核心价值观鼓励和引领农民加强基本道德规范的学习。利用村民学校积极开展思想道德教育，通过"知荣辱、树新风、兴发展"活动，采取多种形式引导农民树立社会主义荣辱观，弘扬中华传统美德，打破封建迷信的生活方式，利用公民道德宣传日等契机，创设更多有意义的活动。在此基础上，充分发挥电视等媒体的重要作用，有效开展宣传教育工作，使农民素质获得提升。

2. 培养农民的民主法制观念

农村思想道德建设的目的之一是培养农民的民主法制观念，为新农村道德建设提供制度保障。社会主义民主法制建设对农民的民主和法制观念提出了一定要求，增强农民的民主法制观念，要做到以下几点：第一，强调守法是农民的一项义务，是依法治国的基本要求，使农民明确认识到不积极履行义务或不遵循规范就要承担相应的法律责任，帮助农民树立自觉守法的观念。第二，宣传中国实行人民代表大会制度的必然性。与此同时，还要向农民宣传和讲解《宪法》确立的民主集中制原则，以帮助农民树立人民民主观念，增强其主人翁责任感，使其能正确处理国家、集体、个人三者之间的利益关系。第三，改变"重义务轻权利"意识，在教育内容上兼顾权利和义务两方面，在教育方法上既传授法律知识又进行法律观念的引导，帮助农民培养健康的法律心理和正确的权利义务观念，使其养成遵纪守法的习惯。第四，在具体实践操作上，针对农民法律意识淡薄、农村法制建设薄弱的现状，要建立和完善农村普法体系，通过"送法下乡"、"民主法治示范村"创建、法制文艺演出、现场普法咨询等多种形式的宣传教育，提高农村基层干部和群众的法制观念和法律意识。

第三节　倡导文明生活方式

文明的生活方式是乡风文明建设的重要内容和实现农村现代化的重要举措。目前，农村地区的生活方式日趋现代化，农民文明程度逐步提高，但依然存在一些落后的陈规陋习。

一、不文明生活方式的表现

文明生活方式反映了农民积极向上的精神风貌。但是，目前在农村，仍一定程度地存在不文明的生活方式，表现为消极的精神面貌、低俗的价值观念和行为方式、不良的生活习惯和道德修养等方面。

（一）人情消费负担过重

在中国人的普遍观念里，"面子"比"里子"更重要，这种思想在农村更加普遍，"人情"成为人和人之间产生联络的重要方式。在农村依然存在"红白喜事"大操大办现象，普遍存在讲究排场、盲目攀比现象。婚宴上比谁家发的名酒名烟多，谁家的菜品昂贵，酒席动辄就是三五天，一天几十桌，还要做道场，进行歌舞演出等。人们往往以礼金的多少来判定关系的远近和感情的深浅，也有人认为自己曾被迫送出的礼金得想方设法以各种名义收回来，以寻求心理上的平衡。有的人为了追求所谓的热闹，将恶俗的闹剧、丑剧带到了神圣的婚礼现场，完全不顾他人的内心感受，瞬间让喜事变味。而举办葬礼也会攀比谁家的乐队规模更大、花车更豪华，通常都是锣鼓震天，招摇过市，使得原本悲伤沉重的祭奠活动变得世俗化，徒增亲人的经济负担，同时也严重干扰了交通秩序和他人的正常工作和生活。不良的人情消费阻碍了乡风文明的发展，种种婚丧陋习的存在，不仅造成了资源浪费，更给农民带来了沉重的经济负担。

（二）赌博风气盛

在农村，村民的闲余时间较多，而可参与的文化娱乐活动又较少，最常见的消遣活动就是三五成群地打麻将和打扑克，赌博之风也十分盛行。村中棋牌室较多，不仅有一些"专业户"长时期"战斗"在牌桌上，现场还会有很多观赌者，也不乏"职业化"的赌徒，他们把这项活动作为发财致富之路，在输光了钱之后不惜借高利贷再赌。有些棋牌室增加了端茶倒水、提供饭菜等服务，由此赌博的人在棋牌室待的时间也会更长。这些人沉迷在牌局之上，不仅给自己的家庭生活，也给农村社会的健康发展带来了严重的隐患。村民在村中赌博，有的人赌得很大，从而引发打架斗殴现象。由于赌博而忽视子女和家人，甚至对家庭不管不顾，造成家庭不和睦，邻里好友反目成仇也时而发生。因此引起的离婚、经济、刑事案件增多，严重影响了本地的和谐稳定和文明乡风的发展。

（三）农村孝道受到严峻挑战

孝文化是中国传统文化的精髓，梁漱溟曾说过："说中国文化是'孝'的文化自是没错。"[1]"家风"是"乡风"的重要组成部分，优良"家风"的形成和传承依赖于家庭道德的弘扬。中华民族自古被誉为"礼仪之邦""道德之乡"，尤其是对家庭道德中的孝道自古推崇。[2] 无论是《弟子规》还是"家书"都曾

---

① 梁漱溟：《中国文化要义》，学林出版社，1987年，第307页。

② 刘晓红：《友善》，北京时代华文出版社，2016年，第199页。

经在一定范围内倡导并树立良好的"家风"，提倡孝道。然而，随着农村生活节奏的加快和生活方式的转变，传统伦理中最核心的孝道已经变成一种"奢侈品"，"常回家看看"被写入法律条文。这是一种社会进步，更是一种无奈。践行孝道不仅仅是为老人提供基本生活的物质保障，更重要的是要给予老人精神慰藉。虽然大部分子女为父母提供物质生活保障，但是对父母的情感关怀变得冷淡，常年不回家，无暇陪伴父母，即便是回到家中也沉迷于手机、网络，少有儿女能够主动陪父母聊天解闷。近年来，有关为推脱赡养义务兄弟姐妹相互推诿甚至虐待老人的报道屡见不鲜，虽然这只是个别现象，但这种愈演愈烈的趋势应当引起我们的重视。

（四）封建迷信思想侵蚀

迷信思想在我国自古就存在，过度迷信危害社会，对于思想觉悟较低的农民群体侵蚀性更大。随着社会的发展进步，农村信鬼神现象不再像旧社会那样泛滥，但仍一定程度地存在，主要表现在以下两方面：一是农村迷信活动盛行。改革开放以来，在国家尊重民风民俗、弘扬传统文化的背景下，由于农民自身的特点，对传统文化不能正确对待，农村迷信活动甚至出现"繁荣"景象，婚娶（用于祭神驱鬼）、购墓、建庙等方面开支渐高，请"阴阳先生""算命先生""巫婆"等迷信活动时有发生。二是境外宗教在农村传播速度加快。部分农民在潜在的功利心理和迷信思想驱使下，对许多"洋宗教"产生了兴趣，一些迷信活动甚至给农民信众带来生活上的灾难。

（五）扰乱治安因素增多

一是黑恶势力滋生。党的十八大以来，我国党风、民风得到根本好转，但仍然存在黑恶势力无视法律法规、为非作歹、欺诈百姓等现象。更为严重的是，某些黑恶势力正在向政治领域渗透，破坏村"两委"选举，通过拉票贿选，谋取权力，成为"村霸"。他们无视国家法律法规，甚至做出坑害百姓之事。

二是邪教和宗族势力抬头。有些邪教组织和非法宗教活动隐形变身、变换花样，散布反动言论，搞乱农民思想，趁机蚕食农村阵地，甚至骗财骗色，愚弄群众。有的黑恶势力把自己作为宗族利益的代言人，打着维护宗族利益的旗号横行乡里，或者煽动本族群众以集体上访为名，冲击乡镇党政机关，影响农村基层党政工作的顺利开展。

三是盗窃、抢劫、诈骗时有发生。盗窃对象从偷鸡摸狗、盗窃家禽家畜、金银钱物等到盗窃国家公共物资，利用网络、传销、推销、集资等手段欺诈农民。

四是假冒伪劣、黄赌毒等丑恶现象影响恶劣。假烟、假酒、假奶粉、假疫苗，以及短斤缺两、卖淫嫖娼、赌博、吸毒等事件时有发生，个别原本民风淳朴的村子竟出现了村民群体性荣辱颠倒、逾越道德底线的现象，严重影响乡风文明建设以及社会的和谐稳定。

二、净化农村社会风气的途径

（一）倡导农村文明生活方式

倡导农村文明生活就要向农民宣传文明先进的生活理念，引导农民崇尚文明科学，从生产生活方式、文化娱乐方式、消费方式等方面向先进文明学习，摒弃陈规陋习。

首先，扩大农村地区科普文化宣传，开展针对农业生产的科学技术普及活动，宣传现代农业生产理念、推广先进农业生产设备、普及科学农业生产技术，从而改变目前农村较为落后的生产方式，在农村形成崇尚科学的思想理念，在生产生活中善于运用科学技术，促进农业生产更具现代化。

其次，引导农民选择文明的文化娱乐方式，加强农村地区文体娱乐基础设施建设，在有条件的地区集中建设村民文化广场、农村书屋等农民休闲生活场所，通过推动"全民阅读"，倡导农民群众参与富有精神文化内涵的文化娱乐活动，减少直至消除以赌博为目的的打扑克、搓麻将等低俗的娱乐方式。

再次，倡导科学合理的消费方式。引导农民优化消费结构，培养农民阅读、学习习惯，提高教育文化娱乐类消费在农民整体生活消费中的比重。同时，鼓励合理消费，抵制铺张浪费，通过文化宣传栏、乡村电视广播等平台倡导合理消费，纠正盲目消费和恶意攀比之风。

最后，应该从生活习惯的细节入手，改变农村居民的不良生活习惯，比如对农民群众随地吐痰、随手扔垃圾的行为，采用"发现即教育"的方式进行教育和劝阻，通过宣传手册、宣传标语、电视、广播等手段，并结合一些实例进行宣传，如酗酒后因并发症住院、赌博引起家庭矛盾等真实事例，使农民群众从案例教育中切实认识到不良生活习惯的危害。宣传时要注意从具体的行为习惯入手，如饭前便后洗手、勤洗澡等，逐渐培养农民群众文明健康的生活习惯。在加强宣传工作的同时，也要注意农村卫生基础设施的完善，垃圾桶的安置、垃圾站的修建，都要当作乡风文明建设的重点工作去抓，完善的设施保障是实现农村地区生活习惯文明化的必要基础。

（二）弘扬传统美德，树立先进典范

弘扬传统美德要贴近实际、贴近生活、贴近农民群众。要紧扣农民群众的思想脉搏，最大限度地吸引群众广泛参与，引起群众的共鸣，以引导他们实现自我教育。第一，侧重点要与农村实际情况相结合。在农村地区，农民居住较分散，社会组织性较城市弱，道德风尚主要体现在个人道德和家庭道德层面，需要侧重宣传和弘扬以"孝道"为核心的个人美德和家庭美德。从"孝道"出发，树立个人道德和家庭道德观念。第二，方式方法要与农村地区相适应。农村地区道德氛围的营造有其特殊性，广播、电视、报纸、互联网等宣传渠道在农村地区道德氛围的营造中，难以引起农民群众的关注和参与，效果并不明显。农村地区培养个人道德和家庭道德，需要更多实践性的方式方法。例如：可以借助农村地区传统节日中的"礼节规矩"，重塑农村传统美德；利用春节、清明节、端午节、中秋节和重阳节等国家法定节日，大力倡导基层营造传统节日气氛，让人们在走亲访友中学习和践行传统美德，提升道德境界，促进乡风文明建设的发展。

榜样的力量是无穷的，通过树立先进典型，以其优秀品格来影响更多的农民，从而推动良好的农村社会风尚的形成。在农村的日常生活中，举行各种各样的文明比拼，比如"道德模范""文化能人""能手巧匠"等。在进行文明比拼的过程中，可因地制宜地设置比赛环节："道德模范"比拼可通过参赛者讲述自己的先进事迹来感染群众，引发群众的共鸣；"文化能人"比拼可展示农民的文化素质和特长，利用活泼的文艺形式来吸引群众。此外，要引导农民群众积极参与。创新投票的方式，拓宽投票的渠道，通过网络或者书信的方式，向当地评比活动组委会推荐人选。新闻媒体的宣传报道也要注重宣传形式，宣传手段要多样化。[①] 创作文艺影视作品，把先进典型的光荣事迹推广到银幕上，让更多的人读懂文明，积极主动地向文明靠拢。

（三）惩治歪风恶习

歪风恶习是乡风文明缺失的显著表现，我们不但不应该忽视或漠视，还要将其作为推进乡风文明建设的重要突破点和主攻方向。歪风恶习在农村地区依然存在，且在一些地区有抬头之势，必须采取行之有效的惩治措施，推动移风易俗的深入，引导文明的农村社会风尚，为乡风文明建设营造良好的社会氛围。

惩治歪风恶习要根据实际情况分类对待，引导与惩戒相结合。对待只涉及个人层面，不会对农村社会产生较大影响的情况，主要采取引导教育的方式进行纠正。如对于自私封闭的小农思维习惯，以及近年来悄然兴起的攀比之风等歪风恶习，应该以引导和管理为主，通过宣传教育引导农民形成科学、理性的思维和行为习惯。在乡镇设立歪风恶俗专门管理机构，指定村级监督负责人，及时对农村地区的歪风恶俗进行监控和管理。

---

① 李泽泉：《中国特色社会主义道德建设思想》，人民出版社，2010年，第199页。

对待在社会层面形成巨大影响的歪风恶习要加大打击力度，设置多样化的惩治方法，充分利用法律法规和村规民约的约束和警诫作用，增强村民对约束机制的认同感，培养遵纪守法意识。① 2018年1月，中共中央、国务院发出《关于开展扫黑除恶专项斗争的通知》，各级政府应当以此为契机，严格贯彻执行该项通知的各项要求，对待倚强凌弱、聚众赌博、打架斗殴等严重影响农村乡风文明建设的恶劣行为，要毫不留情地进行打击，对带头人和组织者给予道德遣责和法规处罚，必要时要启用法律的强制手段，追究刑事责任。在农村社会形成惩治歪风恶习的鲜明氛围，组织专门的人力进行动态监管，对存在的歪风恶习进行引导、惩戒和治理，及时打压农村地区歪风恶习的复燃之势。

（四）加强农村诚信建设

诚实守信是中华民族的优良传统，体现着文明社会的道德风貌，与每个人都息息相关。要在全社会范围内提倡讲诚信，农村更是极其重要的阵地。农村诚信建设不能落在口号式的宣传和大道理的说教上，必须让它与普通老百姓的日常生活紧密相连，用身边最生动的事例感染群众。古有曾子杀猪、尾生抱柱的诚信故事，当今更有很多真实的诚信人物事例，要利用群众身边真实的可见可学的榜样，走进田间地头，坐到农家炕头，宣讲最真实的诚信故事，使农民学有目标、赶有榜样，强化农民群众的社会责任意识、规则意识、集体意识和主人翁意识，培育健康向上的文明风气。

江苏省无锡市华西村诚信文化的做法值得各地借鉴。改革开放40多年来，华西人除了在经济上取得辉煌成就外，对诚信建设也始终十分重视。早在20世纪80年代，华西村书记吴仁宝就建立了"精神文明开发公司"，系统地提出了对党诚信、对国家诚信、对集体诚信、对亲人诚信、对朋友诚信、对自己诚信的村

---

① 陶学荣，陶叡：《走向乡村善治》，中国社会科学出版社，2011年，第267页。

规。"华西特色艺术团"每年要演出《诚信典范》《诚信赞歌》《和谐华西》《五女拜寿》等自编自演的剧目 500 多场。华西村村民不仅对每句诚信唱词随口即来,而且真正成为有诚信的人,这得益于华西村在诚信建设中将诚信宣传常态化的做法,这是值得各地学习的。

第十章 乡风文明与农村文化建设

推进农村文化建设，不仅可以有效地提高农民的综合素质，使农村经济实现更快发展，而且还有利于统筹农村社会发展的各个方面，助力乡村振兴，推动乡风文明建设。

第一节 提升农村公共文化服务水平

农村公共文化服务担负着满足广大农民群众精神文化需求、提高农民素质、调动农民生产生活积极性的重要任务。因此，构建完善的农村公共文化服务体系，提升农村公共文化服务水平，对于乡风文明建设来说显得格外重要。

改革开放40多年来，乡村公共文化服务事业取得了一系列令人瞩目的成绩。以邓小平同志为核心的党的第二代中央领导集体把文化建设作为独立的战略方向纳入国家发展总体布局，提出"我们要建设的社会主义国家，不但要有高度的物质文明，而且要有高度的精神文明"，这为新的历史条件下乡村公共文化服务建设创造了积极的政治条件。1998年11月，文化部出台《关于进一步加强农村文化建设的意见》，明确了农村文化建设的指导思想、目标和任务，有力推进了乡村公共文化服务建设的健康发展。

党的十八大以来，以习近平同志为核心的党中央将加快构建现代公共文化服务体系纳入"四个全面"战略布局，提出到2020年"公共文化服务体系基本建成"的战略目标。2017年10月，党的十九大进一步提出要"完善公共文化服务体系，深入实施文化惠民工程，丰富群众性文化活动"。改革开放40多年来，特别是党的十八大以来，公共文化服务的内容更加丰富，公共文化设施网络日益健全，公共文化服务效能不断增强，全面建设呈现出整体推进、蓬勃发展的生动局面。基本实现了覆盖所有乡镇和行政村，这使得农村公共文化服务效能明显提高，群众精神文化生活有了较大改善。但同时我们也看到，在农村公共文化服务发展中仍然存在不少问题。

一、农村公共文化服务存在的问题

（一）农村公共文化建设无法满足农村群众的文化需求

当今的农村公共文化服务体系，既丰富了农村群众的精神生活，还给农村带来了生机和活力，但是还有一些地区不能完全满足农村群众的文化需求，在公共文化设施和公共文化服务方面存在着较大的弊端和漏洞，甚至一些基础文化设施在数量上没有符合当前的最低标准，这就导致公共文化服务不能吸引农村群众的注意力。相关政府不重视农村文化建设，缺乏与农村群众的有效沟通，使得政府提供的公共文化服务与农民群众实际需求不一致，造成资源浪费。今后，在农村基础设施的选择上，要深入到农村群众的生活中去，切实了解农民所需并准确地提供服务，使公共文化设施的运行更有效率。

（二）农村群众对文化的重视程度偏低

有效提高农村群众对于公共文化服务的认识和重视，是当前亟待解决的问题。农村群众对公共文化服务设施的参与程度过低，对公共文化服务不重视和不了解，这些都限制了我国农村公共文化服务的蓬勃发展。大多数农村群众忽视甚至排斥公共文化服务建设，认为其与自身无关，在一些节假日也不会去社区参加集体文化活动，而是在家里自娱自乐。事实上，农村公共文化服务建设需要全体村民一起参与进来，才能有效地促进公共文化服务效能的发挥。

（三）政府对农村公共文化建设的投入力度不足

近几年，政府不断地增加对农村地区公共文化服务的投入力度，但是文化建设方面的资金投入水平还是很低，一些地区无法对当地的公共文化服务设施进行相应的完善和更新，以至于一些设施无法正常使用。有些地方政府没有对相应的文化建设服务进行比对和落实，忽视了文化建设对农村生产发展的重要性，也对农村公共文化服务建设造成了不利影响。① 想改变这一状况的最有效方式就是拓宽经费的来源，可以向社会众筹，让更多的人重视农村公共文化服务的发展，吸收多方面的社会资金，投入农村的公共文化服务建设。

二、提升农村公共文化服务水平的实现途径

（一）了解农民群众对于公共文化服务的需求

农民的主要诉求成为农村公共文化服务建设的重中之重，相关部门的领导应该将农民对于文化的需求当作发展农村文化建设的主要突破点，进而激发农民对文化的渴望和热情。对农民的需求进行多方位的分析，引导农民进行文化领域的需求表达，让农村群众可以参与到公共文化建设中来，促进农村公共文化服务建设的成功。对不同年龄段的农民群众进行不同的文化引导，可以大大提升公共文化服务的有效性。这就需要当地政府要切实地满足农村群众对于文化建设的需求，促进公共文化服务事业的发展。

（二）形成多方位的供给建设模式

政府作为公共文化管理的核心，一些文化设施的兴建和供给一直由政府来投资，但是，为了更好地发展文化建设事业，就需要适应时代的潮流，让市场经济进入文化建设当中，更好地推进文化服务建设事业的多元化发展。多元化供给模式既可以有效减轻政府的投资负担和压力，还能宣传农村的公共文化建设，引起社会各界的关注。

---

① 陈前恒，方航：《打破"文化贫困陷阱"的路径——基于贫困地区农村公共文化建设的调研》，《图书馆论坛》，2017 年第 6 期。

（三）建设覆盖乡村的现代公共文化服务基础设施

按照有标准、有网络、有内容、有人才的要求，提高乡村公共文化服务水平。发挥县级公共文化机构的辐射作用，推进基层综合性文化服务中心建设，实现乡村两级公共文化服务全覆盖。农村的经济发展水平相较于城市，还存在一定的差距，在社会保障和教育发展方面仍有待提升，应加大财政投入，完善文化基础设施的后期保障，健全现代农村公共文化基础设施，提高建设水平与质量，推进乡村振兴。建好、管好、用好基层综合性文化服务中心，如此才能健全农村公共文化服务体系。只有在农村建设文化阵地，让农民有场所进行文化教育活动，才能有效推进农村文化建设。契合乡村振兴战略，要发挥公共文化机构的辐射作用，建设基层综合文化服务中心，实现全覆盖的乡村公共文化服务体系，加强服务效能。例如：在农村建设的文化礼堂，作为一个活动场所，不能仅限于一个固定的服务方向；在提供文化场所的同时，也要对农民进行宣传教育，将其与农村精神文明活动紧密联合起来，将文化阵地搞活。

完善农村基础设施的过程中，应主要把握三个方面：

首先，要实现农村基础设施全覆盖，加大对基层综合服务中心的投入，合理规划农村基础设施的规模和数量。农村基层综合服务中心的功能不只包括宣传文化、普及教育，要进一步丰富文化服务中心的功能和种类，如：针对党员的教育活动中心、普及科学技术提高技能的文化场所、宣传法律制度普及法律的活动阵地、开展体育活动实现农民健身的活动馆等。要加大公共文化资源的整合力度，深入推进文化服务中心的免费开放，采用文化服务流动车的形式，使文化服务深入基层、走入农村、融入农民生活，推进农村文化建设流动服务。

其次，在完善农村基础设施建设的过程中，把握城乡均等化发展原则，加强城市对农村文化建设的扶贫工作，以农村文化服务中心为核心，统筹管理，合理分配文化资源。对农村贫困地区，要遵照精准扶贫的有效原则，加大资金投入，集中建设基础设施，推进文化扶贫项目。对少数民族、革命老区的公共文化服务建设也要加大支持力度，建设富有地区独特文化魅力的基础设施，传承优秀传统文化，弘扬农耕文明。

最后，提升农村公共服务效能。坚持以人民为中心的共建共享原则，健全农村公共文化网络设施整合，强化对农村公共文化基础设施的规范管理，提高农村基层服务水平，满足农民真正的文化需求，采取广播、电视、网络等双向互动渠道，推进农村文化便民活动，提高农村基层文化活动中心的利用效率，为实现农村公共文化服务体系全面覆盖、推进农村文化建设奠定基础。

第二节　加快乡村文化产业发展

乡村振兴战略的实施，为乡村文化产业带来了难得的发展机遇。我国乡村蕴含着丰富的文化资源，具有鲜明的地域文化特色，文化比较优势显著。将乡村文化资源的特色和优势转化为社会经济发展的动力，促进城乡社会一体化均衡发展并进一步满足农民日益增长的美好生活需要，使农民的思想觉悟和生产积极性得到提高，整体文化素养得到提升，使乡风更加文明。

一、乡村文化产业类型

（一）乡村文化旅游产业

农村文化一般由农耕、民俗、乡土三种文化组成，赋予了农村在发展旅游产业上得天独厚的优势。首先，农村的自然风光有别于其他旅游景点，有突出的乡村性。其次，游客到农村旅游，是文化体验与自然体验的紧密结合，游客从自然体验——欣赏自然景观到文化体验——融入人文环境（活动、文化、生活）的升级，其乡村旅游体验进行了一个更高层次的升华。① 目前，发达国家的乡村旅游已经逐渐规模化、规范化、具体化。随着国内

---

① 周艳丽：《区域文化与乡村旅游可持续发展研究》，上海师范大学硕士学位论文，2005 年。

需求的旺盛、乡村振兴战略的实施，借鉴发达国家的经验，我国的乡村旅游业发展迅速，已成为农民致富和乡村发展的新途径。目前，乡村旅游业着力于"主题化""乡土化""产业化"发展，实现农村经济和社会效益的双丰收。

（二）古村镇建筑文化产业

近年来，农村古建筑在乡村旅游发展中的功能特征日益复杂、艺术性日益强化，逐渐形成了多功能、多元化的乡村建筑景观。我国古村镇资源极为丰富，如北京的京西古村落、安徽的西递宏村等，在改善土地利用、传承乡村建筑文化保护、改善生活环境等方面发挥了积极作用。与此同时，综合开发古村镇建筑文化产业使得资本集聚，对古村镇建筑进行统一规划和设计，又赋予其新的美学价值。

我国有许多特色突出、历史久远的乡镇，综合考虑地理位置、交通运输、保存情况、鉴赏价值和旅游服务等方面因素，现阶段我国共有250多个具有旅游价值的古村镇，苏州的周庄古镇便是其中的典型代表。

（三）农事节庆文化产业

农事节庆活动以地区自然资源为支撑、以提高农产品知名度为目标，最终促进该地区的农业产业升级。通过积极创建主题农事活动、举行传统节日庆典、定期举办大型聚会等，不但促进了当地乡村旅游业的发展，而且也塑造了良好的村镇形象，提高了村镇的品牌价值，促进了经济增收和形象建设。

（四）农村饮食文化产业

带有乡土风味的特色美食是农村旅游文化产业的一大亮点，是物质财富和精神财富的独特文化表达，凭着安全、健康、新鲜、美味、风味地道的优势吸引了一大批旅游者。在我国不同地区，有许多独特的农村饮食文化，各类食品及其加工产品、各种饮食习俗礼仪，在乡村旅游中具有重要地位和开发价值，不仅为乡村旅游增添了一道"风景线"，也带动了整个景区甚至周边地区的餐饮业发展，而且利用农业生产和种植资源建设融观光和生态餐饮娱乐为一体的新型模式，可为新农村建设创造新的商机。

（五）农村手工艺产业

传统的乡村工艺是指民间手工艺品（是指乡村民众为适应生活需要和审美要求，就地取材，以手工生产为主的一种工艺美术品，一般有着悠久的历史和精湛的技艺）及其传统的生产制度，包括手工艺品制作流程、材料处理、信仰、工匠关系、禁忌崇拜等，以及手工艺品本身的含义和民俗功能。农村手工艺产业通过与文化创意元素融合使其产品经济附加值得到提升。目前，全国各地的手工艺村、专业镇、专业县快速发展，出现了一些规模化企业，带动了周边农民增收、致富，一些龙头企业甚至可以带动几万户的家庭从事手工艺生产。农村手工艺产业甚至成为部分地区的支柱产业，在创收和增加就业等方面发挥了积极作用。据相关资料统计，2017 年，全国农民创造和生产的工艺品产值约9000 亿元，带动约 4000 万人从事农村手工艺生产。

二、乡村文化产业发展的现实困境

（一）思想观念滞后，内生动力缺失

改革开放以来，乡村经济社会得到了快速发展，但许多地区农民的思想观念仍然比较保守，对新文化、新思想的接受力较弱，对乡村文化资源缺乏正向、积极的再认识，对发展乡村文化产业缺乏认同。究其原因：一方面，地方政府对发展乡村文化产业在价值认识上还不到位，理解上有偏差，对发展乡村文化产业存在思想观念上的滞后性；另一方面，我国的乡村文化产业起步较晚，产业化程度还不高，人们对其经济效益、社会效益的体验还不深刻，许多农民觉得种植业、养殖业和加工业在经济效益上更有保证。因此，无论是地方政府还是农民，都在不同程度上缺乏发展乡村文化产业的内生动力。特别是对一些刚刚解决温饱问题或收入水平不高的人来说，受传统生存性消费观念的影响还比较深，文化消费的意识还比较薄弱。

（二）乡土知识难获重视，价值追求偏离

在乡村文化产业的发展过程中，一些人仅仅看重文化产业的经济效益，将乡村优秀传统文化和社会效益弃置一旁，把文化视为经济的从属，某些文化企业甚至把文化当作赚钱的工具或噱头。在不少农村地区，乡村文化仅仅剩下了外壳，乡村文化的内涵和原本的话语权几乎丧失殆尽。乡村文化产业发展的价值追求偏离了方向，不仅导致主流文化价值理念不能得到很好的传播，甚至还在一些情况下扭曲了中国优秀传统文化的价值理念。例如，有的文化企业打着保护和弘扬非物质文化遗产、开发乡村文化旅游资源的幌子，大肆破坏非常珍贵的非物质文化资源；有的乡村低俗文化盛行，丑陋庸俗、封建迷信、色情暴力等文化产品泛滥；有的社会组织假托信仰之名进行非法活动，使一些村民误入歧途。可以说，这是当今乡村文化产业发展过程中面临的最为突出的问题。

（三）管理体制落后，政策支持乏力

总体而言，现阶段我国的乡村文化产业尤其是非公有制或民间自发型文化产业，都还处于起步阶段。相对于城市来说，乡村文化产业管理体制还比较落后。有的地方针对乡村文化产业的管理机构设置、管理职权分配及管理方式等，仍然沿袭计划经济时期的制度安排，致使管理效率、效能和水平较低。除此之外，在国家文化安全层面，我国尚缺乏针对乡村文化市场准入和乡村文化产业准入的制度设计，相关政府管理机构对乡村文化产业发展方向及结构性矛盾的纠偏能力不强；在产业监管层面，各地普遍缺乏针对乡村文化产业市场监管的长效机制，有些地方的乡村文化产业市场基本处于放任自流的状态，导致产业发展过程中无序化、非理性问题突出，乱象纷呈；在产业投入方面，不少地方政府对乡村文化产业发展的公共基础设施建设投入不足，为乡村文化市场主体服务的意识不强，在为乡村文化产业发展创造良好环境上下的功夫还不够；在政策引导方面，许多地方政府还没有充分发挥引导性作用，对乡村文化产业发展的整体规划、专业指导和科学引导还很不到位，政策支持乏力，尚无法适应乡村文化产业发展的需要。

（四）产业市场化程度低，投融资困难大

目前，我国的乡村文化产业还没有形成比较完善的市场体系，市场化程度不高，市场在资源配置中的决定性作用发挥不够。乡村民间自发型文化产业的经营主体多是以家庭为单位的个体农户，规模小，效益低，经营理念、经营模式和发展方向不能适应信息化、规模化、新型现代产业的发展趋势和客观要求。同时，单纯依靠政府推动的乡村文化产业，存在投入高、见效慢、效益低等问题，在产业发展过程中常常出现地方政府和社会组织的投融资渠道不畅、参与主体积极性不高等情况。整体而言，乡村文化产业的发展缺乏投融资、社会捐助与赞助、税收减免等方面常态化和制度化的优惠性政策。资金问题已成为制约乡村文化产业发展的一个突出问题。

三、发展乡村文化产业的对策

（一）提高思想认识，增强产业内生动力

推动乡村文化产业发展，各级政府要从三个方面发力：一是提高政治站位。不仅要从经济学、文化学的角度着眼，更要从政治学的角度和战略全局的高度认识乡村文化产业发展在乡村经济社会发展乃至整个国民经济发展中的重要地位和价值，认真贯彻落实《中共中央国务院关于实施乡村振兴战略的意见》《乡村振兴战略规划（2018—2022年）》等文件，将乡村文化产业纳入地方发展的战略规划，把国家出台的相关文化产业发展政策落到实处，制定切实有效的措施，使乡村文化产业成为乡村经济社会发展的战略性支柱产业。二是增强产业意识。要确立抓乡村文化产业发展就是抓乡村经济发展、抓乡村社会民生建设的理念，把乡村文化产业作为乡村社会重要的经济增长点，优化乡村产业结构，增加农民就业，提高农民收入。三是加强对农民的教育引导。要大力宣传国家的富民政策，转变农业的传统发展方式，改变农村的传统发展思路，更新农民的劳作观念，用科学的现代产业发展理念引导广大农民，努力培育适应新时代发展要求的新农业、新农村和新农民，不断增强乡村文化产业发展的内生动力。

（二）坚持内涵发展，把社会效益放在首要位置

文化是文化产业的内在灵魂。离开了文化内涵，乡村文化产业就会"失魂落魄"。可从四个方面促进乡村文化产业健康发展：一是必须坚持以中华优秀传统文化作为乡村文化产业发展的生命线。"传统是一个民族发展的基石，是一个民族文化的根脉所系，也是一个民族现实存在的因由和走向未来的支撑点。"① 马克思曾指出："人们自己创造自己的历史，但是他们并不是随心所欲地创造，并不是在他们自己选定的条件下创造，而是在直接碰到的、既定的、从过去承继下来的条件下创造。"② 乡村文化产业赖以生存和发展的基础是文化，其本质是关于文化产品的生产与服务，因此，只有坚持文化内涵，乡村文化产业才能生存和发展，才能实现其经济价值和社会价值的统一。二是必须坚持以政府为主导。要以政策导向来体现国家意志、文化理念和文化追求。③ 这是由文化产业自身的产业特性所决定的。三是必须坚持把社会效益放在首位。习近平总书记指出，一部好的作品，应该是把社会效益放在首位，同时也应该是社会效益和经济效益相统一的作品，既能在思想上、艺术上取得成功，又能在市场上受欢迎。④ 因此，发展乡村文化产业，必须高举习近平新时代中国特色社会主义思想伟大旗帜，积极培育和践行社会主义核心价值观，把促进乡村社会和谐稳定发展作为文化产业的根本出发点和

① 谢传仓：《中国文化产业发展的价值取向》，《吉首大学学报（社会科学版）》，2015 年第 3 期。

② 《马克思恩格斯文集》（第 2 卷），人民出版社，2009 年，第 470－471 页。

③ 范玉刚：《完善文化产业管理体制探究》，《长春市委党校学报》，2013 年第 1 期。

④ 习近平：《坚持以人民为中心的创作导向　创作更多无愧于时代的优秀作品》，《人民日报》，2014 年 10 月 16 日。

落脚点。社会主义核心价值观是当代中国精神的集中体现，凝结着全体人民共同的价值追求。社会主义核心价值观是乡村文化产业发展价值取向的主导和引领。四是必须坚持以公有制文化企业为主导，充分发挥公有制文化企业在发展乡村文化产业和繁荣乡村文化市场中的主导性作用。同时，要积极引导非公有制文化企业自觉履行社会责任，当经济效益与社会效益发生矛盾时，要把社会效益放在首要位置。

（三）完善体制机制，加大政策支持力度

当前，推动乡村文化产业发展，必须紧抓乡村振兴战略实施的历史性机遇，不断完善文化产业管理体制机制，为乡村文化产业发展提供强有力的政策支持。一要提升政府对乡村文化产业的治理能力。这是增强乡村文化产业内生动力的必然要求。政府需增强为乡村文化产业服务的意识，在乡村文化产业发展战略、发展规划、产业标准等相关政策的制定和实施上充分发挥主导性作用，积极引导和指导乡村文化产业的结构调整和转型升级，建立健全与乡村文化产业发展相适应的政策制度、法律法规，营造乡村文化产业投资和发展的良好外部环境，以确保乡村文化产业市场机制有效、微观主体有活力、宏观调控有度。二要切实加强乡村公共文化建设。各级政府应加大对乡村公共文化基础设施建设、文化人才培养、文化遗产保护、群众文化活动普及等方面的投入力度，着力推进乡村公共服务、新兴产业、特色旅游等各类惠民文化工程建设，为村民提供丰富多彩的优质文化产品和服务，使乡村文化产业与公共文化服务相互融合、相互支撑、相互促进。要坚持乡村文化资源保护性开发和科学利用的原则，有效保护乡村人居生态环境，加强乡村优秀传统文化遗产的保护和传承，守护住中华民族文化的根脉。同时，要采取有效措施铲除乡村低俗文化，净化乡村文化市场环境。三要加大对乡村文化产业的政策支持力度。现阶段，乡村文化产业还是一个弱势产业，加之乡村经济社会发展水平较低，政府不仅要在投融资、社会捐助与赞助、税收减免等方面制定更为优惠的支持政策，还应积极统筹协调和调动各部门、非政府组织、非营利性社会的力量，使之形成合力，在政策、资金、人才、技术等方面加大对乡村文化产业的扶持力度，促进乡村文化产业持续健康发展。

（四）健全市场体系，拓宽企业融资渠道

党的十九大报告明确提出，要健全现代文化市场体系。推动乡村文化市场体系建设，要从以下方面入手：一是要加强乡村文化市场主体建设。既要培育乡村骨干文化企业，充分发挥其引领、示范和带动作用，又要大力支持中小微文化企业，增添文化市场活力。要大力支持非公有制文化企业发展，营造公平、公正、法治的营商环境。二是要建立和完善乡村文化市场准入机制。政府要支持乡村文化产业走市场化运作之路，充分发挥市场在资源配置中的决定性作用，强化市场导向，让市场去选择投资者，在市场中实现优胜劣汰，不断提高乡村文化产业的市场化程度。三是要充分发挥行业组织的作用。就引导行业健康发展而言，行业组织不仅能在社会层面起到规范乡村文化企业的作用，而且也是各地构建不同特色乡村文化产业集群和文化产业链的重要参与力量。四是要积极引导乡村文化企业与金融机构开展合作，鼓励社会各类投资主体通过独资、合资、租赁、承包等多种方式进行经营，拓宽社会资本投资的领域、范围和渠道，实现投资主体和融资渠道的多元化，建立规范有序的乡村文化产业投融资体系。

（五）依托资源优势，打造特色产业品牌

乡村文化产业资源是乡村文化产业发展的基础和依托，也是乡村文化产业的优势和特色。因此，发展乡村文化产业，要依托乡村文化产业资源优势，突出乡村传统文化特色，打造乡村特色文化产业品牌。乡村文化产业资源是经过数千年历史洗礼传承下来的中华民族的精神血脉和文化精华。乡村文化产业以各地独特的文化资源为依托，通过创意转化、科技提升和市场运作等方式，为人们提供具有鲜明乡村特色、民族特色、地域特色的文化产品和服务。乡村特色文化根植于乡村的生产生活，遍布于乡村的田舍山水之间，静卧在乡村的山水树道旁，散落在乡村的犄角旮旯。乡村文化产业所生产的文化产品和服务，必须突出这些乡村文化特色，并通过精心打造具有自主知识产权的乡村特色文化产业品牌，增强乡村文化的独特魅力和文化感染力，提高乡村文化产业的市场竞争力。

第三节 弘扬乡村优秀传统文化

优秀传统文化是农村乡风文明建设的根与魂。改革开放至今，国家一直致力于保护传统文化。农村传统文化不仅是文化的源头和宝藏，而且是传统道德、传统民风的载体，对农村传统文化的传承既是对文化的保护和发展，也是对优良农村乡风民风的继承和弘扬。

一、优秀传统文化的现代意义

《关于实施中华优秀传统文化传承发展工程的意见》提出，到2025年，中华优秀传统文化传承发展体系基本形成，研究阐发、教育普及、保护传承、创新发展、传播交流等方面协同推进并取得重要成果，具有中国特色、中国风格、中国气派的文化产品更加丰富，文化自觉和文化自信显著增强，国家文化软实力的根基更为坚实，中华文化的国际影响力明显提升。这个目标与乡村振兴具有极大的一致性，在乡村振兴中，传统优秀文化的振兴不能掉队，这是新时代乡村振兴的应有之意。中华民族具有悠久的历史传统，在创造巨大的物质财富的过程中也创造着巨大的精神财富，为世界文化的宝库增添了自己独一无二的文化力量。中国优秀传统文化在源远流长、灿烂耀眼的5000多年的文明发展史中，一直是一种不间断的最深沉的民族精神追求，它代表着中华民族独特的精神标识和精神力量，是中华民族绵延不息、发展壮大的精神动力，是中国特色社会主义植根的丰润的文化土壤，是当代中国社会发展的优势力量，它对延续和发展中国文化、中国文明，进而促进人类社会的共同进步，发挥了不可替代的作用。中国共产党从建党的第一天起就自觉肩负起传承和发展中华优秀传统文化的历史责任，真正做到中华优秀传统文化的忠实继承者、弘扬者和建设者，党在不同的历史阶段，结合当时的历史条件创造性地发展了优秀传统文化。党的十八大、十九大以来，党中央、国务院更加认识到优秀传统文化的价值，积极地大力推动中华优秀传统文化在新时代的传承和发展，别开生面地开展了许多富有创新、切实有效的工作，极大地增强了优秀传统文化的吸引力、凝聚力和创造力。面对现实，要看到优秀传统文化面临的巨大挑战。现代社会是一个更加开放的世界舞台，加上互联网的便捷和新媒体的快速发展，一种思想支配全局的局面已难以维持，多种思想、文化、观点的交流、交融与交锋增多。面对这种形势，需要加深对优秀传统文化重要性的认识，不断增强文化自觉和文化自信；需要努力挖掘中华优秀传统文化价值力量，激活优秀传统文化的生机与活力；需要国家层面的政策支持，积极构建优秀传统文化传承发展体系目标。实施优秀传统文化传承发展工程，是新时代建设社会主义文化强国的必然抉择，对于传承、弘扬中华文化的血脉、全面提高人民群众的文化素养、增强国家文化软实力，进而对乡村振兴提供文化资源的智力支持具有重要意义。

二、优秀传统文化的精神

（一）深厚的人文精神

人文精神是相对于神学精神而言的，强调人的价值和以尊重人性为基本点。中华文化历史久远，在漫长的历史岁月中形成的人文精神对现代社会具有极大的借鉴意义。中华传统人文精神内容很多，但是其核心可以概括为天人合一、民为邦本的精神思想；求同存异、和而不同的为人处世方式；文以载道、以文化人和育人的教育思想等。人是万物之首，没有了人的主体性，世界将归于寂静的黑暗。在西方和中国先秦之前的时代，神学及神的精神支配着一切，人没有彰显出应有的价值。在文艺复兴和先秦思想的冲击下，人的尊严和价值重新得到了肯定，关心人、尊重人的理念被普遍认同。中国优秀传统文化在人文精神方面可以说走在了世界的前列。不论孔子还是孟子以及后来的儒家和道家都充分肯定了人的价值。

（二）勤俭持家的节俭精神

勤俭持家是中华民族自古以来就有的传统美德，更是新时代社会可持续健康发展的道德力量、乡村振兴建设的价值基础。勤俭是中华民族的重要传统精神品格，是传统伦理道德的重要思想源泉，是民族坚持不懈奋斗的精神家园，是个人修养、家族兴旺、国家强盛的根基所在。"历览前贤国与家，成由勤俭败由奢""民生在勤，勤则不匮""业精于勤荒于嬉""俭，德之共也。奢，恶之大也"等这些前人留下的名言，是人们在生产生活实践中总结出来的思想精华。勤俭作为一种传统美德、一种理性的生活方式、一种存在的理念，在物质较为丰富的新时代，在乡村振兴中仍然具有很大的精神力量。虽然经过40多年的改革开放，人们的物质生活水平得到了大幅度的提高，但是勤俭这种传统的文化美德不应该丢掉，相反应该更加大力弘扬。

（三）敬老爱老的孝道精神

孝道文化是中国传统道德体系的核心内容，是其他一切道德准则的基础和发源。中国文化来源于农耕文化，对于父母的孝和敬是自然而然的事情，几千年来，在生产实践中形成了深厚的孝道精神，体现了人的精神价值。"身体发肤，受之父母"，这是多么让人难以忘怀的血缘依附，每个人依托于父母来到这个陌生的世界，在父母含辛茹苦的养育下才能慢慢自立。乌鸦反哺，作为对父母养育之恩的回报，孝敬、赡养父母是情理之中的事。孝由爱小家扩大到爱大家，由爱自己的家推广到爱整个国家、爱人类，最终实现习近平总书记所倡导的人类命运共同体。孝德有助于实现老有所养、老有所终，培养良好的社会道德氛围，促进家庭和谐、社会安定，从而为乡村振兴提供道德支撑和基础。

三、传承优秀传统文化的路径

乡村社会自身蕴藏着许多优秀的传统文化，只要精心发现和用心开发，并加以创造性转化和创新性发展，农村精神文明建设的空间就将变得更加宽广。由于这些传统文化一直栖身于乡村社会，长期存在于乡民日常生活之中，因而，从这些传统文化中培育出来的乡风，无疑与农民有着极强的相容性，在农村的生命力也更强大。

（一）建立文化振兴机制

在当今中国特色社会主义发展阶段，政府的强有力推动是优秀传统文化传承与发展的关键。在乡村振兴的大背景下，产业兴旺、生态宜居、治理有效、生活富裕等四个方面都有明确的指标体系和运作经验，以乡风文明为标志的乡村文化振兴则是一个相对柔性、需要长期持续运转和不断提升的过程，更需要政府通过体制机制创新，获得持续不断的发展动力。

要将文化振兴作为乡村振兴的重要内容，纳入政府工作计划，作为党和政府高度重视、各部门相互协调的刚性工作。在具体落实上，要像对待脱贫攻坚工作一样，保证充足的资金安排，建立可靠的组织体系，配备得力的人力资源，制定科学、合理、可评价、可操作的标准和流程，使文化振兴不再是软任务，而成为硬指标。

（二）立足农村实际，创造性转化、创新性发展优秀传统文化

创造性转化农村优秀传统文化，要做好中华优秀传统文化向现代转型工作，包括形式上、理念上、内容表达上等多个层面。丰富优秀传统文化的表现形式，赋予其时代内涵，不断增补和充实优秀传统文化。这需要寻求优秀传统文化的基本元素，从源头入手，坚持古为今用，不断推陈出新，深入挖掘中华文化所蕴含的宝贵价值，不断赋予"德、孝、公、廉、敬"等优秀传统文化新的时代内涵，并丰富其表现形式。在农村社会形成"孝敬老

人、邻里和睦"的家风家训和"自由平等、公平正义"的社会新风。将中华优秀传统文化与社会主义核心价值体系建设相结合，将中华优秀传统文化中丰富的民族精神转化为今天时代所需要的民族精神和时代精神。在创造性转化和创新性发展过程中，推进美丽乡村建设，为实现乡村振兴提供强大的价值引导力和精神推动力。虽然创造性转化和创新性发展是一个整体，却各有侧重、各有所指。创新性发展农村优秀传统文化，重在使中华优秀传统文化中积极、健康、合理的内容得到应有的运用和发挥，并使其富有新的时代内涵。创新性发展农村优秀传统文化要做到以解决现实问题为宗旨，符合时代要求与农民群众的意愿去创新发展。从传统文化中汲取思想养料，在现实条件下致力于思想和文化的提升，重在提炼出融入体现时代特点的新内容，既与优秀传统文化相连，又与中国特色社会主义文化相契合。

（三）深入挖掘农耕文化，用于培育文明乡风

农耕文化有利于凝聚人心、教化群众、淳化民风。如何更好地发挥农耕文化的作用需要认识到以下两点：

首先，我国是一个有着悠久历史的文明古国，有着几千年的农耕文化，所以，中国有着独特的农耕文化资源。农耕文化是农民在长期的农耕实践中形成的适应于农业生产的风俗文化，有着自己独特的文化内容和特征。在农村，农耕文化重点体现在精耕细作中所蕴含和体现的文化内容及元素。在农耕文化的影响下，广大农民有一种勤劳的美德，有一种精益求精的"工匠精神"，这种"精益求精"的工匠精神就是对生产对象特别关注、做事情精益求精。农耕文化所体现的礼俗制度和人际交往理念与文明乡风所体现的社会风俗层面、生活方式层面的内容是相融的，农耕文化中的语言、戏剧、民歌、风俗等与文明乡风的特点相契合。

其次，要致力于增加农村民间农耕文化理事会组织的数量，扩大教化群众的范围。组织数量的增加可以将全体农民广泛地团结起来，把各方面的力量最大限度地凝聚起来。发挥好联系群众

的优势，把积极因素凝聚到对农耕文化的发掘上。在增加组织数量的同时，扩大教化群众的范围，建设农家书屋、农耕文化博物馆，打造农耕特色文化礼堂，创建农耕园等活动场所，逐步完善教化群众的组织载体，全面展现农民精神文化生活的发展，以文化凝聚人心、教化群众。

（四）培养农村传统文化传承人

许多农村传统文化面临发展萎缩、人为破坏严重甚至有消失的迹象，后继无人是造成农村传统文化发展状况窘迫的主要原因，培养农村传统文化传承人是保护农村传统文化、发挥传统文化对乡风文明建设积极作用的关键。

培养农村传统文化传承人需要保护现有乡村艺人和培养新艺人两手抓。保护现有的乡村艺人，首先，要对当地的农村传统文化进行调研摸底，利用信息技术和互联网技术整理编撰农村传统文化统计册，建立乡村艺人档案库，使农村传统文化保护工作做到"心中有数"。其次，从当地文化建设财政支出中划拨部分资金设立专门款项，给农村传统文化传承人发放津贴补助，用于其开展传统文化或民间手艺的研究及传承，对于一些在生活上存在困难的民间艺人要重点保护，改善其生活和开展传统文化创作与传承的条件。

培养新艺人，一方面要在农村地区通过传统文化展览、乡间手艺竞赛等形式的活动加大传统文化宣传力度，使更多的人认识到传统文化的重要性、知识性和趣味性，吸引大量的农村青年对传统文化和乡间手艺产生兴趣，并投身到农村传统文化的保护、学习和传承中。另一方面，要为农村传统文化或乡间技艺现有传承人创造开展传授文化知识和技艺的条件和平台。通过举办集中性的培训班、定期开展农村传统文化讲堂、创办乡间技能培训学校等，根据不同传统文化和乡间技艺的特征，搭建多样式的传授平台，为传承提供条件，培养更多的传承人。

第十一章　乡风文明与农村生态文明建设

"生态文明是指调整人与自然、人与人、人与社会关系的物质成果与精神成果的总和。"① 之所以要强调生态文明的建设，是因为农村地区生态环境是促进乡风文明建设环境氛围的重要支撑力和动力源泉，农村生态环境的优劣是判断乡风文明程度高低的重要指标之一。

第一节　农村生态文明建设面临的问题

当前，我国农村地区生态环境的污染和破坏已成为制约农村乃至整个社会发展的瓶颈，加强生态文明建设已是迫不及待的任务。

一、生态和乡风文明的关系

习近平总书记指出，建设生态文明是关系人民福祉，关系民族未来的大计，既要绿水青山，又要金山银山。人能够改变身边的环境，环境也可以影响人、塑造人，二者是相辅相成、互相促进和制约的关系。农村的生态环境作为农民居住的生活环境，作为区别于城市钢筋水泥的地方，作为离大自然最近的地带，应该是美观宜人、适合人类生存修养的自然天堂。一方面，在人类的进化中，不同生态地区的人类社会演变成不同社会的人类文化。换句话说，生态环境的差异性造就了人类社会文化的多样性。另一方面，人类文明的兴衰反过来影响生态环境优劣程度。人类文明的发展需要适应生态环境的变化。为了可持续发展和人类文明

---

① 毛明芳：《生态文明的内涵、特征与地位——生态文明理论研究综述》，《中国浦东干部学院学报》，2010 年第 5 期。

的延续，人类需要认识到社会文化与生态环境之间的关系。农村是接触自然生态环境最直接的社会环境，农民是生态文明保护的主体。曾经盛极一时的玛雅文明和辉煌时期的古代两河流域文明中的古巴比伦文明，都因人类活动的过度破坏，导致了文明的衰落甚至灭亡，这些惨痛的历史教训警示我们，应该审视人类与自然的关系。让生态文明教育在农村全面覆盖，坚持环保自觉意识，是提升生态文明精神层次的前提条件。自十八大召开以来，习近平总书记开创性地提出新的可实施意见，构建精神文明发达的美丽村貌。生态文明建设已成为文明乡风建设的重要一环，尽快整治农村的脏乱差现象，结合农耕文明和乡土文化，立足现实，因地制宜，合理布局和规划村庄设施和房屋建设的设计水平，合理安排农村公共环境治理服务的供给与分配，还农民一个舒适美丽的生活环境。为了营造农民与自然和谐共生的状态，着重建设农村乡风文明，建成有序化、生态化、和谐化的新农村。

二、农村生态文明建设中存在的问题

农村生态文明建设是要实现农民生活极大富裕、农民精神极大丰富、农村环境生态宜居的总目标，因此，抓好农村生态文明建设是迫在眉睫的大事。

（一）农民的生态文明意识淡薄

在我国广大农村，村民远没有形成生态环境保护的自觉意识，焚烧秸秆、乱砍滥伐、过度垦荒、过度放牧、违禁渔猎等行为屡见不鲜，屡禁不止，这种竭泽而渔的发展方式导致农村生态退化严重，使得农业生产和农村建设越来越失去了可持续发展的生态基础。然而同时，随着农村生活水平的不断提高，农民攀比之风日盛，婚丧嫁娶大操大办，造成极大的资源浪费。时至今日，一些农民包括部分基层干部生态意识非常淡薄，仍然固执地认为发展农村经济与环境保护之间没有多大的联系，保护生态环境就会制约农村经济的快速发展。导致农民生态意识淡薄的原因有很多：首先，农村长期以来粗放的生产生活方式，使农民养成了忽视生态保护的习惯；其次，受城乡二元结构的影响。改革开放以来，国家的优惠政策首先向城市倾斜，形成城乡二元结构，这样的结果导致农村大量劳动力流向城市，农村愈加贫穷、愚昧，再加上农村本来教育水平就不高，为了生存，忽视长远的发展，形成了盲目的生态发展观。①

（二）资金投入不足，农村环卫基础设施薄弱

目前，我国有 60 万个自然村，90% 的农村都没有完备的环卫基础设施，垃圾回收箱简陋且数量不足，垃圾运输车都是临时征用的，农村生态文明建设相较于城市还有很大差距。究其原因，主要是我国农村数量众多且地域分布广，民舍又较分散，导致处理成本高，政府财政投入严重不足。虽然各级政府财政一直增加对生态基础设施建设的投入，但政府尤其是乡镇财政资金较紧张，资金投入的有限性严重制约了农村生活生产废弃物、污水处理、信息设施、农村电气化、道路交通等生态基础设施建设的步伐。发达国家的经验表明，要使环境明显改善，国家的财政投入至少要达到 GDP 总量的 2.5%。因而，加大环保财政投入，才是有效改善农村生态的必要条件。② 同时，由于农村基础设施建设缺乏合理规划，导致有限的资金投入收不到预期的效果。以户户通为例，乡村道路硬化已基本实现全覆盖，但路面仍然狭窄、弯曲和泥泞，不能满足通行、便民的需要，其主要原因是规划不合理。

（三）农业经营方式粗放，土地流转不畅

"三农"中的农业问题一直以来关乎农民的切身利益，现有的土地额度虽然解决了城乡的粮食需求，但却进一步限制了农民致富。主要是由于传统的粗放式农业经营方式和碎片化的承包制

---

① 王燕：《农村生态文明建设面临的问题及对策研究》，《资治文摘（管理版）》，2009 年第 2 期。

② 刘海涛：《我国农村生态文明建设问题研究》，山东师范大学硕士学位论文，2014 年。

度极大地制约了土地的产出效能，面临增产不增收的窘境，同时存在田地肥力过度透支、农业污染严重等问题。

1. 传统农业粗放经营，高消耗、重污染

我国农业增长主要靠"肥大、水多、药重"等要素的不断投入来维持。高消耗、高污染带来农业收益得不偿失。导致农业粗放经营模式的主要原因有以下几点：

首先是种地农民老龄化。在我国农村，大量的 80 后、90 后青壮年劳动力选择进城务工，把农村土地抛给上了年纪的父母经营。这些农民思想保守，仍然抱着传统的同质化、随大流的经营模式——"以前种啥现在种啥，别人种啥我种啥"。这种保守的思想使异质化经营理念难以在农村大面积推广，导致农业"增产不增收"。同时，很多农民顽固不化，不了解、不相信土地流转制度，土地宁可大量抛荒，也不愿流转。

其次是我国突出的人地矛盾。我国幅员辽阔，资源丰富，是名副其实的大国，但是由于庞大的人口数量，无论是人均耕地面积，还是人均淡水占有量都不及世界平均水平的一半，俨然成了耕地、淡水、森林、矿产和能源等"贫乏"的国家。[①] 由于相对土地面积有限，农村过度垦荒、过度放牧、过度砍伐等情况屡禁不止，导致草场沙化、土壤板结化、森林生态退化等严重后果。

最后是农业科技水平低下。农业科技不仅可以极大提高农业生产的效率，节约使用资源能源，还可以减少农业生产废物的产生，使可再生资源得到最有效的利用和持续使用，从整体上保护生态环境。但目前在我国农村，农业科技人员数量、农业科技经费投入以及农民的普遍科技文化水平都没有达到理想的程度，科技对"三农"的贡献率极低。农业还是普遍采用简单粗放的经营方式，无论是农业生产效率、资源利用率还是废物处理率都还很低，进而导致生态环境破坏严重。

---

① 戈大专，龙花楼，杨忍：《中国耕地利用转型格局及驱动因素研究——基于人均耕地面积视角》，《资源科学》，2018 年第 2 期。

2. 农村土地流转不畅，撂荒严重

在我国农村，土地承包责任制度帮助农民解决了温饱问题，但碎片化的耕地布局又极大制约了大型农业机械的推广使用，导致农业生产效率低下，加上农业经营方式传统，种子、化肥、农药、耕种和收割成本不断攀升等因素，最终导致农产品市场收益率低下，无法实现农民致富奔小康的愿望。大量青壮年劳动力选择背井离乡进城打工，将耕地留给了"妇女、小孩和老人"，妇孺和老人又无力打理过于分散的土地，仅仅种植交通便利、灌溉设施齐全、土壤相对肥沃的土地，以维持基本的生计，而将交通不便、灌溉不利的贫瘠耕地撂荒，造成土地资源的大量浪费。为了避免造成不必要的耕地浪费，亟须加快土地流转，形成适度规模化，让更为专业的种粮大户经营土地农业。然而相当一段时间以来，由于农村土地产权不稳定及相关政策不明确等原因，致使农村土地流转中各种潜在问题暴露了出来，迟滞了土地流转的效率和规模，使其远未达到适当规模化的要求。目前，加快土地确权成了推进土地流转的有力措施。我国自2011年首次推出保障农民利益，到2018年，农村土地确权全面完成。土地确权使农民的土地可以通过租赁收取租金，为土地流转提供条件。然而，由于思想传统保守，加之政府缺乏对土地确权后土地流转的积极引导，农民仍然处于了解和观望阶段，土地流转还不够通畅，撂荒形势依然严峻。

（四）乡镇企业污染严重

改革开放以来，我国乡镇企业蓬勃发展，解决了农村亿万剩余劳动力，可谓功不可没。但同时也造成了不可回避的环境污染问题，主要表现在以下几方面：一是水污染。调查数据显示，一些规模小，生产水平落后的印染厂、造纸厂等乡镇企业依河而建，为了降低生产成本，这些企业将未经处理的废弃水直接排放到河流中，造成水体污染，危害沿岸居民的身体健康。二是空气污染。在农村，一些需要燃烧能源的乡镇企业，由于没有环保技术设施或环保设施陈旧落后，导致大量的污染气体没有经过有效的过滤处理就直接排放，从而形成雾霾，危害周边居民的健康。三是固体废弃物的污染。一些乡镇企业还会产生大量的固体废弃物，为图省事，这些固体废弃物会被业主随意堆放在厂矿周边的道路或荒地上，不仅影响美观，还危及生态环境。乡镇企业污染严重，终究是企业法人的原因。乡镇企业的经营者基本都是农民企业家，这些企业家一方面吃苦耐劳，在长期的打拼中逐渐摸索出一套适合农村的管理经验，使自己的企业在乡村生根发芽、风生水起，同时也解决了农村大量剩余劳动力；另一方面，农民企业家也往往存在目光短浅的弊端，十分注重眼前的经济效益，而忽略未来长远的生态环境利益。这就导致了农民企业家对自己没有过高的生态道德要求，依然使用技术过时、工艺陈旧、能耗过高的机器设备，继而造成农村环境污染，工业污染成为农村最大的污染源。与此同时，基层乡镇干部政绩考核往往是以 GDP 论英雄，只重视当地经济指标，而轻视农村的环境、资源的可持续发展，从而造成农村的生态问题愈加严重。①

（五）农村缺乏生态保护相关制度和监督机构

当前，农村的生态文明建设重点还是靠人治，还远没有形成制度的长效机制，后劲乏力。同时，农村的环境保护监管机制不健全，相应监管机构慑于地方注重发展经济的需求，对于生态环境保护及监管不作为。同时在农村地区对于环保法律法规的执行缺乏明确的监管部门，往往是多个非相关部门协助行使权力，从而导致农村环境保护责任不明、监管不力、管理混乱的乱象，最终使农村生态文明建设捉襟见肘，上山伐木、电鱼、大规模放养牲畜等违规行为屡禁不绝。因此，健全农村地区环境保护法律法规体系是农村生态文明建设的有力保障。

①　张雨潇，张略钊：《绿色 GDP 作为干部政绩考核标准的可行性分析》，《领导科学》，2010 年第 4 期。

第二节　农村生态文明建设的路径

2018年2月4日，国务院下发了《关于实施乡村振兴战略的意见》，将乡村振兴，实现农民富和生态美相统一作为乡村发展目标，为我国农村生态文明建设做好了顶层设计。

一、提升农民生态文明意识，培育乡风文明

意识决定行为，有了生态文明意识，才能形成生态文明行为自觉，而生态自觉又能培育勤俭节约的生态习惯，进而蕴育淳朴的乡风文明，而乡风文明又会反作用于生态文明意识和行为。因此，培育农民的生态文明意识，是生态文明行为、习惯和乡风的前提。提升农民生态文明意识应该做到以下几点：

（一）培育村民生态文明责任感

以村委会、乡镇政府为主导，充分利用手机微信这一平台，以村为单位建立"××村美丽家园我保护"群，把保护环境的优秀事迹以文章、小视频和链接的形式共享到群里，传递生态保护正能量，帮助村民树立热爱美丽家园，爱护环境的意识，增强村民爱护生态环境的道德责任感。

（二）普及生态保护知识技能

以县级和乡镇级党政干部为主导，利用各种形式将生态保护的知识和技能传递到村级单位，同时开展农村生态环境保护的知识技能培训，提升村民保护生态环境的能力，使其养成保护生态环境的生产、生活习惯。

（三）倡导绿色消费理念

发挥村委会的主导作用，开展农村绿色消费公告制度，定期在村公共场所披露居民中典型的消费事迹。一方面，表扬勤俭节约的家庭，宣传其行为事迹；另一方面，批评铺张浪费的家庭，揭露其违背绿色消费的思想和行为。借此引导全体村民互相督促和监督，营造"节约光荣、浪费可耻"的村庄舆论氛围。

二、完善农村配套基础设施，建设生态宜居乡村

2018 年，我国乡村振兴战略正式实施，目前已启动"上千亿"资金用于农村基础设施改造，致力于打造"生态宜居"农村。[①] 农村生态文明建设要搭"乡村战略"的便车，积极展开基础设施的改造，推动建设生态宜居乡村，留得住乡音、乡愁。

（一）道路改造

依据农村"乡间道路全部硬化"的规划，对于乡间宽度不超过 3 米的道路，要充分利用乡村振兴战略的财政拨款，实施全硬化改造，不足的部分由当地政府和民间集资共同修建，并在硬化的道路两旁建设排水沟，避免流水对路面造成损毁，为农村生态文明建设奠定基础。

（二）圈舍改造

响应乡村振兴战略美化农村的居住环境号召，农村生态文明建设需要对放养、散养家禽和家畜的农户进行规范化管理。首先是"牛羊入圈"。村委会要指导放养户修建整洁卫生的圈舍，供家禽和家畜使用，同时依据养殖户修建圈舍的环保合格程度，政府要予以一定的经费补贴，环保程度越高，经费补贴也可以相应提高，鼓励养殖户积极主动完善圈舍修建。其次是"粪便入池"。为避免粪便对农村环境造成二次污染，要鼓励养殖户修建家畜粪便沼气池，对家畜产生的粪便做到及时入池，变废为宝，产生的沼气便于养殖户生活之用。

（三）公厕改造

很多农村的公厕都还是露天的旱厕，这样的公厕一到夏季就臭气熏天、蚊虫乱飞，不仅影响了村容村貌，还威胁到当地农民的健康。因此，推进农村生态文明建设，进行农村公厕改革是其中重要的一环。国家要对农村公厕改造给予财政补贴，彻底改造

---

① 罗必良：《明确发展思路，实施乡村振兴战略》，《南方经济》，2017 年第 10 期。

以前男女通用的露天旱公厕，变为男女分开且可冲洗的室内公厕。

（四）老屋整改

由于各种遗留问题，目前在农村仍有大量的危房、老屋和无主房，这些房屋大多常年失修，破败不堪，不仅影响村容村貌，而且还很危险，需要及时处理。对于无力修缮房屋的贫穷农户，政府要给予一定补贴，帮助其进行危房改造；对于常年无人居住但又有产权人的老屋，政府可有偿收回，将其并入整个村庄的规划；对于无主"鬼屋"，要予以拔除，并做统筹规划，建设文化体育广场等公共设施，避免土地资源浪费。

（五）煤改气

近几年来，我国雾霾严重，农村地区煤炭的大量使用是主要原因之一。雾霾对人体健康影响极大，解决雾霾问题已是迫在眉睫。煤改气是治理雾霾的有效选择，并且在实践中得到了验证。目前我国雾霾天气大量减少主要归功于部分农村已经使用了天然气。大力推进农村地区的天然气管道铺设，让农民都使用上天然气，逐步减少煤的使用比例，必将会促进农村地区的空气质量。

三、推进土地流转，发展生态农业

2017年的中央一号文件提出了深化农业供给侧改革的要求，具体就是以绿色消费为导向，既要保护农村的生态环境，又要实现生态农业的高产出，加快培育不断增长的农业采摘市场和纯绿色农产品市场。[1]

（一）完善土地流转相关机制

党的十九大报告提出了鼓励土地流转和适度规模经营的重要指示，同时加快土地确权为土地流转铺好了路。土地确权后，农民可以将自己的土地像商品一样进行"交易"，通过转让或出租

---

[1] 吴比：《以农业供给侧结构改革为主线推动农业农村发展步入新阶段》，《农村金融研究》，2017年第2期。

等流转形式将自己闲置的土地集中到种粮专业户的手里。通过土地流转，一方面农民可以赚取租金，另一方面可以激活撂荒的土地，减少耕地的浪费。到目前为止，土地确权已经基本完成，但土地流转还远没有达到理想的程度，农民仍然将大量土地撂荒。因此，这就需要政府部门积极、有效地推动土地确权后的相关配套机制完善，促进农村土地流转。①

1. 发挥基层政府宣传引导作用

基层政府各部门应肩负起土地集中、适度规模化经营的责任，加大对土地确权和土地流转政策法规的宣传力度，讲透道理，讲明益处，积极引导农民参与到土地流转中来。村里的党员要起到模范带头作用，首先参与到土地流转中来。对于能积极主动地参与土地流转的农民个体，要及时给予表彰。同时乡镇以上政府要重点抓好土地流转示范村试点工程，对能较好地实施农村土地流转的村庄予以表扬，引导整村土地流转"无死角"，并以此为楷模，向乡镇、县、全省乃至全国推广，形成以点带线、由线带面的土地流转引领之风。

2. 积极培育专业化农业经营主体

农业农村部及其下属党政机关要积极响应土地流转的号召，首先重点培育一批具有带头作用的种养大户，通过加大农业技术支持、农业信贷优惠、大型农机补贴等多方支持力度，推动农业经营主体承接土地流转集中形成的大型农场。定期对农业经营主体进行培训，助其成长为懂管理、善经营的农业企业家。然后农业部门积极引导第一批成长起来的农业企业家，拉、帮、带第二批大型农业经营主体，形成一传十、十传百的几何级帮扶效应，最终推动全国农业的适度规模经营。

3. 推进土地流转规范化

农业农村部进一步制定和完善农村土地流转相关法律法规，

---

① 于文静，王宇：《积极稳妥推进农村改革——专家详解农村土地流转及农业适度规模经营》，《云南农业》，2015年第1期。

促进流转规范化、机制化。制度明确表明，土地流转形式只能在村集体的范围内进行交易，主要以出租、转让、互换、转包、入股等形式展开，流转的土地只能用于农业生产以及相关衍生农业经营，同时严令禁止城乡之间的土地买卖行为，避免农村土地成为商业活动牟利的工具，威胁国家粮食安全。农村土地流转制度同时明确规定土地的期限和形式由农户双方协商解决。

4. 建立健全土地流转配套服务机制

在县、乡、村三级成立土地流转中介服务平台，乡村中介服务平台重点帮助农户与流转大户之间展开谈判交流、合同签订和代收租金等。县级中介服务平台主要工作是发布流转信息，收集村、乡有流转意愿的农户加盟，同时吸引种粮大户关注。

5. 加强土地流转全程监管力度

严格执行《农村土地保护法》下的土地流转，严禁土地流转后出现"非农化"经营，严禁土地流转中出现破坏农村生态环境的行为，严禁"以租代征"，进行非农化建设，破坏基本农田。对土地流转的整个过程进行全程监控，一旦有违规违法用地，快速反应加以制止和打击。

（二）乡村生态农业三部曲

依据人民不断增长的绿色消费需求，2018 中央一号文件在乡村振兴战略总体部署中提出，农业以供给侧改革为引导，加强农业由增产向增质转变，全面提升绿色农业的发展比重。[①] 为了达到农业绿色生产的要求，将农业循环和现代技术引入生态农业是不错的选择。根据我国国情，现代生态农业的发展可以分三步走，即模块化农场、乡村生态园和田园综合体。

第一步：加快农村土地流转，打造模块化农场

集体农场是以村的各个生产大队为单位，以种地能手和种粮

---

① 朱守银，段晋苑，薛建良，等：《深入推进农业供给侧结构性改革，加快培育农业现代化建设新动能——2017 年中央一号文件学习体会》，《农业部管理干部学院学报》，2017 年第 2 期。

大户为主体，通过土地流转，集中耕地，形成规模农场，便于大型农耕机械的推广运用，提高农业的生产效率，释放农业大量重复低效劳动力。同时各大农场避免同质化种植，开展多元化发展。农场可依据市场分为蔬菜农场、养殖场、粮食农场、水果农场、林场、花卉农场等。集体农场是现代生态农业的初级形式，主要从事农业初级产品的生产。利用土地流转形成大面积农田，打破碎片化土地承包制度的限制，便于使用大型机械，利用农场的区块优势，大规模生产农产品。同时，规模化的农场可以使用滴灌技术，进行精准施肥和灌溉，避免过量施用化肥和水资源的浪费。集体农场统一采购、统一育种、统一销售，实施一体化管理，节约成本，避免不必要的人力和资源的浪费。

第二步：二产融合，发展乡村生态园

乡村生态园是现代化生态农业的中级阶段，是以村为单位，建立乡村农业生态园，以分工出来的剩余劳动力为主体，以农业企业家为龙头，对初级农产品进行深加工，发展诸如养殖场、面粉厂、食品加工厂、酿酒厂等产业。同时，第一、第二产业融合，循环发展。以面粉厂为例，生产的面粉可以对外销售，产出秕糠可以用于养殖，养殖产出的肉蛋可以对外销售，养殖场动物的粪便又可以作为肥料提供给农场。酿酒厂产出的酒对外销售，酒糟又可以用于养殖。

第三步：三产融合，建设田园综合体

田园综合体是以乡镇为单位，以模块农场和乡村生态园为基础，发展餐饮、娱乐、休闲、农家乐和旅游等第三产业，将生产、销售、服务连为一体，进一步延长农产品产业链，拓展农产品市场空间。第一，田园综合体的三产融合可以极大地降低转运、仓储、交易和代理等环节的成本，形成价格优势；第二，田园综合体三产融合还可以使这三大产业之间内部循环，不造成浪费，即第一产业为第二产业、第三产业提供初级产品，第二、第三产业产生的废弃物又会成为第一产业的肥料；第三，田园综合体可以吸引游客欣赏田园美景，体验吃农家饭、干农家活、住农家屋、参与农事采摘等一系列田园生活，让游客们返璞归真，释放压力。

（三）推广农业绿色科技

农产品安全问题一直是影响我国居民健康和农业对外贸易的难题，据统计，我国每年农药使用量为 150 万吨，居世界第一位。[①] 长期以来，大量使用化学农药不仅严重破坏生态环境，造成农产品污染，由于害虫产生抗药性且天敌被大量杀死，使得农业害虫灾害现象更趋频繁，严重威胁我国城乡居民的身体健康和生态环境。因此，利用现代生物技术培育天敌生物，不仅可以有效遏制农业害虫，而且生态环保，减少农药的使用量，从而保证农产品的安全。在我国农村，农业生产每年都能产生 7 亿多吨的秸秆，大部分秸秆会被村民焚烧，导致大气环境污染，绿色科技就是应用高新技术来解决经济与环境的矛盾，将农业废弃秸秆变废为宝，转化为有机肥料、生物质燃料、颗粒饲料等产品，加以循环利用。[②]

四、加强乡镇企业的环境管理

乡镇企业是农村经济发展的主体产业，解决了农村大量过剩的劳动力，促进了农村经济步入快车道，对承接城市过剩产能做出了积极的贡献。但乡镇企业污染普遍严重，造成极大的生态问题，危害到企业工人和周边村民的生活和健康，因此，加强对农村乡镇企业环境的管理和治理，是农村生态文明建设的重要一环，对农村经济的长远发展意义重大。

（一）加强乡镇企业家生态教育

针对乡镇企业家生态环境保护意识淡薄的特点，县级以上环保部门要加大环保教育的力度，以提高其生态责任意识。同时，环保部门可与税务部门相结合，将乡镇企业的环保与税务挂钩，

---

① 丁灵：《蔬菜农药残留现状及对策》，《食品界》，2017 年第 3 期。

② 刘晓英：《小麦秸秆的预处理及高效能源转化利用研究》，《北京化工大学》，2015 年。

对环保方面表现好的企业予以税务优惠，激励企业实施环保行为。同时，将环境保护业绩纳入当地政府公务员政绩考核范畴，改变原来唯 GDP 论英雄的政绩考核标准。

（二）合理规划布局乡镇企业

针对乡镇企业布局分散、凌乱等特点，当地政府部门要因地制宜地对地方乡镇企业进行科学、合理的布局，打造工业乡镇企业生态园区，并且有意识地引导大型乡镇企业积极入驻生态园区，起到领头羊的作用，同时，对于优先进入园区的乡镇企业给予税收优惠。在工业园区内还要对乡镇企业进行集中引导，积极治理园区内乡镇企业生态问题，集中处理乡镇企业污染源。做到最小化污染、最大化收益。

（三）运用法律法规规范乡镇企业

对于一些污染处理不当的乡镇企业，环保部门一经发现，必须立即吊销其营业执照，勒令其停产整改，直到企业环保达标，再补发营业执照，准许继续生产。另外，制定一套激励机制，对于破坏生态环境的行为予以强烈谴责甚至是打击，对于在生态上表现好的企业予以精神和物质奖励。

五、健全农村生态保护的相关制度，完善生态治理

建立健全农村环保的法律法规保障体系才是农村生态文明建设的有力保障。首先是对农村环境保护立法，将生态文明建设纳入农村各方面建设，其次是农村《环保法》的严格执法和全程监督。

（一）建立健全农村环保法律体系

要将农村生态文明建设写入《宪法》，详细制定关于农村环境保护的基本法和单行法，建立农村地区的高山、河流、湖泊、草原、森林和田野等环境治理制度体系，制定退耕还林、退耕还牧、禁猎限捕等让生态环境休养生息的机制，让山青、水绿、草肥、林旺和田茂的美丽家园建设成为农村基本法的必然要求。同时，在农村生态法制定的过程中，既要借鉴国外成功的立法经

验，又要与我国的国情和地方特色相结合。

（二）加强农村环境执法

农村环保法律法规的生命力在于执行，而法律法规的执行情况又取决于农村基层执法队伍的整体素质。因此，要打造过硬的执法队伍，就要加强对执法队伍的培训，不断提升执法人员的政治觉悟、业务素质和执法能力。努力做到有法必依，执法必严，违法必究，同时基层环保执法队伍应独立于政府机构，不受其他部门的节制。在执法实践上，对那些污染严重的养殖业以及乱砍滥伐、电鱼、毒鱼、炸鱼等违法行为，执法队伍要依法严惩，切实体现《环保法》的惩治效力。

（三）完善农村环保监督机制

农村环境保护需要形成监管机制，首先是建立基层独立的监管部门，制定监管制度，打造过硬的监管队伍，形成有效的农村环保利器。其次是建立农村生态环境监管机制，鼓励群众举报环保方面的违法行为，对于违法行为予以严惩，对举报群众予以奖励，并配备一定的监控技术设备，做到防患于未然。

第三节　开展村容村貌整治活动

村容村貌是乡风文明建设成果的直接体现，是乡村文明状况的"名片"。开展村容村貌整治活动，不仅可以创建美丽的乡村环境，同时可以体现乡风文明的建设程度。村容村貌整治是我国当前城乡环境综合整治中范围最广、数量最多、难度最大的一项工作，同时又是"美丽乡村"建设中最重要的一环。目前，我国村容村貌的整治，存在着诸多问题。

一、农村村容村貌存在的问题

我国幅员辽阔，各种地理因素、人文因素各不相同，但总的来说，村容村貌整治存在的问题有一些共通之处。

（一）先天条件弱，脱胎换骨难

我国的一些农业地区，以山地、丘陵为主，自然环境恶劣加之当地群众观念落后，在很大程度上延缓了精神文明建设的进程。即使是地理条件较好的村，村容村貌整治的基础设施也相当薄弱，有些地区甚至还处于空白阶段。而人民群众日益提升的生活水平所产生的生活垃圾、生产垃圾和建筑垃圾呈几何倍数增长，两者之间的矛盾十分突出。

（二）认识不到位，工作推动难

无论是一般的领导干部，还是普通的黎民百姓，对村容村貌整治的重大意义都缺乏清楚的认识。一些干部缺乏大局观、主动性不强，存在畏难情绪和"小算盘"。一些百姓小农意识严重，自私心强，环卫主体意识普遍较弱，沉溺于陈规陋习，担心整治后的"不习惯"成为他们拒绝改变最冠冕堂皇的理由。认识的缺位，使村容村貌的整治工作进展缓慢。

（三）手长衣袖短，米少做饭难

村容村貌整治的范围广，在全面推进的同时还要建美丽乡村示范点，但这些建设资金主要是依靠财政拨款。"米少做饭难"，在很大程度上制约了村容村貌整治工作的开展。

（四）民众参与少，独唱大戏难

尽管村容村貌整治的最终目的是改善百姓的人居环境，提高他们的幸福生活指数，但他们当中的很多人却在这项工作中甘当一个旁观者，甚至还有人成为"阻挠者"。"政府干，群众看"的现象在当前普遍存在，民众参与度不高，政府孤掌难鸣。

（五）制度不到位，长效整治难

村容村貌整治对农村来说是一个全新的话题，以前虽然也开展过"爱国卫生运动""五城同创"等，但效果并不十分理想。制度保障机制并未真正建立起来，即使有相关的条文，也形同虚设，流于形式，约束力不大，激励导向作用也不能真正发挥出来。

二、推进村容村貌整治的对策建议

（一）摸清家底，科学定位，确保分类整治到位

家底要清，按照街镇管辖的原则，各村镇结合村容村貌整治的相关精神，扎实推进此项工作。村容村貌的整治不可能立竿见影，也不可能"泥鳅黄鳝抓住一样长"。条件好的村可以按市级示范村、区级示范村、镇级示范村的目标努力，条件差的村"自扫门前雪"也要落到实处。通过准确定位，让条件好的村有突破、有提升，条件差的村有作为、有改观。①

（二）大力宣传，强力规范，确保观念转变到位

第一，宣传平台促认知。文化馆送文化下乡、农业农村局组织新型农民素质培训，基层党校和村民组织等载体通过宣传栏、发放宣传手册、图片展和手机短信等多种形式，加强对广大群众的宣传和引导。

第二，强推手段转观念。宣传引导所能发挥的功效是有限的。尊重民意是天职，但规范之初必行非常之手段，通过村规民约强制规定、违规处理兑现到位等，使村民的文明意识得到强化。

第三，专题教育改意识。大力开展"自扫门前雪"教育活动，鼓励村民先"从自家做起，从我做起"，进而主动参与村容村貌整改落实。大力开展"讲文明、讲科学、讲卫生、改陋习"的乡风评议，积极倡导健康、文明、科学的生活方式，通过一系列专题教育活动，逐步改变村民对环境卫生的认识。

（三）专项投入，多措并举，确保资金投入到位

第一，预拨专项资金。要将村容村貌的整治工作看作一项民生工程，财政再困难，也要根据每个镇的实际情况，在每年的财政预算中，划拨一笔专项资金，用于村容村貌整治。

---

① 鞠欢：《论湖北省农村环境连片整治存在的问题及对策研究》，《现代经济信息》，2012 年第 21 期。

第二，统筹农业资金。将危房改造、农民新村示范点建设、饮水工程、"一事一议"、改厕改卫、环境连片整治、公路建设、人行变道建设、土地整治以及沼气建设等专项资金进行综合使用，统筹解决村容村貌整治中的经费难问题。[①]

第三，引导自筹资金。具体包括：各村村委会向对应的区级对口帮扶单位申请资金扶持；组织村里的成功人士踊跃捐款，用于家乡面貌的改造；积极引导广大村民自筹资金，自力更生，整治村容村貌。

（四）鼓励为先，惩戒在后，确保村民参与到位

第一，以"细"为目标。村民在村容村貌整治过程中处于看客身份，很多时候是源于对这项工作的不理解，甚至有的村民不知道该如何参与。这就要求干部做工作一定要"细"，要以"拆违"和"扶贫攻坚"的工作态度和力度，推进村容村貌整治工作。

第二，以"奖"为导向。紧扣村容村貌整治的相关内容，列出相应的奖励标准，如村民在规定时间内主动完成整治项目，则应在村民大会上兑现相应的奖励。

第三，以"惩"为辅助。将村规民约落到实处，对于拒不接受整改，又到处破坏环境卫生的行为，要组织专门的执法队伍加大惩戒力度，责令整改甚至采取必要的罚款手段。纪委、督查室要把现阶段的主要精力用于村容村貌整治的检查工作，对于整治不力的街镇和村委会，要给予通报批评。

（五）健全制度，创新机制，确保长效管理到位

第一，落实责任到位。成立村容村貌工作领导小组和工作机构，明确村级作为第一责任主体，做到每个村的村容村貌整治工作都有专人负责，不留死角。

第二，实行挂钩考核。制定《村容村貌整治长效管理实施意

---

① 屈婷：《当前农村环境卫生存在的问题及对策研究》，《城市建设理论研究》，2015 年第 9 期。

见》，根据各街镇行政村的工作职责、任务分工进行量化、细化，并制定相应的奖惩细则，将村容村貌整治列入各村、镇全年工作目标考核内容，直接与村、镇主要领导干部绩效考核挂钩。

第三，突出长效管理。强调村容村貌的整治与维护同步推进，成立村民自治理事会，建立健全基础设施维护、公共卫生保洁、文明公约等后续管理制度，以制度管人、管事。

主要参考文献

一、著作

1. 《马克思恩格斯选集》(第 2 卷),人民出版社,1995 年。

2. 《马克思恩格斯文集》(第 10 卷),人民出版社,2009 年。

3. 《马克思恩格斯全集》(第 8 卷),人民出版社,1961 年。

4. 《列宁全集》(第 36 卷),人民出版社,1985 年。

5. 《列宁全集》(第 43 卷),人民出版社,1985 年。

6. 《毛泽东选集》(第 2 卷),人民出版社,1991 年。

7. 《毛泽东选集》(第 7 卷),人民出版社,1999 年。

8. 习近平:《习近平谈治国理政》,人民出版社,2014 年。

9. 习近平:《习近平谈治国理政》(第 2 卷),外文出版社, 2017 年。

10. 贺雪峰:《新乡土中国》,北京大学出版社,2013 年。

11. 费孝通:《乡土中国》,北京出版社,2016 年。

12. 梁漱溟:《乡村建设理论》,上海人民出版社,2011 年。

13. 李水山:《韩国新村运动及启示》,广西教育出版社, 2006 年。

14. [韩]朴振焕:《韩国新村运动——20 世纪 70 年代韩国农村现代化之路》,潘伟光、郑靖吉、魏蔚等译,中国农业出版社, 2005 年。

15. 江瑞平:《论日本的农业国际化》,财经大学出版社, 1999 年。

16. ［日］平松守彦:《一村一品运动》,上海翻译出版社,1985 年。

17. ［日］井村喜代子:《现代日本经济论:从战败到步出"经济大国"》,首都师范大学出版社,1996 年。

18. 许平:《法国农村社会转型研究》,北京大学出版社,2001 年。

19. 郭晓君:《中国农村文化建设论》,河北科学技术出版社,2001 年。

20. 陈小鸿:《论人的自由全面发展》,人民出版社,2004 年。

21. 陈波,张怀民:《传统文化与中国现代化之路》,河南人民出版社,2004 年。

22. 习近平:《决胜全面建成小康社会夺取新时代中国特色社会主义伟大胜利》,人民出版社,2017 年。

23. 梁漱溟:《中国文化要义》,学林出版社,2000 年。

24. 郑大华:《民国乡村建设运动》,社会科学文献出版社,2000 年。

25. 吴敏先:《中国共产党与中国农民》,东北师范大学出版社,2000 年。

26. 宋恩荣:《晏阳初全集》(第 1－2 卷),天津教育出版社,2013 年。

27. 《左右江革命根据地的建立和发展》,参见中共党史资料征集委员会征集研究室编:《中共党史资料专题研究集——第二次国内革命战争时期(二)》,中共党史资料出版社,1988 年。

28. 刘建荣:《新时期农村道德建设研究》,中国社会科学出版社,2004 年。

29. 张瑞才,范建华:《中国特色社会主义文化建设的理论与实践》,社会科学文献出版社,2012 年。

30. 刘伟民:《中国梦·美丽乡村建设乡风民风》,广东科技出版社,2016 年。

31. 韩作珍:《新时期新型农民与乡风文明》,中国社会出版社,2010 年。

二、论文

1. 林美辰,钟杭娣,刘淑兰:《乡贤组织:转型期文明乡风塑造的有效载体》,《长春理工大学学报(社会科学版)》,2017 年第 3 期。

2. 刘子滕:《农村乡风文明建设的重要举措浅析》,《南方农业》,2016 年第 3 期。

3. 李旭东,齐一雪:《法治视阈下村规民约的价值功能和体系构建》,《中央民族大学学报(哲学社会科学版)》,2013 年第 2 期。

4. 邹苗歆:《在培育文明乡风中加强孝文化建设》,《群文天地》,2013 年第 1 期。

5. 王晨曦:《传统文化复兴背景下乡风文明建设路径研究》,《经贸实践》,2017 年第 5 期。

6. 皋艳:《以社会主义核心价值体系引领乡风文明建设的思考》,《盐城工学院学报(社会科学版)》,2011 年第 3 期。

7. 张莹:《让文明乡风助力乡村振兴》,《农村工作通讯》,2017 年第 11 期。

8. 王亚华,苏毅清:《乡村振兴——中国农村发展新战略》,《中央社会主义学院学报》,2017 年第 12 期。

9. 张军:《乡村价值定位与乡村振兴》,《中国农村经济》,2018 年第 2 期。

10. 李建兴:《乡村变革与乡贤治理的回归》,《浙江社会科学》,2015 年第 7 期。

11. 徐晓全:《新型社会组织参与乡村治理的机制与实践》,《中国特色社会主义研究》,2014 年第 4 期。

12. 欧庭宇:《加快新农村乡风文明建设的思考》,《中国国情国力》,2016 年第 3 期。

13. 郑瑞红,胡尊让:《城乡基础教育资源均衡配置问题研究》,《前沿》,2012 年第 23 期。

14. 郭学旺:《乡风文明建设与农民政治思想教育研究》,山西师范大学硕士学位论文,2014 年。

15. 欧庭宇:《罗玮,国外乡村建设经验对新农村乡风文明建设的启示》,《党政干部论坛》,2016 年第 2 期。

16. 赵路淋:《新农村乡风文明建设问题研究——以 W 县农村为例》,中国青年政治学院硕士学位论文,2013 年。

17. 李德志,成超:《大力加强乡风文明建设》,《中共山西省委党校学报》,2014 年第 4 期。

18. 郭飞:《怀仁县新农村建设中乡风文明建设问题研究》,山西农业大学硕士学位论文,2014 年。

19. 范宗瑞:《社会主义新农村乡风文明建设研究》,西华大学硕士学位论文,2016 年。

20. 赵岚:《保护优秀传统农村文化促进乡风文明建设》,《农村经济》,2010 年第 2 期。

21. 李宇佳,刘笑冰,江晶等:《乡村振兴背景下乡村旅游文化产业发展展望》,《农业展望》,2018 年第 7 期。

22. 樊祥成:《我国农业基础设施建设政策的演变与发展——以中央一号文件为中心的考察》,《青海社会科学》,2018 年第 6 期。

三、报纸文献

1. 《中共中央国务院关于深入推进农业供给侧结构性改革加快培育农业农村发展新动能的若干意见》,《人民日报》,2017 年 2 月 6 日。

2. 《中华人民共和国国民经济和社会发展第十三个五年规划纲要》,《人民日报》,2016 年 3 月 18 日。

3. 何尹全:《推动移风易俗树立文明乡风》,《云南日报》,2017 年 4 月 19 日。

4. 《中共中央国务院关于实施乡村振兴战略的意见》,《中华人民共和国国务院公报》,2018 年 2 月。

5.《中共中央国务院关于深入推进农业供给侧结构性改革加快培育农业农村发展新动能的若干意见》,《中华人民共和国国务院公报》,2017 年 6 月。

6. 农业农村部:《农村一二三产业融合发展助力乡村振兴》,农业农村部信息中心,2018 年 6 月。